EXPÉDITION
DES CATALANS
ET DES ARRAGONAIS.

IMPRIMERIE DE TROUVÉ et Cie.,
rue Notre-Dame-des-Victoires, n° 16.

EXPÉDITION
DES CATALANS

ET DES ARRAGONAIS

CONTRE LES TURCS ET LES GRECS;

PAR MONCADA;

TRADUIT DE L'ESPAGNOL

PAR M. LE COMTE DE CHAMPFEU.

A PARIS,

CHEZ C. J. TROUVÉ, IMPRIMEUR-LIBRAIRE,
RUE NOTRE-DAME-DES-VICTOIRES, N° 16;
PONTHIEU ET Cie, PALAIS-ROYAL.

1828.

PRÉFACE

DU TRADUCTEUR.

L'expédition des Catalans et des Arragonais contre les Turcs et les Grecs est une des plus extraordinaires et des plus étonnantes de l'histoire moderne, si on la considère comme une suite de faits d'armes éclatans et d'entreprises audacieuses, exécutés par une poignée d'aventuriers jetés loin de leur patrie, et abandonnés sans secours à la merci de leur courage et de leur destinée. Vainqueurs des Turcs et des Grecs, après neuf ans d'épreuves, de travaux et d'efforts qui passent quelquefois notre imagination, ils finirent par chasser de ses états un prince infidèle à ses promesses, et s'établirent victorieusement à sa place, sous l'autorité de la maison d'Arragon, qu'ils n'avaient jamais oubliée dans leurs infortunes, et qu'ils élevèrent encore sur un trône dont leur valeur pouvait disposer. Ainsi cette expédition, souvent traversée par des trahisons, des perfidies, des exécutions sanglantes ; cet enchaînement rapide et varié d'aventures singulières, de combats héroïques, de vengeances atroces et de sublime dévouement, ne s'évanouit point comme un jeu de la fortune, et ce qu'on pourrait appeler un drame militaire, a son exposition, son nœud et sa catastrophe. Comme, au milieu de leurs vicissitudes, et parmi les rudes épreuves qu'il leur fallut soutenir, les Catalans eurent aussi à vaincre les obstacles presque insurmontables d'une longue et pénible retraite, on a comparé quelquefois leur expédition *à l'expédition de Cyrus*, ou *retraite des dix-mille;* et nous pensons que, sous beaucoup de rapports, la comparaison peut se soutenir. Sans doute, si, dans les deux entreprises, on ne met en parallèle que les deux retraites auxquelles furent réduits, à dix-sept cents ans de distance, deux peuples également trahis par la fortune, celle des Grecs nous étonnera davantage par l'étendue immense des pays qu'ils furent obligés de parcourir, ayant fait plus de six cents lieues depuis Cunaxa, dans la Babylonie, jusqu'à Cotyore, ville grecque, colonie de Sydope, dans le pays des Sybaréniens; ils l'emporteront aussi, par une grande supériorité de tactique, dans les manœuvres habiles qu'ils déployèrent devant des Barbares toujours prêts à les envelopper, et encore plus prompts à s'effrayer et à prendre la fuite à la vue de leurs savantes dispositions. Mais si l'on compare les deux entreprises comme expéditions, les Catalans alors reprennent l'avantage: ceux-ci n'avaient que six mille cinq cents combattans en venant au secours d'Andronic; les Grecs en comptaient treize mille lorsqu'ils marchèrent avec Cyrus. Les Grecs, jusqu'à la trahison de Pharnabaze et d'Artaxerce, ne livrèrent d'autre bataille rangée que celle de Cunaxa, où Cyrus perdit la vie; les Catalans avaient triomphé quatre fois des Turcs, lorsqu'Andronic et Michel Paléologue les forcèrent, par leur odieuse perfidie, de tourner leurs armes contre l'empire. Depuis la trahison de Pharnabaze, les Grecs ne purent trouver l'occasion de combattre une seule fois en rase campagne, contre des Barbares qui refusaient toujours la bataille; et s'ils éprouvèrent une perte d'hommes assez considérable, ce ne fut que par l'acharnement de ces Barbares à les attendre sans péril au passage des gorges et des défilés, pour suivre alors la crête des montagnes, et faire rouler sur eux les rochers qu'ils en détachaient. Les Catalans, depuis leur rupture ouverte avec Andronic, se distinguèrent par les résolutions les plus étonnantes et les victoires les plus signalées. Si la jalousie du commandement fit naître la division chez les généraux grecs, elle ne leur mit point cependant les armes à la main ; toutes leurs rivalités ne les conduisirent qu'à séparer l'armée en trois corps, sous des chefs particuliers, et ils continuèrent de marcher ainsi vers le même but. Les Catalans, agités par des passions plus violentes, ne craignirent pas, en se détruisant eux-mêmes, d'accroître les dangers déjà si effrayans de leur position, et, au milieu des plus grands désastres, épuisèrent leur propre sang. L'expédition et la retraite des Grecs ne durèrent que pendant l'espace de quinze mois : les Catalans luttèrent contre la fortune pendant plus de neuf années. Enfin les Grecs, au terme de leur course, trouvèrent le repos de la patrie; et les Catalans, après une retraite en apparence impossible, couronnèrent, par une glorieuse conquête, le cours aventureux de leurs pénibles travaux. Leur renommée devrait donc le disputer à celle des Grecs; mais il semble que les événemens aient, comme les livres, leur heureuse fortune ou leur fatalité : tant d'actions éclatantes se perdirent dans les ténèbres d'une époque rebutante par la confusion des misérables intérêts qui la remplissent, et, pour plus grand malheur, le moyen-âge n'avait point de Xénophon.

Moncada a voulu venger ses compatriotes d'un si injuste oubli. Plein d'admiration pour eux, et d'indignation contre ceux qui les trahirent, il révèle dans toute son histoire le double sentiment dont il est animé. Alors même qu'il s'efforce d'être juste, on sent encore percer chez lui cet heureux mouvement de prédilection, cet instinct d'amour pour la patrie qui donne l'âme au style, comme la vie aux états. Ecrivain consciencieux, il ne connaît point cependant cette mortelle impartialité qui, ne considérant dans les événemens que le matériel des choses et leur résultat positif, traite la gloire comme la honte, le vice comme la vertu, et, ne flétrissant l'un d'aucun châtiment, ne couronnant l'autre d'aucune récompense, tue les plus nobles sentimens, et découragerait jusqu'à l'honneur.

Lorsque Moncada écrivit son histoire, la langue espagnole était dans toute son énergie, sa franchise et la pureté de son génie : ainsi qu'il arrive à toutes les langues, au moment où, par la magie de quelques esprits supérieurs, elles secouent le reste de leur barbarie, pour arriver tout à coup à leur plus haut degré de gloire[1]. On n'était point encore parvenu à cette époque où, au milieu d'une civilisation universelle, l'art d'écrire se perfectionnant jusque dans ses plus petits détails, parmi des nations toujours en rapport, les langues, mêlées les unes aux autres, devaient, par ce frottement continuel, perdre quelque chose de leur physionomie particulière et de leur ori-

[1] La langue espagnole n'avait plus rien à attendre pour sa perfection : l'immortel ouvrage de Michel Cervantes avait paru.

ginalité primitive. Ces circonstances s'étant réalisées, leur résultat devenait inévitable. Mais, dans un tel état de choses, si, par une suite d'événemens quelconques, il arrive qu'un peuple, dont la littérature exerce déjà une certaine influence chez les autres nations, acquiert lui-même une grande puissance politique et une véritable suprématie, cette littérature alors communique les formes à toutes les autres; les combinaisons, les artifices de son style sont imités par les plumes étrangères; il se forme peu à peu un art d'écrire à l'usage de tous, et la littérature européenne reçoit en quelque sorte un air de famille. Il est alors moins difficile de faire passer dans un idiome un ouvrage composé dans un autre. C'est ainsi que, lorsque nous traduisîmes l'histoire de la Guerre de trente ans, de Schiller, malgré l'énorme différence qui existe entre le génie des langues allemande et française, nous pûmes rendre presque littéralement l'ouvrage d'un auteur qui était élève de l'école devenue commune à tous les peuples[1]. Moncada, au contraire, écrivait dans une langue

---

[1] L'ouvrage parut en 1803.

qui, paraissant à cette époque avec toute sa pureté originale, avec toute la vigueur et la jeunesse d'un idiome nouvellement perfectionné, n'avait encore rien emprunté du mélange des littératures, et, par cette raison, n'offre à son interprète aucune des mêmes facilités. Il arrive même que cet écrivain simple, précis, énergique, élevé, lorsque le sujet le commande, n'apporte pas cependant dans toutes les occasions le même soin à obtenir la même clarté dans son style, par une distribution aussi naturelle des idées : certains faits, enveloppés dans les détails embarrassés de la narration, ne se trouvent donc pas alors suffisamment expliqués, et certains raisonnemens qui s'enchaînent mal, demandent à être éclaircis. Quelquefois aussi, en s'exprimant avec la concision d'une langue presque toute latine dans ses tours, il s'y laisse entraîner, à son insu, vers un laconisme exagéré, et devient, dans les détails de la narration, trop avare de ces légers développemens qui donnent plus de clarté à l'expression et de grâce à la pensée [1]. Après

[1] Il ne sera pas hors de propos de remarquer ici qu'un

avoir cru reconnaître quelques-unes de ces imperfections, si nous avons essayé, autant qu'il était en nous, d'y porter remède, c'est en gardant pour le fond du texte un respect dont nous ne nous sommes jamais écarté. Pas un fait n'a subi la moindre altération dans son exacte vérité; on ne trouvera pas une seule réflexion religieuse, morale ou politique qui n'appartienne à l'auteur; en lui se montrera toujours l'écrivain religieux par conviction, qui, loin de recourir à l'aveugle fatalité, reconnaît constamment la Providence comme la source, le principe, la règle de tous les événemens qu'il décrit: enfin c'est partout l'esprit et le fond de l'ouvrage; c'est le texte pur, toutes les fois que nous avons cru pouvoir strictement nous y conformer.

La division détaillée de cette histoire est par chapitres, et nous l'avons suivie. Quant à la division par livres, nous avons cru réparer une véritable omission en l'établissant.

avertissement placé à la tête de la première édition de l'ouvrage (en 1623), nous apprend que Moncada ne put en surveiller l'impression. Sans doute, s'il eût été présent, certaines négligences et omissions qu'on peut lui reprocher, n'existeraient plus.

En effet, après que Moncada a montré évidemment son intention, en mettant, au commencement de son ouvrage, ces mots : *livre I,* on ne voit plus qu'il soit question d'aucun autre jusqu'à la fin. La suite naturelle des événemens nous a dicté elle-même la division en trois livres que nous avons adoptée : ainsi, *livre I, guerre contre les Turcs; livre II, guerre contre les Grecs; livre III, guerres intestines et retraite mémorable.*

Comme cette expédition tient à une époque obscure du Bas-Empire, et avec laquelle généralement on est peu familiarisé, il nous a semblé convenable de jeter, dans une introduction, un coup-d'œil sur la situation de l'empire grec au treizième siècle, ainsi que de faire connaître le caractère de la nation et de ses princes, en nous rattachant surtout aux deux règnes les plus rapprochés de notre expédition : ceux de Michel Paléologue, qui chassa les Latins de Constantinople, et d'Andronic II, son fils, jusqu'à l'arrivée des Catalans dans la Grèce.

NOTICE

SUR MONCADA.

François de Moncada naquit à Valence, et fut baptisé dans l'église paroissiale de Saint-Étienne, le lundi 29 décembre 1586. Son père était Gaston de Moncada, marquis d'Aytona et vice-roi de Cerdagne et d'Arragon ; et sa mère, Catherine de Moncada, baronne de Callosa[1]. Sorti d'une des maisons les plus illustres de l'Espagne, il reçut une éducation non moins solide que brillante. Après avoir appris avec soin, dès ses plus tendres années, les langues grecque et latine, il s'occupa plus tard d'études plus élevées, et les intérêts des différens états de l'Europe devinrent le sujet de ses méditations. Son esprit, son érudition, l'étendue

---

[1] La maison de Moncada tirait son nom d'un château situé à deux lieues de Barcelonne, sur une montagne escarpée, appelée *Mons Cathenus* ou *Cathinus*, en latin du moyen-âge. Cette maison fournit deux branches : l'une en Sicile, et l'autre en France. Celle de Sicile prit les titres de ducs de Montalto et de prince de Paterna, depuis Raimon Guillin de Moncada, qui marcha à la conquête de l'île avec le roi Pierre III d'Arragon. La branche de France prit les titres de vicomtes de Béarn et comtes de Foix, qui furent depuis rois de Navarre.

de ses connaissances, lui acquirent, avec le temps, une telle réputation parmi les personnages importans de l'état, que Philippe IV le nomma son ambassadeur à la cour de Vienne, auprès de l'empereur Ferdinand II. Sa mission principale était d'entretenir la paix : il y réussit, et mérita l'estime et la considération des diplomates les plus éclairés. Mais il était destiné à plus d'un genre de gloire : la politique, les armes et les lettres devaient illustrer son nom. Savant dans l'art militaire, né avec les talens du guerrier, il rendit à son maître, sur terre comme sur mer, des services signalés, qui lui méritèrent les plus hautes récompenses. Déjà conseiller d'état et de guerre, premier majordome d'Isabelle-Claire-Eugénie, infante d'Espagne et souveraine propriétaire des états de Flandre, après la mort de cette princesse, il fut nommé gouverneur des mêmes provinces pour le roi Philippe IV, et généralissime des troupes espagnoles dans les Pays-Bas, pendant l'absence du cardinal infant don Ferdinand, frère du roi. Revêtu de cette grande autorité, il parvint à calmer les esprits dans ce pays agité par de si longues divisions, travailla à la sûreté de ces provinces, fortifia plusieurs places importantes, fit échouer, par l'habileté de ses manœuvres, toutes les tentatives du prince d'Orange, défit et mit en déroute deux armées ennemies, et mourut de maladie, âgé de quarante-neuf ans, à Goch, dans la province de Clèves, en 1635.

Ce fut pendant le cours de sa carrière militaire, et dans le repos des quartiers d'hiver, qu'il écrivit son *Expédition des Catalans et des Arragonais*. L'auteur nous l'apprend lui-même par une lettre adressée à don Juan de Moncada, son oncle, archevêque de Tarragone et primat de l'Espagne citérieure, à qui il dédie son ouvrage. Dans cette lettre, datée de Barcelonne, le 3 novembre 1620, il dit que « cette histoire » lui étant tombée entre les mains pendant sa solitude » dans un village, et se trouvant sans occupation, il » l'avait mise en ordre, avec le desir bien naturel de » conserver le souvenir, presqu'éteint dans sa patrie, » d'actions éclatantes, dont la renommée méritait de » vivre à jamais dans la mémoire des hommes. » Il s'aida, pour ce travail, d'anciennes chroniques de Catalogne, et d'autres documens nationaux, dont il accuse la confusion et l'aridité. Les auteurs grecs qu'il consulta furent Pachimère et Nicéphore Grégoras[1], contemporains des événemens dont il nous offre le récit; et, parmi ses compatriotes, Muntaner, auteur du moyen-âge, ayant écrit lui-même l'histoire de cette expédition, lui fournit sans doute l'idée de la rajeunir et de l'étendre, lorsqu'elle lui tomba entre les mains.

[1] Pachimère, né en 1242, et mort en 1310, écrivit l'*Histoire de Michel Paléologue*, et celle des vingt-six premières années du règne d'Andronic II. Il fait suite à l'*Histoire de Nicétas et d'Acropolite*, et finit à peu près où commence celle de Cantacuzène. Dans son ouvrage, trop souvent défiguré par sa partialité pour les souverains de Constantinople, il a cependant le mérite d'être plus véridique que les autres historiens du Bas-Empire.

Nicéphore Grégoras naquit en 1295, et mourut en 1359. Partisan zélé de l'empereur Andronic II, il fut non-seulement son flatteur, mais son commensal. Il composa une *Histoire de Constantinople*, divisée en 38 livres.

Muntaner, né à Péralada, bourg situé près de Valence, en 1265, fut témoin en personne de l'expédition qu'il décrit. Il y servit militairement, comme capitaine distingué, et dans l'administration, comme commissaire général de l'armée. Sorti à l'âge de onze ans de la maison paternelle, il acquit, par son application, des connaissances peu communes dans le siècle où il vécut [1]. Cette éducation, en polissant ses mœurs, le fit aimer et respecter des amis et des ennemis. Malheureusement il écrivit son histoire en espagnol; et, comme cette langue était encore dans l'enfance, il lui eût été difficile de composer un ouvrage digne de passer à la postérité. Mais, pour les écrits comme pour les hommes, on ne saurait sans injustice les juger indépendamment des temps où ils parurent; car ce ne fut pas autant le génie qui manqua à certains hommes durant certaines époques, que l'instrument nécessaire pour en exprimer les inspirations. Il pouvait en effet s'élever, de loin en loin, chez des peuples ignorans, quelques hommes faits pour honorer leurs semblables, ainsi que s'élevaient, au milieu des plus pauvres constructions, ces édifices religieux, témoignages irrécusables des connaissances qu'il fallut pour les achever, et dont l'exécution étonne notre science, comme le génie qui les inventa surprend encore notre imagination. Le souvenir des hommes a passé, parce que des langues,

[1] Les Espagnols se trouvant en contact continuel avec les Maures, chez qui l'on cultivait les sciences et les arts, il n'est pas étonnant que quelques-uns d'entre eux aient eu l'idée d'acquérir les connaissances qu'ils pouvaient leur emprunter.

muettes pour l'éloquence, n'ont pu lui donner la vie;
les édifices nous restent, parce que la main de l'ouvrier a su exprimer l'idée du créateur. Si Muntaner,
au milieu d'un siècle d'ignorance, écrivit son ouvrage
dans une langue encore rude et informe, il a cependant fortement contribué à sauver de l'oubli les faits
mémorables qui frappèrent ses propres yeux, en fournissant une bonne partie des matériaux avec lesquels,
dans les beaux temps de la littérature espagnole, Moncada a composé l'histoire de cette expédition. Trois
cents ans s'étaient écoulés depuis le siècle de Muntaner [1]; et le nouvel écrivain a eu l'avantage de pouvoir
joindre à la vieille chronique du 14e siècle des documens nouveaux, et d'embellir son ouvrage de tous
les charmes d'une langue parvenue alors à son plus
haut degré de perfection. Aussi lui a-t-il acquis dans
son pays une grande réputation comme historien:
tous ceux des écrivains espagnols qui en ont parlé,
lui donnent les plus brillans éloges: ils le comparent
à Mendoza, que quelques-uns d'entre eux regardent,
dans son *Histoire des guerres de Grenade*, comme le
premier écrivain de sa nation pour l'élégance et la pureté du style; et, dans cette comparaison, il en est qui
trouvent à Moncada plus de douceur et moins d'affectation qu'à son rival. En effet, Mendoza aime parfois
l'obscurité; et ses périodes, en assez grand nombre,
sont tellement décousues et privées de suite, qu'elles demeurent quelquefois dépourvues de sens. Mais ces fautes

[1] Muntaner commença son livre en 1325, à l'âge de soixante ans. Il fut imprimé à Valence en 1557.

énormes, ces obscurités inexplicables, ne sauraient être, du moins pour la plupart, la faute de l'auteur, et ne peuvent guère s'attribuer qu'à l'étonnante infidélité des manuscrits. Les Espagnols estiment donc que Mendoza se proposa pour modèles Salluste et Tacite, tandis que Moncada, qui mania, ainsi que Jules-César, la plume et l'épée, chercha toujours à imiter son maître, et fut, dans son style, aussi pur et élégant que lui. En diminuant ce qu'il peut y avoir d'exagéré dans ces éloges, comme Moncada souvent les justifie, on doit penser que la lecture des ouvrages historiques fut pendant long-temps peu en honneur dans les royaumes d'Espagne, puisque celui-ci, ayant paru pour la première fois en 1623, n'avait jamais été réimprimé jusqu'en l'année 1805, et était devenu tellement rare, que quelques curieux seuls se trouvaient le posséder encore. Le nouvel éditeur a donc rendu un service aux lettres en le tirant de son obscurité.

Les ouvrages de Moncada sont :

L'*Expédition des Catalans et des Arragonais contre les Turcs et les Grecs*; à Barcelonne, chez Laurent Deu, en 1623, in-4°.

La *Vie de Manlius Torquatus*, imprimée à Francfort, après la mort de l'auteur; chez Gaspard Rotel, en 1642, in-16.

La *Généalogie de la maison de Moncada*, insérée par Pierre de Marca, auteur savant et grave, dans son *Histoire du Béarn*, qui fut imprimée à Paris en 1640.

Antiquité de l'Église de Monserrat.

INTRODUCTION

PAR LE TRADUCTEUR.

A l'époque de l'expédition que nous allons décrire, l'empire grec, menacé de toutes parts, se soutenait moins par ses propres forces que par l'impéritie de ses adversaires et la confusion d'intérêts qui régnait alors dans le monde politique de l'Europe. Livré aux disputes scolastiques, déchiré par les factions, divisé par le schisme, cet empire demeurait en proie aux ambitions multipliées des familles puissantes, dont les races passaient sur le trône avec une rapidité qui attestait la faiblesse humiliante du peuple le plus corrompu de l'univers. Ce peuple malheureux devait surtout à ses nombreux usurpateurs les vices dont il était infecté. Depuis long-temps, la légitimité, cette première justice pour les peuples comme pour les rois, avait disparu; l'autorité n'offrait plus de garantie, par cette seule raison qu'elle reposait sur une injustice; et le peuple, accoutumé à servir des intérêts coupables, perdant, peu à peu le sentiment du juste et de l'injuste, portait la mauvaise foi dans toutes les transactions, et multipliait les usurpations particulières, encouragé et rassuré par cette grande injustice dont il voyait l'exemple sur le trône [1].

Lorsque les Français, unis aux Vénitiens, s'emparèrent de Constantinople en 1204, comme ils avaient au moins pour eux le droit de conquête, il semblait qu'en mettant fin au schisme par la réunion des deux Eglises, et en imposant silence aux anciennes prétentions, ils devaient rendre le calme à ce pays si long-temps déchiré. Leur position sur les confins de l'Europe et de l'Asie, pouvait même leur promettre de plus hautes destinées; et si, cinq cent cinquante ans plus tôt, Charles Martel, vainqueur des Sarrasins, avait sauvé l'Europe de l'empire du croissant, des Français pouvaient encore devenir le boulevard de la chrétienté, et, repoussant les Turcs aux extrémi-

[1] Depuis la fondation de l'empire d'Orient jusqu'à sa conquête par les Français, sans compter les dynasties isauriennes, macédoniennes, celles des Comnène, des Lange, etc., qui se succédèrent en se renversant, il passa sur le trône plus de trente empereurs, qu'on pourrait appeler cosmopolites, la plupart sans nom, sans patrie, auxquels on arracha la couronne par la violence, ou qui périrent égorgés, empoisonnés ou étouffés. Dans ces temps honteux, il y eut même une époque plus honteuse encore, où deux vieilles femmes, disposant de l'empire, placèrent sur le trône, tantôt un simple ouvrier, tantôt un faux-monnoyeur, et jusqu'à un criminel condamné à mort.

tés de l'Asie, garantir à jamais l'Europe de leur présence. Mais, d'un côté, l'opiniâtreté des Grecs à persister dans le schisme, leur haine invétérée contre les Latins, leur répugnance invincible pour tout souverain étranger; de l'autre, les funestes divisions, les ambitions, les jalousies particulières, la mésintelligence qui régnait entre les princes d'Occident, et empêchait l'arrivée des secours, firent évanouir de si belles espérances. Si les croisés qui, dans la suite, vinrent, sous les ordres de Louis IX, débarquer sur les côtes d'Egypte, pour y éprouver de si grandes infortunes, avaient tourné leurs armes vers l'Orient, et secouru les nouveaux conquérans de la Grèce, il est permis de penser qu'ils auraient affermi leur empire, et assuré d'autant mieux la conquête des lieux saints. La catastrophe qui ramena les Grecs à Constantinople prépara le triomphe des Barbares, et porta les Ottomans sur un trône qu'ils n'auraient jamais dû occuper.

L'empereur Alexis Ducas, surnommé Murzufle, à cause de l'extrême épaisseur et du rapprochement de ses sourcils, meurtrier d'Alexis IV, fils d'Isaac Lange, qu'il égorgea de sa main, ayant fui de Constantinople lors de l'entrée des Français, une portion du clergé et du peuple élut à sa place Théodore Lascaris, qui transporta à Nicée le siége de sa nouvelle puissance, tandis que David

Comnène fonda, de son côté, l'empire de Trébisonde. Rien n'eût été plus facile pour les Latins réunis, que d'écraser, dans le principe, ces souverains éphémères qui se faisaient saluer, à genoux, par quelques fugitifs dont ils composaient leur cour et leur armée [1]. Mais si la valeur peut fonder les empires, elle suffit rarement seule à les conserver. Constantinople n'avait changé de maîtres que pour s'être trouvée sur le chemin de Jérusalem, devant une foule de pèlerins armés. Cette conquête, fruit du hasard et de la fortune, fut un objet d'étonnement pour les vainqueurs eux-mêmes; et sa défense, soutenue quelquefois avec une périlleuse audace, et le plus souvent avec une mollesse et une incertitude plus dangereuses encore, se sentit toujours du principe aventureux de sa création. Exécutée sans plan, on eût dit qu'elle devait être appuyée sans dessein comme sans confiance par des peuples rivaux. Baudouin n'avait point paru dans la Grèce comme un puissant monarque marchant à la tête d'une nation obéissante, et la guidant vers un seul but par la force de sa volonté : c'était un chef illustre parmi d'illustres aventuriers qui le couronnèrent, après s'être jetés sur un empire qu'ils trouvèrent sur leur chemin et qu'ils conquirent en passant. Mal-

[1] Dans les premiers momens, l'empereur de Nicée n'eut pas deux mille hommes à sa disposition.

heureusement ceux qui avaient eu la plus grande part à la prise voulurent aussi partager les dépouilles, et, par ce morcellement, portèrent un coup mortel à la durée de leur nouvelle conquête. Il eût été difficile, il est vrai, de faire taire des exigences aussi impérieuses; mais, en créant des souverainetés diverses et séparées, qui se subdivisèrent encore sous la protection de leurs maîtres; en distribuant des territoires, des villes, des châteaux, les croisés isolèrent les intérêts, multiplièrent les prétentions, rompirent l'union qui produit la force, augmentèrent pour le chef suprême les difficultés du pouvoir, et s'affaiblirent eux-mêmes par leurs divisions et leurs funestes rivalités. Baudouin Ier et Henri son frère, qui, par leurs brillantes qualités, se montrèrent souvent dignes du trône, eurent des successeurs trop faibles pour le pouvoir dont il leur fallut supporter le fardeau. Depuis cette époque, chaque règne nouveau ébranla un empire mal affermi, qui s'était élevé tout à coup comme pour punir les Grecs de leurs vices et de leur dégradation, et devait tomber, pour montrer aux conquérans à quelles conditions se soutient une couronne sur la tête qui veut la porter. Il n'en était pas ainsi des empereurs de Nicée. Ces princes, à qui l'on venait de donner le temps de se reconnaître, avaient retrouvé dans leurs revers une activité, une énergie, une constance, depuis long-temps inconnues pour eux, et que leurs successeurs devaient perdre à jamais après le retour de leurs prospérités [1]. Dès-lors tout sembla concourir à la perte des nouveaux conquérans. D'un côté, les Lascaris, les Vataces, les Paléologues, opposant sans cesse l'habileté à l'imprudence ou à l'impéritie, la force de l'attaque à la faiblesse de la défense, les calculs d'une politique astucieuse à l'aveuglement d'une confiance trop souvent exagérée; de l'autre, les Bulgares, peuple remuant, barbare, indocile, dont le roi, le terrible Joannice, devait voir périr en sa puissance le chef malheureux des Latins; les Ducas, despotes d'Epire, adversaires infatigables, effrénés dans leur ambition, ne répugnant à aucuns moyens de succès, combattant également, selon leurs intérêts, l'empereur de Constantinople ou celui de Nicée; ces ennemis implacables, après l'avoir attaqué, harcelé, fatigué avec un acharnement toujours nouveau, démembrèrent peu à peu le nouvel empire qui, abandonné des peuples d'Occident, jeta à peine quelques rayons de gloire, perdit chaque jour de

[1] Il faut en excepter Constantin, dernier des Paléologues et dernier empereur d'Orient, qui, par sa belle défense contre toutes les forces de Mahomet II, par ses prodiges de valeur et sa mort héroïque, voulut, en faisant revivre chez lui quelque chose de l'ancienne grandeur romaine, éclairer d'un rayon de gloire les derniers momens de l'empire.

son étendue comme de sa force, et finit par s'éteindre, faute de secours, pour le malheur de la chrétienté.

En l'année 1259, Théodore Lascaris II était mort à Nicée, laissant au patriarche Arsène la tutelle de son fils unique, Jean Lascaris, âgé de sept ans, et la direction suprême des affaires du gouvernement à son favori Georges Muzalon, grand-maître de la garde-robe, qu'il associa au patriarche dans la charge qu'il venait de lui confier. Muzalon était d'une naissance obscure, fils d'un des derniers officiers du palais. Admis dès son enfance à partager les jeux de son jeune maître, il avait su tellement s'introduire dans ses bonnes grâces, que celui-ci, parvenu à l'empire, lui accorda sa confiance la plus intime, le combla de faveurs, et l'éleva aux plus hautes dignités de l'état. Muzalon avait des qualités et des talens remarquables; mais il était favori, et ce titre malheureux attire trop souvent sur celui qui le porte une profusion de grâces qu'il justifie rarement, et qu'on ne lui pardonne jamais. A la fois tuteur du prince et régent de l'empire, Muzalon soulevait contre lui les ambitions de tous les chefs de familles puissantes, qui aspiraient à ces hautes dignités, et se croyaient le droit d'y prétendre. Parmi eux, on distinguait surtout Michel Paléologue, grand connétable, personnage d'une naissance illustre, d'un esprit supérieur, doué des qualités les plus brillantes comme les plus aimables, distingué dans la paix ainsi que dans la guerre, séduisant par son affabilité, entraînant par son éloquence, et, pour toutes ces raisons, entouré d'une faveur et d'une considération universelles. Aucune position ne pouvait être plus avantageuse que la sienne à l'ambition démesurée qui le tourmentait sans cesse, et qu'il savait dissimuler avec le plus grand bonheur. Cette ambition cependant n'était pas oisive : confidences secrètes, sourdes pratiques, rapports envenimés, rien ne lui semblait inutile ou coupable pour arriver à son but. Comme il n'aspirait à rien moins qu'à la souveraine puissance, Paléologue commença par faire renouveler, auprès du peuple crédule et superstitieux, une prédiction absurde déjà sourdement accréditée, et qui lui promettait la couronne impériale. Puis, dirigeant ses coups contre Muzalon, dont le pouvoir surtout le gênait dans ses vues, il chargea ses agens de répandre parmi la multitude qu'il avait, pour hâter la mort de son maître, employé la magie ; en même temps, d'autres affidés le représentaient aux troupes comme un homme avide, insatiable de richesses, et l'accusaient de retenir à son bénéfice les sommes d'argent dont le dernier empereur avait voulu récompenser l'armée. Cette invention perfide ne pouvait manquer de produire l'explosion qu'il en attendait : la soldatesque exaspérée se porta aux excès les plus atroces. C'était le neuvième jour depuis la mort de l'empereur, et, selon l'usage, on allait célébrer ses funérailles. Au moment même de cette religieuse solennité, des soldats en grand nombre se portent sous les murs du château où l'on gardait le jeune prince, et demandent impérieusement à voir leur maître, en prononçant d'horribles imprécations *contre ceux qui avaient tué le père et en voulaient encore à la vie de l'enfant* : les séditieux désignaient ainsi tous les Muzalons, comblés, comme le régent, des grâces du dernier empereur. Un des officiers de la maison, qui se trouvait auprès du jeune Lascaris, lui indique le signe qu'il doit faire pour apaiser les soldats; des hommes, répandus à dessein, l'interprètent aux troupes comme un geste d'approbation, et aussitôt elles se précipitent en foule vers l'église, s'emparent des portes, y pénètrent pendant la célébration des saints mystères, massacrent les Muzalons partout où elles les trouvent, et frappent aveuglément toutes les personnes qui avaient la moindre ressemblance avec celui contre lequel on avait surtout dirigé leur fureur. Déjà la terreur a chassé du temple le peuple, les grands de l'empire, et jusqu'aux ministres de la religion.

L'église était vide, si ce n'est de soldats. Ces forcenés, dans leur ardeur sanguinaire, fouillent tous les lieux les plus sombres et les plus reculés de ce vaste édifice; mais, chose digne de remarque, ils respectaient encore le sanctuaire, lorsque l'un d'eux, plus effronté et plus impie, viole son enceinte, se porte sans effroi vers le lieu même du sacrifice, soulève les ornemens lugubres dont il est décoré, découvre Muzalon réfugié dans ce saint asile, et, malgré ses instances, ses prières et ses promesses, l'égorge au pied de l'autel qu'il tenait embrassé. Aussitôt tous ses compagnons, enhardis par son exemple, franchissent la même barrière avec la même audace, saisissent le corps inanimé de Muzalon, le traînent sur le pavé du temple, et, après l'avoir insulté par tous les outrages, le mettent en pièces, et en dispersent les morceaux.

L'homme qui excitait tant d'envies, qui blessait tant d'orgueils, qui gênait tant de prétentions, n'existait plus. Dès ce moment, Paléologue respira plus à son aise, en voyant le champ libre et le chemin ouvert à ses vastes desseins. Cependant, après le meurtre horrible de l'infortuné Muzalon, pas un mot de sa bouche, pas un signe, pas une seule démonstration ne trahirent de sa part la moindre pensée de recueillir ses dépouilles. Le désintéressement le plus pur, l'amour le plus ardent de la patrie, semblaient seuls diriger toutes ses démarches, tandis que les mouvemens de son ambition désordonnée ne lui laissaient pas un instant de repos. L'habileté de cette conduite, l'éclat d'une réputation supérieure à celle de ses rivaux, les séductions d'une modestie apparente qui ménageait toutes les vanités, et ses protestations d'amour et de fidélité pour le jeune Lascaris, entraînèrent enfin en sa faveur les suffrages des grands de l'empire, qui jugèrent qu'aucun autre, mieux que lui, ne pouvait guider les pas du prince, encore enfant, destiné à les gouverner un jour. Nommé tuteur du jeune Lascaris, mais toujours occupé de préparer le moment qui devait réunir sur sa tête toutes les grandeurs, il voulut gagner à ses intérêts l'église entière, dont le pouvoir était alors sans bornes, par sa religieuse déférence pour le chef qui la représentait. Arsène se trouvait à Nicée, tandis qu'à cette époque Paléologue résidait à Magnésie. Celui-ci, après avoir déclaré avec une pieuse soumission qu'il ne recevrait que des mains du patriarche la nouvelle dignité dont on l'honorait, le fit appeler auprès de sa personne. Arsène se rendit à son invitation. Cet homme, élevé à l'ombre du cloître, avait un génie dont l'étendue ne répondait ni à la fougue de son zèle, ni à la ténacité de son caractère inflexible, sources des persécutions qui en firent, dans la suite, le chef d'une de ces sectes innombrables dont les dissidences jetaient tant de divisions dans ce malheureux pays. Trompé par les protestations solennelles qui ne coûtaient pas plus à la conscience qu'à l'ambition de Paléologue, il l'admit à partager la tutelle du jeune prince, et lui laissa même l'entier exercice d'une charge dont la vie monacale n'avait pu lui apprendre à remplir les devoirs. Paléologue n'ignorait pas le vif intérêt que cet enfant inspirait au peuple, et, malgré tout le déplaisir que lui causaient les démonstrations journalières d'un pareil sentiment, l'affection extraordinaire, la tendresse, le dévouement qu'il affecta de témoigner au jeune prince, fascinèrent tellement tous les yeux, et lui gagnèrent si bien tous les cœurs, qu'on l'appela par reconnaissance le père de Lascaris, de cet enfant royal dont il devait un jour devenir le bourreau. Au titre de grand duc, bientôt il joignit celui de despote[1], dignité qui entraînait après elle la régence de l'empire. Revêtu de tant d'honneurs, investi de tant de pouvoirs, placé sur le chemin

[1] L'empereur Alexis, surnommé l'Ange, créa une dignité de despote, et lui donna le premier rang après l'empereur, au-dessus de l'auguste ou sébastocrator, et du César. Les despotes étaient ordinairement les fils ou les gendres de l'empereur. Le despote était collègue de l'empereur ou son héritier présomptif. Le despote, fils de l'empereur, avait le pas sur le despote gendre de l'empereur.

du trône et trop près de la couronne pour ne pas y porter la main, entouré de factieux trop avides de récompenses pour l'abandonner à l'ouverture d'une carrière aussi heureusement commencée, Paléologue fut bientôt associé à l'empire, ou plutôt, en se faisant couronner seul, il usurpa la souveraine puissance, et laissa pressentir dès-lors l'attentat qu'il méditait. Deux années s'écoulèrent encore avant qu'il fût consommé; et la ville même des Césars devait être témoin du crime pour le frapper d'une plus éclatante réprobation.

Un grand changement vint alors s'opérer dans l'empire. Les Français exerçaient leur domination à Constantinople depuis cinquante-sept ans, et, en 1261, Baudouin II y occupait encore le trône chancelant dont il était prêt à descendre. Ce prince, par son indolence, sa mollesse et son incapacité, semblait né pour ces époques de décadence, où les empires doivent succomber. Cédant à la paresse de son caractère, voué à une inaction qu'il ne pouvait vaincre, plongé dans les délices et les voluptés de son palais, il avait vu, sans donner aucun signe de résistance, les Grecs et les Bulgares se disputer ses provinces, conquérir la Thrace sous ses yeux, et resserrer ses états presque jusqu'aux murs qui le tenaient enfermé. Tant de pertes successives l'avaient réduit au petit nombre de troupes qui protégeait encore sa capitale et méritait à peine le nom d'armée, lorsque ce prince, non moins crédule qu'inhabile, se laissa tromper par les promesses astucieuses d'un officier grec, gouverneur de Daphnusie, et commit l'imprudence impardonnable d'éloigner ses derniers soldats, ses derniers défenseurs, en les envoyant sur les bords du Pont-Euxin, tenter une attaque contre cette place que le Grec perfide avait promis de remettre entre ses mains.

Cependant une trêve existait encore entre Baudouin et les empereurs de Nicée. Ce fut avant l'expiration de cette suspension d'armes que le César Stratégopule passa sous les murs de la ville impériale avec un détachement de huit cents cavaliers seulement, qu'il devait renforcer de toutes les troupes de la Macédoine et de la Thessalie. En se rapprochant ainsi de Constantinople, sa mission était de reconnaître, par tous les moyens, la véritable situation de la ville, mais avec défense de hasarder encore contre elle aucune hostilité. Dès son apparition dans la Thrace, son faible corps se grossit de plusieurs bandes de Comans et de tous les aventuriers qu'attiraient au pillage de la ville la faiblesse et l'inertie de Baudouin. Le César dont le détachement devint bientôt une armée, se vit surtout entouré de ceux qu'on appelait les volontaires, espèce de bandits qui rôdaient depuis quelque temps autour de Constantinople, et qui étaient rassemblés sous la conduite d'un nommé Courtrizacc, prêts à servir ou à trahir indistinctement les Grecs et les Latins. Instruits du départ de la garnison pour Daphnusie, ils pressaient vivement le général d'enlever d'un coup de main cette capitale abandonnée. Leur avidité était telle, que Courtrizace, avec toute l'impatience d'un aventurier affamé de butin, alla jusqu'à demander des fers, en répondant sur sa tête du succès de l'exécution. Entraîné par la confiance de Courtrizace, déterminé par les discours d'un vieillard sorti hors des murs, et la découverte qu'il lui fit d'un souterrain inconnu, dont les issues donnaient, l'une dans sa maison, et l'autre dans la campagne; séduit par l'éclat d'une action décisive qui lui promettait une gloire aussi facile que sa récompense serait signalée; sûr de plaire à Paléologue par une déloyauté utile à ses intérêts, il oublia la trêve et la défense dont le souvenir aurait dû l'enchaîner, et, s'abandonnant à sa bonne fortune, il réussit à surprendre pendant la nuit cette ville immense que l'ardeur des troupes et la terreur des habitans firent tomber entre ses mains. L'indolent Baudouin, arraché à son sommeil par les cris d'effroi qui retentissaient de toutes parts, se précipita hors de son palais, courut vers la mer, et se sauva dans un esquif, après avoir jeté sur son chemin les insignes de sa puissance. Stratégopule resta maître de Constantinople, et cette conquête ne coûta aux Grecs qu'une déloyauté de plus.

Le général ne s'était pas trompé sur le caractère et les dispositions de son maître. A la nouvelle d'une action si étonnante, qu'il refusa d'abord d'y ajouter foi, Paléologue ne s'occupa ni de la trève ni de la foi violée; livré tout entier au bonheur qui venait le surprendre, rien ne put troubler la joie de son triomphe : Constantinople était à lui. Bientôt il arriva dans cette ville, où il brûlait d'étaler sa grandeur et d'exercer sa puissance. Après quelques instans donnés aux intérêts les plus pressans de ses nouveaux états, il voulut, par l'éclat des récompenses, témoigner à Stratégopule toute sa satisfaction de l'heureuse témérité qui allait placer le nom des Paléologues parmi les restaurateurs des empires. Des honneurs, jusqu'alors réservés aux souverains, lui furent accordés. On le vit, au milieu des acclamations du peuple, parcourir les rues de Constantinople, élevé sur un char de triomphe, revêtu des insignes de César, et la tête ornée d'une couronne impériale qui, par une faveur inouïe jusqu'alors, lui fut décernée pour toujours.

Cependant, plus le nouvel empereur se croyait assuré sur son trône, plus il se sentait gêné par le collègue importun qui devait s'asseoir auprès de lui. Déjà, depuis son entrée solennelle à Constantinople, le jeune Lascaris, loin de partager ses honneurs, avait même cessé d'orner son triomphe. Craignant l'intérêt qu'excitait sa présence, Paléologue le dérobait à toutes les cérémonies publiques, et, jusque dans les prières, son nom était oublié. Mais tant de précautions injurieuses ne suffisaient point encore à la tranquillité de l'usurpateur soupçonneux, auquel le jeune Lascaris offrait sans cesse un objet insupportable de reproches ou d'effroi. Il fallait un crime à son repos. Assez fort pour tout oser, ce crime fut résolu; et, comme s'il eût voulu rendre plus solennel un acte non moins impie qu'il était atroce, ce fut une des grandes fêtes de l'Eglise qu'il choisit pour le consommer. Le jour de Noël 1262, sans pitié pour l'enfance, sans respect pour le sang de ses rois, Paléologue fit brûler les yeux au jeune Lascaris; et, afin d'éloigner entièrement de sa présence l'innocent objet qui tourmentait encore une ambition aussi atroce, il le relégua au bord de la mer, dans le fort Dacibyse. Lascaris, privé du jour, fut privé de l'empire : spectacle terrible, qui souleva contre Paléologue la haine d'un peuple que les Français avaient déshabitué de ces sanglantes usurpations [1].

[1] Au lieu de percer les yeux de cet enfant avec des pointes brûlantes, les exécuteurs de cet horrible attentat lui dessé-

Michel, parvenu seul à la souveraine puissance, ne retrouva pas toujours au même degré les qualités brillantes qui l'avaient si éminemment distingué avant son élévation : il semblait que son crime en eût terni l'éclat. Sa position, il est vrai, se compliqua par les difficultés qui vinrent assaillir l'usurpateur, en multipliant le nombre de ses ennemis; et les mêmes facultés qu'il avait déployées avec tant de vigueur lorsqu'il les dirigeait vers un seul but, perdirent de leur force, du moment où il lui fallut les disséminer sur plusieurs points. Baudouin, que, pendant la durée de son règne, on avait vu visiter en personne la plupart des cours d'Occident pour réclamer leur appui, ne se montra pas, après sa chute, moins ardent à le solliciter. Urbain IV, successeur d'Alexandre IV, embrassa chaudement sa défense, et chercha à soulever toute l'Europe catholique contre le nouveau souverain qu'il voulait renverser. Dans ce même temps, Arsène, indigné de l'atroce perfidie de Paléologue envers le jeune Lascaris, et furieux du manque de foi avec lequel il l'avait trompé lui-même, lança les foudres de son Eglise contre le bourreau de son ancien pupille, pour le forcer à remettre au prince légi-

---

chèrent les membranes, au moyen d'une lame de fer rougie au feu. Cette barbare indulgence fut presque regardée alors comme un trait d'humanité.

time le pouvoir dont il l'avait dépouillé. Michel, effrayé de l'excommunication d'Arsène, et alarmé des mouvemens de Baudouin, crut pouvoir conjurer ce double orage, en proposant au pape la réunion des deux Eglises. C'était à ses yeux le moyen d'ébranler la fermeté d'Arsène, par la crainte de perdre les priviléges immenses que les patriarches avaient usurpés, comme aussi de détacher le souverain pontife des intérêts de son antagoniste. Persuadé du succès d'une démarche si authentique, il fit partir pour Rome ses premiers ambassadeurs. Mais de telles avances, faites au Saint-Père par l'homme ambitieux qui occupait le trône, ne pouvaient manquer d'inspirer à ses sujets des doutes véritables sur la sincérité de sa croyance, et de préparer ainsi les divisions les plus funestes. Cette situation difficile, entre la crainte des armes étrangères et les dispositions menaçantes de ses propres sujets, dura pendant le cours entier d'un règne mêlé au dehors de succès et de revers, et au dedans de troubles et de confusion. La seule idée de rapprochement avec la cour de Rome réveilla l'attention des schismatiques, et fit renaître la grande querelle (source de tant de malheurs) *sur la procession du Saint-Esprit* : querelle interminable, parce que le point contesté, soumis à la foi, était inaccessible à la raison. La politique tortueuse de

Paléologue, la duplicité de sa conduite avec les papes, sa timidité ou sa violence avec les patriarches, ne pouvaient que prêter de nouvelles forces aux partisans fougueux d'un schisme qu'il se montra obstiné à vouloir éteindre, et dans lequel on put croire, au terme de ses jours, qu'il mourut sans conviction.

Un événement inattendu, qui s'accomplit bientôt au midi de l'Italie et lui donna un nouveau maître, vint encore accroître de ce côté les inquiétudes de Paléologue. Les trônes de Naples et de Sicile étaient occupés par le bâtard Mainfroi, qui en jouissait injustement, au préjudice du jeune Conradin, fils de l'empereur Conrad II, auquel ils appartenaient par droit de naissance. Charles d'Anjou, frère de saint Louis, fut appelé par le souverain pontife, ennemi, comme ses prédécesseurs, de la maison de Souabe, à venir s'emparer de ces royaumes dont il l'investit. Charles, non moins actif qu'entreprenant, parut aussitôt avec une armée, attaqua et battit, à la bataille de Bénévent, l'usurpateur Mainfroi, qui, malgré le secours des Grecs, y perdit la couronne et la vie (1266). Maître de ces états, Charles conclut avec Baudouin une étroite alliance, pour gage de laquelle il donna sa fille Béatrix en mariage à Philippe, fils de l'empereur détrôné. Dès ce moment, Baudouin put concevoir de véritables espérances. Ses droits étaient fortement appuyés par Clément IV, qui occupait alors le siége pontifical, et s'efforçait, à l'exemple de son prédécesseur, de soulever tous les princes catholiques contre les schismatiques de l'Orient. La France répondait à cet appel, et se disposait à une croisade; d'autres puissances menaçaient de se mettre en mouvement; et tout l'Occident pouvait fondre à la fois sur un pays divisé, tourmenté par les partis, par les ambitions déçues, par les querelles religieuses, et qu'ébranlait encore la nouveauté d'une usurpation mal affermie. Baudouin et Charles d'Anjou conçurent une telle confiance dans leurs forces et celles de leurs alliés, qu'ils signèrent ensemble un traité par lequel ils partageaient d'avance un empire dont la conquête entière restait encore à effectuer. Paléologue, qui n'ignorait pas que les papes étaient l'âme de toutes ces grandes entreprises de la catholicité, se rappela alors l'expédient auquel il avait déjà recouru sous Urbain IV; et, pour ralentir l'activité des préparatifs qui se poursuivaient contre lui, il envoya au souverain pontife des ambassadeurs chargés de lui exprimer encore une fois son ardent desir de voir s'accomplir la grande réunion qui faisait l'objet de tous ses vœux. Clément savait, à n'en pas douter, que Michel avait montré peu de franchise dans la première négociation; et, soupçonnant sans peine le véritable motif qui le dirigeait en ce moment, il ne répondit à ses ambassadeurs qu'en leur reprochant les anciens procédés de leur maître, ses tergiversations, son alliance avec Mainfroi, et ferma, dans le principe, l'oreille à toutes propositions. Mais Paléologue, à force de prières, de protestations, d'instances, de promesses, de soumission, finit par se faire écouter. Dès-lors Clément, ne montrant plus le même zèle contre des schismatiques dont il espérait la conversion, prit avec moins d'ardeur les intérêts de Baudouin et de Charles d'Anjou, et laissa ainsi respirer un usurpateur qui semblait ne rien tant desirer que de racheter son crime par l'heureuse réunion de toute la chrétienté.

Sur ces entrefaites, les Turcs poursuivaient en Asie leurs conquêtes et leurs ravages. Ces barbares, ennemis infatigables de l'empire, depuis le moment où, dans le cours du neuvième siècle, ils abandonnèrent les bords du Volga pour tourner vers l'Orient, s'étaient vus, au commencement du treizième, repoussés par d'autres Barbares qui, dans leurs horribles dévastations, les avaient encore effacés. Le fameux Temoudjyn, leur chef, fils d'Yeçoukaï, qui lui avait donné le nom d'un ennemi vaincu, non moins précoce pour la force du corps que pour celle du caractère et la vigueur de son courage, fut, à l'âge de treize ans, jugé digne de succéder au commandement des quarante mille familles que la mort de son père laissa sous son autorité. Les chefs des tribus voisines, ne doutant pas qu'il ne leur fût très-facile de dépouiller un enfant de son faible pouvoir, lui déclarèrent la guerre; mais cet enfant conduisit trente mille hommes contre eux, les battit, en fit un horrible carnage, et distribua les prisonniers en récompense à ses soldats. Un certain nombre seulement fut soustrait à l'esclavage pour être voué à la mort. Elle fut terrible : soixante-dix de ces malheureux, jetés par les ordres d'un enfant dans soixante-dix chaudières d'eau bouillante, annoncèrent au monde quel homme allait le dévaster : cet homme était Gengiskan (ou plutôt Djenguiz-Khan.) A la tête de ses Tartares, toujours poussé par le génie des conquêtes dans ses entreprises gigantesques, après avoir étendu sa terrible domination depuis Samarcand jusqu'au Mogol, depuis les extrémités orientales de la Chine jusqu'aux murs de Tauris; après avoir fait périr six millions d'hommes, en exerçant pour son plaisir les ravages épouvantables où la lueur des incendies traçait la marche du vainqueur dans les ruisseaux de sang, le monstre expira paisiblement au sein de ses états [1]. Mais au bout d'un certain

---

[1] Il mourut en 1227, âgé de soixante-six ans.

laps de temps, ce torrent irrésistible, qui avait tout envahi, s'étant écoulé sur plusieurs points, les Turcs recommencèrent alors leurs anciennes attaques contre un empire qu'ils ne devaient plus laisser respirer jusqu'à son entière destruction [1]. A l'époque où nous sommes parvenus, tout ce que les Grecs possédaient encore en Mysie, en Carie, en Bithynie, en Paphlagonie, en Phrygie, en Lydie, était abandonné en proie à l'avidité de gouverneurs insatiables, qui s'engraissaient de la substance des peuples, et abandonnaient aux Turcs les villes que les traitans avaient dévorées. Ces gouverneurs infidèles dissimulaient avec soin à Paléologue l'importance des pertes journalières que leur lâche avidité faisait supporter à l'empire, et les lui peignaient comme de légers échecs qu'un seul jour pourrait réparer. L'empereur, à la vérité, y avait envoyé le despote Jean, son frère, général aussi actif qu'il était habile et expérimenté. Celui-ci, après avoir battu et repoussé les Barbares dans plusieurs rencontres, cherchant à les dégoûter du brigandage, les avait établis sur les frontières des provinces asiatiques, dans les terrains immenses laissés sans culture par l'entier

---

[1] Ce fut en 1218 que Djenguiz-Khan marcha, à la tête de sept cent mille hommes, contre le sultan d'Iconium, qui avait fait massacrer ses ambassadeurs, et suspendit par ses triomphes les entreprises des Turcs contre l'empire d'Orient.

abandon des malheureux habitans du pays. Mais c'était placer aux portes de ces provinces, c'était, pour ainsi dire, établir gardiens de l'empire, les ennemis les plus acharnés à sa perte. Une mesure si périlleuse, jointe à la mollesse et à la lâcheté des gouverneurs, ne pouvait qu'entraîner les plus grandes calamités. Michel fut convaincu trop tard de la déception où l'avaient entretenu ces agens coupables, lorsque, vers la fin de son règne, s'étant transporté en Asie pour visiter ses provinces, il vit de ses propres yeux le triste spectacle qui l'y attendait. Le vaste contour qu'arrose le Méandre, et qu'on aurait pu appeler une seconde Palestine pour la fertilité, était devenu presque sauvage; les monastères, qui avaient donné, par la culture, la vie à ces belles contrées, ne servaient plus que de repaires aux bêtes féroces ou de campemens aux Barbares; tout le pays depuis le fond de la Carie jusqu'à la mer de Bithynie offrait un tableau effrayant de ruines et de désolation; enfin, l'ancien empire qui s'était étendu jusqu'au Tigre, avait alors le Sagaris pour limite.

Du côté de l'Occident, Clément IV était mort, le trône pontifical demeurait vacant, et Charles d'Anjou, absent de ses états, avait fait voile vers l'Afrique, où Louis IX était campé sous les murs de Tunis, à la tête de son armée, qu'une maladie pestilentielle dévorait par ses affreux ravages. C'était l'époque, funeste à la France, où le grand roi allait périr lui-même victime de cet horrible fléau. Toute la chrétienté avait les yeux fixés sur lui. Ne doutant pas de l'influence que Louis devait exercer sur son frère, et recourant encore à l'expédient qu'il regardait toujours comme sa sauve-garde, Paléologue lui avait envoyé des ambassadeurs pour exprimer de nouveau en sa présence ses sentimens de soumission à l'Eglise romaine, et en même temps pour le prier de détourner son frère de la guerre qu'il lui préparait. Le saint roi, instruit des pieuses intentions de Paléologue, donna audience à ses ambassadeurs la veille même de sa mort, et accueillit avec empressement une proposition qui promettait gloire et bonheur à la chrétienté, et le remplit de joie à ses derniers momens. De leur côté, les cardinaux, assemblés pour l'élection d'un nouveau pape, avaient député auprès du roi de France un légat chargé de l'informer de tout ce qui s'était passé sous les deux derniers pontifes, touchant la réunion des deux églises, et porteur du symbole que la cour de Rome offrait à l'acceptation de l'empereur et de tous les Grecs. Charles d'Anjou était parti trop tard pour secourir un frère que la mort venait de frapper. Lorsqu'il débarqua sur les côtes d'Afrique, il ne trouva plus d'autres devoirs à remplir que ceux des funérailles du saint roi, de ce prince aussi admirable par les lumières de sa raison que par la simplicité de sa foi, par sa justice que par sa sagesse, par sa fermeté que par sa douceur; qui eut autant d'élévation dans l'esprit que de grandeur dans les vues, autant de résignation dans les souffrances que d'intrépidité dans les combats, de noblesse et de dignité comme prince que d'humilité comme chrétien; enfin qui fut prodigieux pour les temps où il vécut, et qui eût été grand dans tous les siècles.

Si l'absence du roi de Naples, la mort de saint Louis, et les circonstances qui en furent la suite, suspendirent l'armement dirigé contre Paléologue, d'autres dangers, plus près de lui, sortirent du sein de sa famille même, où la révolte avait pénétré. Un de ses neveux, Andronic Tarchaniote, gouverneur d'Andrinople, irrité d'un simple passe-droit qu'il disait avoir éprouvé de la part de l'empereur, appela dans son gouvernement les Tartares, qui y commirent d'horribles ravages, et, après avoir porté ainsi le fer et le feu dans cette malheureuse province, il passa chez son beau-père, Jean-le-Bâtard, despote d'Epire, prince inquiet, remuant, et toujours prêt à saisir la première occasion de courir aux armes. Après une semblable trahison, la guerre était inévitable, et elle fut déclarée. Paléologue, furieux de voir un membre de sa famille attaquer sa puissance, arma tout ce qu'il put ramasser en troupes nationales ou étrangères, Grecs, Comans, Turcs même, ne craignant pas d'appeler à son secours ces éternels ennemis de l'empire, comme s'il eût voulu leur montrer de plus près les vices dont il était dévoré. L'armée fut encore mise sous les ordres du despote Jean, de ce général habile, de ce prince fidèle, qui portait son dévouement infatigable partout où il y avait des dangers à courir et de l'honneur à gagner. Michel traça lui-même un plan de campagne où l'on reconnut ses talens militaires, et dont l'exécution eut dans le principe un succès complet sur tous les points. Battu à plusieurs reprises, et poursuivi sans relâche par le despote, qui ne lui laissait pas un instant de repos, le Bâtard fut contraint de se renfermer dans Néopatrias, sa capitale, où les Impériaux se crurent assurés de le voir tomber entre leurs mains. Mais la fortune, qui, pendant toute sa carrière, avait si bien servi Paléologue, semblait alors quelquefois l'abandonner. Le Bâtard, étroitement cerné dans ses murs, ne vit d'autre possibilité d'échapper à ses ennemis, qu'en se dérobant à leur surveillance par quelque heureux stratagème. Le déguisement le plus grossier lui parut le plus convenable à son dessein. Vêtu en valet d'écurie, il se laissa glisser pendant la nuit, au moyen d'une corde, le long des murailles, et traversa tranquillement le camp des Impériaux, un licol à la main, en demandant à haute voix, et en grec barbare, si personne n'avait trouvé le cheval de son maître. Aucun soupçon ne s'éleva contre lui, et, après être parvenu à l'autre extrémité du camp, il poursuivit son chemin en toute diligence, se dirigea vers les Thermopyles, et les traversa. Le duc de Thèbes, en même temps duc d'Athènes, était l'homme auquel il voulait avoir recours dans ce pressant danger. Arrivé en présence du prince, il lui exposa sa position, réclama son appui, et lui offrit, comme gage d'alliance, la main d'une de ses filles, s'il consentait à l'écouter. Le duc accepta le mariage pour son frère, et le congédia lui-même, en lui donnant cinq cents hommes de cavalerie. Le Bâtard, à la tête de ce faible secours, repasse les Thermopyles, marche vers Néopatrias, arrive pendant la nuit jusqu'au camp des Impériaux, toujours persuadés qu'ils le tenaient enfermé dans la forteresse, attaque hardiment, avec sa poignée de soldats, une armée qui, ne connaissant aucun ennemi sur ses derrières, ne peut concevoir d'où partent les coups furieux dont elle est assaillie. Dans son épouvante, elle se croit investie de toutes parts, et est saisie d'une telle stupeur, que, malgré les efforts, malgré les prières, les menaces de son intrépide général, et le courage du brave Rhimpsa, commandant des Turcs, trente mille hommes, mis en déroute, furent pris, tués ou dispersés par les cinq cents cavaliers du Bâtard. Jamais déroute ne fut plus désordonnée que celle de ces fuyards, qui, déjà loin de leur camp, mais toujours étourdis par la peur, ne trouvant point d'asiles assez sûrs contre l'ennemi, pour ainsi dire invisible, dont ils se croyaient encore poursuivis, se jetèrent au hasard dans l'épaisseur des bois, et jusque dans le creux des rochers [1].

Après ce succès aussi inopiné qu'extraordinaire, les Vénitiens et les autres Latins de Candie et de Négrepont, en guerre avec l'empire, résolurent de profiter de ce désastre pour lui porter un dernier coup. La flotte grecque, composée de soixante-dix voiles, et commandée par Philantropène, avait relâché dans le port de Démétriade, sur le golfe Pélasgique. Les Latins, jugeant de tout leur avantage s'ils lui livraient bataille dans cette position incommode, où dix vaisseaux seulement pouvaient combattre de front, vinrent, avec trente bâtimens d'une plus grande dimension que ceux des Grecs, attaquer la flotte.

[1] Ce triomphe surprenant, obtenu par des Grecs sur des Grecs, rendra moins invraisemblables les victoires plus merveilleuses encore que nous verrons les Catalans remporter sur eux, durant le cours de leur expédition.

ennemie. Elle relâchait en toute confiance dans ce port, après avoir purgé les mers des pirates dont elles étaient infestées. Surpris à l'aspect des Latins, les Grecs se hâtèrent de ranger leurs soixante-dix vaisseaux sur sept lignes égales, qui ne pouvaient que s'embarrasser et se nuire lorsqu'il faudrait se mettre en mouvement. Ces dangereuses dispositions, la difficulté de l'espace, et l'épouvante qui saisit tous les équipages dès le commencement de l'action, jetèrent dans la flotte entière un tel désordre, que rien ne semblait pouvoir le réparer. Philantropène, que sa présence d'esprit n'abandonnait jamais, cherchait, par son courage, à sauver les dernières forces de l'empire. Mais il épuisait en vain ses signaux pour des gens que la terreur avait aveuglés. Dans ce moment désespéré, il devait croire sa perte inévitable : de toutes parts ses vaisseaux se confondaient, se heurtaient les uns les autres, pour tâcher de prendre la fuite, et tombaient au pouvoir de l'ennemi. Le vaisseau amiral lui-même, où Philantropène avait combattu comme un héros, allait subir le même sort, et était entraîné par les Latins, lorsque parut sur le rivage le frère de l'empereur, avec les débris de l'armée battue, qu'il avait su rallier par sa présence. Ses signes, ses cris, ses démonstrations suppliantes, attirèrent successivement à la côte un certain nombre de navires sur lesquels il se jeta pour voler au secours de Philantropène. Celui-ci, profitant avec habileté de la surprise et du mouvement d'hésitation que l'arrivée de ce renfort inattendu causa parmi ses adversaires, parvint à se dégager, rallia quelques vaisseaux dont les matelots et les soldats se rassurèrent à l'aspect du prince, tomba sur un ennemi d'autant plus facile à déconcerter qu'il s'était cru assuré de la victoire, et, en rendant le courage à tous les siens, changea tellement le sort des armes, qu'il détruisit presqu'en entier la flotte des Latins, dont deux vaisseaux seulement parvinrent à échapper. Rentré triomphant à Constantinople avec les trophées de sa victoire, il reçut le titre de grand duc, en récompense du service signalé par lequel il venait de s'illustrer.

On ne pouvait nier que l'apparition du despote, que l'ardeur de son courage comme de son dévouement, n'eussent été la première cause du salut de la flotte, et peut-être de l'empire. Et cependant ce prince, inconsolable de sa défaite sous les murs de Néopatrias, se dépouilla pour toujours des ornemens de sa dignité, et se punit ainsi lui-même de la lâcheté des troupes qu'il avait eu le malheur de commander. Mais ses talens et son courage, sa justice et sa bonté étaient connus de tous les Grecs, dont l'attachement le suivit dans l'obscurité glorieuse à laquelle il s'était voué.

L'orgueilleux Paléologue, irrité des témoignages d'amour que l'on prodiguait encore à son frère, envieux de ses talens, jaloux d'une victoire qui l'avait peut-être sauvé lui-même, loin de l'encourager par ses consolations, ne cessait d'humilier ce malheureux prince, que sa touchante modestie aurait dû lui rendre plus cher que jamais. Ce n'était point assez des pénibles épreuves auxquelles lui-même mettait journellement la patience d'un frère, il le livrait encore aux caprices ridicules d'Andronic son fils. Le vrai mérite offusquait déjà l'ombrageuse médiocrité de ce jeune homme, qui, à l'âge de seize ans, revêtu depuis peu du titre d'empereur, se plaisait à tourmenter par les moqueries les plus étranges son oncle toujours soumis et toujours obéissant. Il essaya dès-lors, envers ce digne personnage, la froide insensibilité, la petitesse de caractère, la basse jalousie et la vanité puérile qu'il devait un jour montrer aux Catalans, et développer sur le trône pour le malheur de ses sujets [1].

Cependant, après deux ans et neuf mois de va-

---

[1] Dans une de ces fantaisies, ou plutôt de ces méchancetés, où il exerçait sa jeune puissance contre son oncle, comme le despote était beaucoup plus grand que lui, il se plaisait à lui faire porter quelques-uns de ses habits, qui, se trouvant très-disproportionnés à sa taille, le rendaient ridicule aux yeux des personnes qui l'en voyaient revêtu. Un génie étroit montre sa petitesse jusque dans la tyrannie de ses caprices.

cance du Saint-Siége, le cardinal Théalde, légat, en Palestine, fut élevé sur la chaire pontificale, sous le nom de Grégoire X. Les démarches ostensibles de Paléologue pour se rapprocher de l'Eglise romaine, et les preuves qu'il avait données de son penchant, vrai ou faux, vers cette réunion, ne pouvaient que fixer l'attention du nouveau pape, comme elle avait occupé celle de ses prédécesseurs. Grégoire, d'un caractère doux et disposé à la concorde, témoigna, dès son avènement, les intentions pacifiques qui devaient le diriger. A peine le pontife eut appris son élévation qu'il en fit part à l'empereur des Grecs, qui, de son côté, le combla de prévenances, et chercha à établir la plus heureuse harmonie dans leurs relations. Le rival de Paléologue, l'empereur détrôné de Constantinople, Baudouin II était mort, et l'avait ainsi délivré de l'homme qui, après avoir passé la plus grande partie des vingt-cinq ans de son règne hors de ses états, occupé à mendier des secours, avait employé les treize années qui suivirent sa chute, à renouveler les mêmes instances sans plus de dignité et avec aussi peu de bonheur. Mais cet événement était loin d'améliorer la situation de Paléologue du côté de l'Occident. Le fils de Baudouin héritait des droits de son père, et ce fils avait épousé la fille du roi de Naples et de Sicile. Les droits des deux familles se trouvaient donc, en quelque sorte, confondus, et Charles devait agir avec d'autant plus d'activité qu'il allait travailler pour sa propre maison. Paléologue, pressentant les dangers réels qui pouvaient fondre sur lui, et jugeant combien il était indispensable de paralyser les efforts de ses antagonistes, se décida enfin à paraître effectuer, aux yeux du monde, le projet qu'il avait annoncé tant de fois. L'occasion ne tarda pas à se présenter. L'année suivante (1274), le pape convoqua à Lyon le quatorzième concile général, où se trouvèrent réunis cinq cents évêques, soixante-dix abbés et mille autres prélats. Grégoire y assista en personne, ainsi que des députés de tous les princes de l'Europe, et même du roi d'Arménie et du khan des Tartares que le souverain pontife y avait invités [1]. La réunion des deux Eglises pouvait se regarder comme le principal objet de la convocation de ce concile, où Paléologue envoya une ambassade solennelle, composée des premiers dignitaires de l'empire. Trois sessions du concile s'étaient déjà tenues lorsque les ambassadeurs impériaux arrivèrent pour y prendre part. Tous les prélats allèrent au devant d'eux, et les condui-

---

[1] Le khan des Tartares ordonna à ses députés de s'y rendre, non pour se convertir à la religion chrétienne, mais pour demander une alliance contre les Musulmans. Cependant trois d'entre eux embrassèrent la religion catholique.

sirent en grande pompe au palais du pape, qui les accueillit de la manière la plus distinguée comme la plus affectueuse, et leur donna le baiser de paix en signe de réconciliation. Cinq jours après, le souverain pontife célébra l'office divin en présence de tout le concile. Le symbole y fut chanté dans les deux langues, grecque et latine, et les Grecs répétèrent par trois fois les paroles si long-temps contestées : *Qui procède du Père et du Fils.* Alors s'ouvrit la session attendue avec une impatience que justifiait l'espoir d'un des plus grands événemens que l'Eglise pût desirer. S'unir de cœur et d'esprit à la foi de l'Eglise romaine, lui promettre obéissance, et reconnaître la primauté de son chef sur toute la chrétienté, tels étaient les trois articles auxquels les ambassadeurs avaient pouvoir de consentir. Il ne restait donc plus qu'à les proclamer authentiquement; et ce fut en vertu de leurs pouvoirs, que l'un d'eux, le grand logothète [1], abjura hautement le schisme, et prêta serment au nom de l'empereur. Le pape, après la grande déclaration qu'il venait d'entendre, fit chanter le *Te Deum.* Puis, ayant exprimé en

[1] Il y avait deux logothètes : le logothète de l'Église tenait le sceau du patriarche, et l'apposait à tous les écrits dressés par ses ordres; le grand logothète, celui du palais impérial, mettait en ordre les dépêches de l'empereur, et en général tout ce qui avait besoin du sceau et de la bulle d'or.

peu de mots la joie de l'Eglise, qui pouvait enfin embrasser tous ses enfans réunis dans son sein, il entonna le symbole en latin, et lorsqu'il fut terminé, l'ancien patriarche Germain, également membre de l'ambassade, le chanta en grec, prononçant toujours les paroles : *Qui procède du Père et du Fils*. Ainsi parut être consommée, sous les garanties les plus solennelles, une réconciliation que l'entêtement et la mauvaise foi rendirent inutile au bonheur du monde, et dont le plus grand résultat, sans doute, eût été de donner à la chrétienté assez d'ensemble et de forces pour repousser les Barbares, et les empêcher à jamais de souiller de leur présence le sol européen.

Le concile de Lyon s'était ouvert sous des auspices malheureux pour la Grèce. Avant de se prononcer catégoriquement par ses ambassadeurs, en présence de l'Eglise catholique réunie, Paléologue n'avait pu se passer de l'adhésion du clergé, et surtout des évêques, aux articles qu'il voulait consentir. Il lui fallut donc employer auprès du clergé grec toute l'habileté, la souplesse et l'astuce de son éloquence, à l'entraîner vers une opinion religieuse qu'il croyait utile à la conservation de sa couronne. Des légats du pape se trouvaient alors à Constantinople, au milieu du peuple le plus facile à blesser sur tous les points de sa croyance. Michel, placé entre ce peuple raisonneur et les légats qui insistaient sur une décision, montra dans sa conduite, difficile sans doute, une duplicité dont l'embarras des conjonctures peut donner l'explication, mais à laquelle elle ne saurait fournir une excuse. Tandis qu'il s'engageait auprès des légats à adopter pleinement et entièrement les dogmes de l'Eglise catholique, il assurait aux évêques que rien n'était plus loin de sa pensée, et qu'il soutiendrait la guerre la plus cruelle, plutôt que de changer un seul mot au symbole. Tout le sujet de la délibération, disait-il, se réduisait à l'abandon au souverain pontife de quelques prérogatives insignifiantes, dont la question de dogme se trouvait entièrement séparée. Tromper les légats, séduire les évêques, abuser le peuple, tel était le secret de ses manœuvres frauduleuses, qui n'eurent que de fausses conséquences et d'inutiles résultats. Le clergé grec, déjà opposé, par ses propres sentimens, à reconnaître la suprématie du pape, montra d'autant plus de ténacité dans sa résistance, qu'il était encore étourdi par les clameurs du peuple, dont l'ignorance et l'entêtement repoussaient toujours avec violence la seule idée de réunion. Michel, peu accoutumé aux contrariétés d'une opposition qui l'humiliait, renonça tout à coup aux voies de persuasion qu'il avait suivies jusqu'alors, et, d'orateur insinuant devenu persécuteur inexorable, rendit la ville entière de Constantinople victime de ses emportemens. Ce fut alors que, livré à toute l'irritation d'un orgueil blessé et à l'extravagance d'un pouvoir sans limites, il rendit un édit absurde, dans lequel le prince déclara *qu'en entrant en possession de Constantinople, il était devenu possesseur légitime de toutes les maisons de la ville, et qu'en conséquence tous les réfractaires à ses ordres seraient tenus de lui en payer le loyer depuis son entrée, suivant la taxe qu'il lui plairait d'imposer.* C'était un loyer de treize ans. La résistance devait suivre cette inconcevable mesure : ce fut ce qui arriva. A peine elle eut commencé, que des soldats, envoyés par l'autorité souveraine, fouillèrent les maisons, en arrachèrent les meubles les plus précieux, et les dévastèrent. Constantinople offrait en pleine paix l'image du pillage : injustice criante, qui ne put apaiser encore la vengeance de Paléologue. Confiscations, exils, mauvais traitemens, cruautés même, tout fut employé à la satisfaire. Plusieurs de ceux qui se déclarèrent contre sa volonté, furent déchirés à coups de fouet, eurent les yeux arrachés, les mains coupées, et exposèrent ainsi aux regards effrayés les marques de son ressentiment. Le peuple, exaspéré contre son persécuteur, fuyait de la capitale, et portait son irritation et les cris de son fanatisme en Morée, en Thessalie, en Achaïe et jusqu'en Colchide. Au milieu de cette désolation générale, le clergé, cédant enfin aux volontés de l'empereur, se laissa arracher le consentement qu'on exigeait de lui.

Après avoir préparé par de telles violences une assemblée religieuse destinée à la paix et à la réunion des peuples, il était facile de prévoir quels effets produirait la nouvelle de sa décision. Déjà de simples bruits qui s'étaient répandus sur la déclaration faite au concile par les ambassadeurs, avaient accru l'agitation des esprits, le trouble des consciences et la véhémence des opinions opposées. Ce fut une explosion bien plus terrible encore, lorsqu'au retour de son ambassade, Michel, triomphant, fit célébrer pontificalement dans la chapelle du château l'office divin, où le diacre proclama à haute voix le pape Grégoire X *souverain pontife et pape œcuménique*. A l'instant même, ces paroles deviennent comme le signal d'une conflagration universelle. Les uns embrassent la communion romaine, les autres la repoussent avec fureur; la division pénètre dans tous les rangs d'une société en désordre; toutes les sectes, profitant de la confusion générale, se réveillent pour sortir de leur obscurité; les adeptes des anciens sophistes, les partisans des patriarches déposés, forment autant de schismes particuliers dans le schisme même; l'entêtement, l'intérêt et l'ambition aveuglent tous les esprits, exaltent toutes les têtes; les délations multipliées jettent l'effroi dans les familles, et il n'y a plus de relations assez intimes pour rassurer des hommes qui se sentent eux-mêmes disposés aux mesures les plus violentes contre leurs amis les plus chers. Sur ces entrefaites, un grand nombre de hauts personnages, soutenus par le patriarche Joseph et la princesse Eulogie, sœur de Paléologue, l'adversaire le plus déclaré de la réunion, s'opposèrent ouvertement au décret du concile: Joseph refusa de donner sa démission, comme il en avait fait la promesse; l'empereur s'indigna et s'emporta au seul mot de ce refus; les évêques déclarèrent qu'il avait faussé son serment, et, pour mettre le comble à l'agitation des esprits, ils le déposèrent. Arsène, Germain et Joseph, sous un même règne, avaient subi le même sort; et chacun de ces événemens pouvait se regarder comme autant de coups d'état chez ce peuple entêté, vain, discoureur et superstitieux. Dans ces temps misérables de disputes, d'arguties, de vains raisonnemens, où la manie de rechercher tous les principes, de fouiller tous les mystères, de creuser tous les dogmes, rendaient la controverse si obscure, la dialectique si subtile, où les querelles se montraient d'autant plus violentes, que les mots étaient moins compris, les chefs de la puissance religieuse exerçaient sur la nation schismatique une influence sans bornes ; leurs dépositions ébranlaient la Grèce entière, et l'histoire des patriarches compose en quelque sorte l'histoire du Bas-Empire.

Cependant le trône patriarcal demeurait vacant, et il fallait songer à le remplir. Le choix des évêques, dirigé par l'empereur, tomba sur le Cartophilax Veccus, personnage pieux, savant, éclairé, charitable, qui, après avoir soutenu avec acharnement le principe de la division des deux Eglises, s'était instruit de bonne foi dans les dogmes de la communion catholique, et avait embrassé sa doctrine par conviction. Un tel choix semblait devoir militer puissamment en faveur de l'Eglise romaine; mais on pouvait regarder Veccus plutôt comme le patriarche de l'empereur que comme celui de la nation. En vain il lançait les foudres de l'excommunication contre quiconque refusait de reconnaître la suprématie du souverain pontife; la division une fois établie, chacun soutenait, discutait sa croyance avec toute la confiance de son infaillibilité; les raisonnemens les plus audacieux comme les plus absurdes se faisaient entendre sur des objets soumis à la foi et inaccessibles à la raison; le peuple devenait théologien; chaque place publique avait son concile, chaque boutique son synode, et le dogme incompréhensible de la procession du Saint-Esprit se traitait dans les rues. Paléologue, d'autant plus irrité de cette dangereuse effervescence, qu'il se voyait déçu dans ses calculs sur le succès de ses démarches, recourut de nouveau à la persécution, et se laissa entraîner à des cruautés si révoltantes, que les historiens grecs, ses plus déterminés panégyristes, avouent eux-mêmes qu'ils voudraient pouvoir les passer sous silence, pour ne pas souiller sa mémoire. La résistance alors s'agrandit : des états entiers embrassèrent la cause des malheureux fugitifs dont ils étaient inondés; l'empereur, forcé de combattre par les armes des ennemis déclarés, leva des troupes, fit la guerre aux rebelles, et la fit malheureuse : humiliation qui le rendit encore plus implacable dans ses vengeances. Les plus hauts personnages de l'empire se virent arrêtés, mutilés, et jetés dans les fers. Michel, ne perdant jamais de vue le but vers lequel il marchait, et voulant faire servir à son intérêt personnel jusqu'à ses cruautés, ne cessait d'entretenir les légats du pape sur ses efforts en faveur de la réunion, descendait avec eux dans l'horreur des cachots, et leur montrait ses victimes comme des preuves vivantes de la sincérité de sa foi. Les légats, qui étaient venus de Rome pour demander une réponse catégorique sur l'observance des articles jurés au concile de Lyon, ne pouvaient cependant qu'être mal convaincus, par l'aspect de violences condamnables, que des motifs purement humains avaient seuls commandées, et détournaient les yeux de ce triste spectacle, en gémissant sur des horreurs exercées au nom d'une religion toute de persuasion et de clémence, qui a ses martyrs, mais n'a point de bourreaux. Sans doute, si Paléologue avait été de bonne foi, tant d'inhumanités n'auraient pas déshonoré son règne : l'homme persuadé n'est point persécuteur; mais, comme il flottait incertain entre les deux croyances, son orgueil irrité l'égarait d'autant plus facilement dans l'excès de ses injustices, qu'il ne sentait intérieurement aucune doctrine arrêtée, appuyée par sa conscience.

Forcé de lutter sans cesse contre des opinions religieuses qui s'opposaient à ses vues, Michel sentit plus d'une fois, après avoir usurpé la couronne, que la souveraine puissance a aussi ses chagrins, ses amertumes, et jusqu'à ses humiliations. De tous côtés, il fallait se défendre ou se préparer au combat. Pendant ses démêlés avec la cour de Rome, bravé par ses sujets, menacé par les Latins, il avait encore vu les Turcs, les Serviens et les Bulgares, venir, par leurs attaques ou leurs révoltes, ajouter à ses embarras. Dans de telles conjonctures, aucune alliance ne coûtait à sa délicatesse pour neutraliser la force de ses ennemis.

C'est ainsi qu'entouré de Barbares, et cherchant à les diviser entre eux, en les attachant à sa famille, déjà, depuis long-temps, il avait donné en mariage Euphrosine, sa fille naturelle, au Tartare Nogaïa, général des troupes du khan de Captchac, qui, après avoir soumis aux armes de son maître tous les peuples habitans des bords du Pont-Euxin, s'était lassé d'obéir et déclaré indépendant. Urosc Mélotin, fils du crâle de Servie, serait également devenu l'époux de sa troisième fille, et la jeune princesse était déjà partie pour lui donner la main; mais l'impératrice, inquiète sur le sort de sa fille, avait expressément recommandé aux ambassadeurs qui la conduisaient à sa destination, d'arrêter son cortége dans une des premières villes de la frontière, et d'expédier en avant des personnes de confiance, pour reconnaître chez quelle nation et dans quelle cour elle allait passer sa vie. Les envoyés à qui l'on avait confié cette mission trouvèrent le pays si barbare, les routes tellement infestées de brigands, la justice si méconnue, et ce qu'on appelait la cour du crâle, si pauvre, si grossière, si dégoûtante même par sa malpropreté, que, sur leur trop fidèle rapport, les ambassadeurs se hâtèrent de ramener la princesse à Constantinople, où Paléologue les félicita d'avoir soustrait sa fille à un esclavage indigne d'elle et de lui. Plusieurs années après, toujours alarmé des préparatifs de Charles d'Anjou, qui devenaient chaque jour plus formidables, et pour se ménager des secours en cas d'attaque, il avait marié les deux filles de sa sœur Eulogie, l'aînée, nommée Anne, à Nicéphore, despote d'Epire, et l'autre à Constantin Tèche, roi de Bulgarie. Ce fut elle qui causa dans la suite les troubles de ce pays. Elle était depuis six ans mariée à Constantin, lorsque, le voyant malade, et le croyant près de mourir, cette princesse ambitieuse, qui voulait régner au nom de son fils, s'empressa de le faire proclamer roi, tandis que le père existait encore. Venceslas, un de ses parens, auquel sa naissance donnait des droits à la couronne, fut indigné d'une telle conduite, et profita de son crédit auprès du peuple pour lui communiquer le sentiment qui l'animait. La reine, effrayée de l'agitation des esprits, sut persuader à Venceslas, homme déjà avancé en âge, qu'elle voulait lui transmettre le sceptre en l'adoptant pour son fils. Le crédule Venceslas crut à la parole de Marie, qui, en effet, consomma la cérémonie de l'adoption; mais, à la suite de cette cérémonie ridicule, par laquelle un vieillard était devenu le frère cadet d'un enfant, Venceslas fut poignardé. Dans le même temps, apparut sur la scène un homme sorti de la lie du peuple, un simple conducteur de porcs, appelé Cordocubas, que les Grecs ont nommé Lacanas. Ce personnage grossier, adonné aux occupations les plus viles comme les plus rudes, ne vivant que d'herbes et de pain, se dit tout à coup inspiré du ciel, parle au peuple superstitieux des campagnes de son commerce avec les anges, de ses révélations, de la mission particulière à laquelle il était réservé, et finit par désigner le grand jour où il devait déployer sa puissance. Les paysans, entraînés par cet enthousiaste, qui leur peint, dans son exaltation, la gloire future de ses armes, et les remplit d'une ardeur guerrière jusqu'alors inconnue pour eux, le suivent au combat. Les Tartares désolaient la Bulgarie. Lacanas, suivi de ses paysans, les attaque, les taille en pièces, redouble ainsi l'aveugle confiance de la multitude fanatique, les défait encore, et acquiert bientôt une force assez redoutable pour épouvanter le roi de Bulgarie, et inquiéter l'empereur lui-même, qui voyait déjà ses frontières insultées. Constantin, épuisé par la maladie, veut combattre Lacanas, et est tué de sa main. Paléologue, vraiment effrayé des progrès du Barbare, oublie totalement les intérêts de sa nièce Marie, et, pour porter à Lacanas un coup d'autant plus décisif, il donne en mariage sa fille Irène à Jean, fils de Michel, ancien roi détrôné des Bulgares, le déclare possesseur légitime du trône, et le fait couronner. Alors deux armées s'avancent vers la Bulgarie : celle de Jean, qui a repris le nom d'Asan, nom cher aux Bulgares, et l'armée de l'empereur, tandis que Lacanas achève de soumettre le pays, dont toutes les villes lui ouvrent leurs portes, et les peuples se rangent sous ses drapeaux. Il ne lui restait plus à conquérir que Ternove, capitale du royaume, où Marie tenait encore. Tous les regards sont fixés sur cette princesse; sa perte semble inévitable, lorsque, prenant une résolution qui ne devient explicable que par la soif de régner, elle surprend à la fois ses amis et ses ennemis : Marie offre au Barbare son royaume et sa main. Lacanas les refuse d'abord avec mépris; puis, comme s'il se fût sacrifié à la tranquillité publique, il les accepte avec dédain, et entre en maître dans la capitale, où il fait célébrer ses noces et son couronnement. Mais bientôt le peuple se dégoûta d'un despote tel que lui. Brutal dans la vie domestique, violent ou cruel dans toutes les autres relations, il était impitoyable pour l'ennemi. Grec ou Tartare, le vaincu n'avait aucune grâce à espérer : tout prisonnier était mort. Nogaïa, battu par lui dans plusieurs rencontres, avait vu ses Tartares traités avec la dernière barbarie, et brûlait de se venger. Pour y parvenir, il mit un terme à l'activité de ses opérations, sut tempérer la fougue de son courage, dissimula ses mouvemens, le trompa par une dernière manœuvre, et, en endormant ainsi sa surveillance, il réussit à le surprendre dans une mauvaise position, tailla son armée en pièces, et le força à chercher, pour la première fois, son salut dans la fuite. A cette nouvelle, les habitans de Ternove se saisirent de la personne de Marie, et, après l'avoir envoyée avec son fils à Andrinople, ils reçurent à bras ouverts le prince Asan et Irène, sa femme, qu'il leur plut alors de reconnaître comme légitimes souverains. Leur règne ne fut pas de longue durée. Asan, prince sans fermeté et sans caractère, avait un esprit trop étroit pour lutter contre l'ambitieux redoutable qui devait le détrôner. Tertère, seigneur riche et puissant, était le plus habile, le plus fourbe et le plus dissimulé des Bulgares. Paléologue, qui voulait le gagner au parti de son gendre, l'avait nommé despote, à condition qu'il répudierait sa femme pour épouser la sœur du nouveau roi. Tertère, profitant de la haute fortune où venaient de le porter son titre et son alliance, n'usa de ses grandes qualités que pour les faire valoir aux dépens de Constantin. Sans cesse occupé de relever ses faiblesses et ses défauts, il l'accusait d'avarice, tandis que lui-même, se livrant à sa générosité naturelle, prodiguait de toutes parts les promesses et les présens. Chaque jour le nouveau roi voyait déchoir chez ses sujets leur respect et leur soumission pour lui ; enfin l'ambitieux offrit si souvent au peuple l'occasion de faire un parallèle toujours désavantageux pour le prince, qu'il réussit à soulever contre lui tous les mécontentemens. Le faible Constantin, effrayé de sa position, tremblait déjà sur son trône, lorsque quelques révoltes, adroitement excitées, mirent le comble à son effroi. Alors, ne trouvant dans la timidité de son caractère d'autre ressource que la fuite, il fit partir ses trésors, feignit, au déclin du jour, de vouloir faire une promenade avec la reine, profita de l'obscurité de la nuit pour se diriger vers la mer, et courut s'embarquer à Mésimbrie. Tertère, qui aurait conseillé lui-même cette lâche disparition, fut bientôt porté sur le trône par un peuple que le conspirateur habile avait déjà préparé à ce grand événement. Lacanas, déchu de sa puissance éphémère, et ne retrouvant plus autour de lui les fanatiques qui avaient péri dans la bataille ou disparu avec sa fortune, s'était rendu auprès de Nogaïa pour en obtenir des secours. Paléologue, sans aucune connaissance de cette démarche, envoya peu après vers ce même Nogaïa, Asan, porteur de présens magnifiques, destinés à gagner la faveur du Tartare, pour qu'il l'aidât à ressaisir la couronne qu'il avait perdue. Tzasimpaxis, protostrator, accompagnait le prince et devait négocier à sa place.

Hasard singulier de la fortune : deux rois déchus se trouvaient auprès du même homme, réclamant le même trône, et recherchant le même appui. Le Tartare, juge de ce grand différend, se complaisait dans une position qui flattait sa vanité barbare, et servait en même temps sa cupidité. Prenant plaisir à prolonger les angoisses des deux compétiteurs, tandis qu'il recevait chaque jour de nouveaux dons, il les laissa dans l'incertitude jusqu'à ce que les présens fussent épuisés. Alors le moment arriva où il allait prononcer sa sentence. Nogaïa les avait réunis au même banquet. Asan et Lacanas y attendaient la décision de leur sort. Le Tartare était un juge devant lequel on pouvait trembler : il ne connaissait d'autre politique que la force, d'autre justice que la mort. Au premier mot du maître, Lacanas fut poignardé. Asan, qui avait jusqu'alors tremblé pour lui-même, se rassura en voyant son rival étendu à ses pieds. Ce mouvement de satisfaction déplut à Nogaïa, qui, prenant plaisir à imprimer la terreur, laissa tomber un coup-d'œil sur le protostrator, et à l'instant des satellites s'emparèrent de sa personne, et firent tomber sa tête. Asan, saisi d'horreur, se croyait à son dernier moment; mais le Tartare, rassasié de sang, en avait assez versé pour amuser sa puissance, et, content d'avoir témoigné un égal mépris à Lacanas et à l'empe-

reur, il le renvoya [1]. Asan abandonna en toute
hâte les tentes du Barbare, et, après avoir fourni
à la fortune inconstante un épisode de plus, il
retourna sur les bords du Scamandre, dans une
retraite qu'il n'aurait jamais dû quitter.

Les Bulgares pouvaient être un peuple turbulent, inquiet, volage, dangereux pour ses voisins;
mais ce n'était pas par lui que l'empire devait succomber : le mal venait du côté de l'Orient. Les
Turcs y continuaient leurs ravages et avançaient
avec rapidité, parce qu'on les combattait toujours
avec cette mollesse, cette lâcheté même, seuls obstacles dont ils n'auraient pas eu même à triompher,
si les Catalans n'eussent fait une apparition dans
la Grèce, pour montrer du moins que les Barbares n'étaient pas invincibles. Depuis qu'en passant à Constantinople il avait abandonné les provinces d'Asie, Michel n'entendait que des rapports
désastreux sur la situation déplorable de ces malheureuses contrées. Résolu encore une fois de
leur porter secours, il leva une armée nombreuse,
dont il confia le commandement à son fils. L'empereur, prévenu en faveur de ce jeune prince, lui
supposait des qualités et des vertus qu'il n'avait

[1] Pachimère prétend même que sans les instances d'Euphrosine, femme de Nogaïa, Asan aurait également perdu la vie : ce qui donnait ici le nœud de la conduite, jusqu'alors inexplicable, du Tartare, et prouverait évidemment que toute sa politique, en cette occurence, se réduisait à tuer les deux prétendans.

pas. Andronic, qui devait trembler toute sa vie devant les Turcs, ne parut dans les provinces d'Orient que pour constater la désolation dont elles étaient la proie, et apprendre aux Infidèles ce qu'ils avaient à attendre de lui. Après y avoir montré son inutile présence, il revint seul à Constantinople, laissant sur son chemin l'impératrice Anne, sa femme, qu'il avait emmenée en grande pompe, comme pour la rendre témoin de ses hauts faits, et qui mourut sans avoir vu la moindre gloire devenir le partage d'un mari auquel sa perte ne causa aucune douleur. Ce prince vaniteux, qui montra dans cette circonstance aussi peu de sensibilité qu'il avait auparavant déployé de courage, venait cependant d'exécuter un travail en apparence gigantesque, qui déjà ne laissait plus que les traces de sa fragilité. Comme il s'avançait en Asie, et tandis qu'il n'aurait dû songer qu'à combattre, par un simple caprice de son orgueil, il eut la fantaisie de tirer de ses ruines l'ancienne ville de Tralles, située dans une position délicieuse sur les bords du Méandre. Les flatteurs ne manquèrent pas pour appuyer son projet. Quelques-uns se chargèrent de l'exécution et se mirent à l'ouvrage, construisant sans soin comme sans solidité, fondant à peine les maisons, sacrifiant tout à l'élégance pour satisfaire l'œil du maître, ne songeant à rien d'utile, oubliant jusqu'aux puits et aux citernes, et laissant ainsi sans eau ce simulacre de ville, sorti comme par enchantement, et qu'Andronic avait reproduit par la seule et puérile jouissance de lui donner le nom d'Andronicopolis. Mais ces brillantes constructions, destinées à servir de refuge à quarante mille malheureux errans dans les campagnes, et laissés sans asile par les Turcs, les eurent à peine reçus sous leurs frêles abris, que les Barbares vinrent effacer le nom du nouveau fondateur, et, après avoir passé au fil de l'épée tous les nouveaux habitans, détruisirent de fond en comble son inutile création. Cette œuvre de la vanité était l'image de tout ce que le génie d'Andronic pourrait fonder un jour. Ami du faste et roi de théâtre, avant de régner seul, il vit tomber sa première décoration.

Paléologue avait donné à Andronic le commandement de l'armée d'Asie, pour lui fournir l'occasion d'acquérir de la gloire; et le général avait mal rempli sa mission. Son autre fils, Constantin Porphirogénète, qu'il voulait également former au métier des armes, fut envoyé, à son tour, contre les Serviens qui venaient de se révolter : un certain Cotanize était à leur tête. Constantin, prince d'une grande espérance, jugeant au premier coup-d'œil de l'heureuse terreur que sa présence lui avait inspirée, chercha, au lieu de le combattre, à gagner assez sa confiance par la persuasion, pour le déterminer à s'en remettre à la clémence de l'empereur, dont il lui répondait. Cotanize y consentit, et les troubles se trouvèrent ainsi apaisés sans effusion de sang. Aussitôt Constantin l'amena à Constantinople, bien convaincu d'avoir mérité par sa conduite les suffrages de celui qui l'avait envoyé. Mais Paléologue ne se crut nullement obligé de remplir les promesses de son fils, et, dans sa colère contre le rebelle, il donna l'ordre qu'on lui crevât les yeux. Constantin, au contraire, qui tenait à honneur l'exécution de ses engagemens, employa toute la chaleur de son zèle à obtenir de son père la grâce du coupable. Michel fut inflexible. Alors, comme il connaissait le grand respect de l'empereur pour l'habit monacal, il pressa Cotanize de se jeter dans un cloître s'il voulait échapper. Le Servien, ne voyant aucune autre ressource, embrassa sans vocation une profession austère, dont il se promit bien de secouer le joug à la première occasion qui s'en présenterait.

Tant d'ennemis répandus sur divers points de l'empire ajoutaient encore à la crainte des dangers toujours plus imminens qui menaçaient Paléologue du côté des Latins. Depuis la mort de Grégoire X, Jean XXI et Nicolas III avaient occupé le trône pontifical, et Martin IV venait d'y monter le 22 février 1281. Charles d'Anjou ne pouvait que s'applaudir de voir assis sur la chaire de saint

Pierre le même cardinal qui, étant légat du pape Urbain IV, en 1261, avait préparé et amené la transaction importante d'après laquelle il était devenu roi de Naples et de Sicile. Le nouveau pape, à la sollicitation de Charles d'Anjou, commença son règne par frapper Michel Paléologue des foudres de l'Eglise; puis il devint l'âme d'une confédération formidable contre lui, et fit signer, à Orviéto, le 3 juillet 1281, une ligue offensive entre la république de Venise, Charles d'Anjou et Philippe de Courtenai, son gendre, qui prit ouvertement le titre d'empereur de Constantinople. D'après les conditions clairement stipulées par les parties contractantes, tous les confédérés devaient être remis en possession de leurs droits, et des pays dont ils jouissaient dans l'empire avant l'expulsion des Latins. La convention était précise, les moyens semblaient puissans, et Charles d'Anjou pouvait enfin espérer atteindre le but qui lui avait échappé tant de fois. Cependant les préparatifs devaient répondre à la grandeur de l'entreprise; et, par cette raison, il fut convenu de ne commencer les opérations que deux ans après; mais l'impatient Charles fit adopter en principe que, sans attendre jusque-là, les alliés harceleraient l'empire grec par tous les moyens qui seraient en leur pouvoir. Les Illyriens se trouvaient alors révoltés contre l'empereur. Charles, profitant aussitôt de cette circonstance, les fit appuyer par trois mille hommes qu'il leur envoya sous la conduite de Soliman Rossi, gentilhomme provençal, homme d'une taille prodigieuse et d'un grand courage. L'empereur, effrayé de cette première entreprise, dont le succès pouvait donner à ses ennemis une confiance sans bornes, y attacha une telle importance et en conçut de si vives alarmes, qu'il se crut obligé de recourir à la protection du ciel; et, par un trait bien digne de son esprit superstitieux, il envoya, selon Pachimère, et fit distribuer aux soldats destinés à combattre, des morceaux de papier trempés dans l'huile sainte qu'avaient bénite le patriarche et six évêques, pour les fortifier contre l'ennemi. Les Italiens, dès leur apparition, avaient formé le siége d'une forteresse importante dont ils sapaient déjà les murailles, et qui pouvait à chaque instant tomber entre leurs mains. Les Grecs, inquiets sur le sort de la place, mirent tout en œuvre pour la ravitailler. Comme le fleuve Asène coulait au pied de la forteresse, ils firent descendre des vaisseaux chargés de vivres, et placèrent le long du rivage des détachemens pour les protéger; mais les Italiens, ayant Soliman à leur tête, se jetèrent dans le fleuve avec un tel ensemble et une telle impétuosité, que, si l'on en croit Pachimère, ils en arrêtèrent le cours et se trouvèrent au même instant sur l'autre rive.

La promptitude et la vigueur d'un mouvement si brusque, et la violence du choc de cette troupe déterminée forcèrent les Grecs de reculer jusqu'à une position avantageuse, où ils firent volte-face et recommencèrent le combat. L'expérience venait de leur apprendre qu'il fallait diriger leurs coups sur les chevaux plutôt que sur les hommes, qui étaient cuirassés. Ayant adopté d'un commun accord cette manière d'attaquer leurs ennemis, ils blessèrent si dangereusement le cheval de Rossi, qu'il en fut renversé. Le guerrier, tombé avec son cheval, ne put, malgré toute sa force, parvenir à se relever sous le poids énorme de son armure, et fut fait prisonnier. Cet événement malheureux jeta le découragement parmi les siens, qui, attaqués le lendemain par Tarchaniote, général de l'empereur, furent complétement battus et mis en déroute dans un combat dont le succès retentit à Constantinople, comme s'il eût sauvé l'empire. Celui qui se disait le successeur des Césars n'aurait pas dû regarder comme une grande victoire la défaite de trois mille Italiens et de quelques Illyriens révoltés. Cependant il voulut jouir par deux fois de son triomphe. Après avoir vu défiler sous ses yeux les prisonniers chargés de chaînes, le jour même de leur entrée, il les fit repasser le lendemain sous les fenêtres de son palais de Blaquernes; et pour éterniser la mémoire de cette action, qu'on appelait une bataille, il ordonna qu'elle fût peinte sur les murs de son palais. Un si grand appareil pour un si petit événement ne peut s'expliquer que par la joie excessive de l'empereur après l'effroi qu'il avait éprouvé [1].

L'échec que venait d'éprouver Charles d'Anjou l'affecta sensiblement, et lui causa une douleur d'autant plus vive qu'il s'y était moins attendu. Les auteurs de l'entreprise s'étaient vantés *de s'emparer de l'empire grec aussi facilement que si c'eût été un nid d'oiseaux*, et ils venaient de trouver dans Paléologue un ennemi plus redoutable que le roi de Naples ne l'avait pensé. Cependant cet échec pouvait facilement se réparer : la ligue subsistait encore, et Michel, croyant toujours au péril de sa position, épiait sans cesse le moment de frapper au cœur la puissance de son ennemi le plus dangereux. Déjà il était entré dans un complot qui approchait en silence de sa maturité, et pouvait le conduire à son but. Les Sici-

[1] Pachimère s'étend longuement sur les détails de ce triomphe, parle avec complaisance de la force et de l'air martial des guerriers vaincus, présente ensuite le triste tableau d'un groupe de vieillards et d'enfans, dont plusieurs étaient nus, s'extasie sur la beauté du contraste, sur le plaisir *de cette pompe*, et finit par dire que *rien n'était si charmant*. C'est avec surprise qu'on le voit ajouter ces paroles : le même peuple se réjouissait de leur infortune, les sages la déploraient.

liens haïssaient Charles d'Anjou. Toute la population, négocians ou cultivateurs, se plaignait de la dureté de son gouvernement, et n'attendait que l'occasion de se révolter. Mais la haine de cette population avait besoin, pour la diriger, d'un chef habile que la vengeance lui présenta bientôt. Un ancien partisan de Mainfroi, le fameux Procida, propriétaire de l'île de ce nom, située à l'entrée du golfe de Naples, en avait été dépouillé par Charles d'Anjou, que le bruit public accusait encore d'avoir abusé de sa femme. Le Sicilien furieux jura de se venger. A l'époque de sa spoliation et de son injure, il s'était retiré chez le roi d'Arragon, qui l'accueillit alors honorablement, et lui donna des preuves de sa munificence par des présens magnifiques en terres et en argent. Là, poursuivi par l'idée de sa vengeance, et présumant que son protecteur pouvait en devenir l'instrument, il lui fit adopter le plan dont il repaissait son espérance, et auquel ne pouvait se refuser un prince qui n'avait point répugné à épouser la fille du bâtard et usurpateur Mainfroi, uniquement pour s'assurer des droits au trône de Sicile, et annonçait déjà, comme membre de la maison d'Arragon, l'ambition démesurée que Ferdinand-le-Catholique devait un jour transmettre à Charles-Quint. Chasser les Français de la Sicile, et en faire passer la souveraineté au roi d'Arragon, tel fut le projet invariable auquel il travailla pendant plus de deux ans, non-seulement avec un zèle et une activité infatigables, mais encore avec un mystère dont on ne retrouve peut-être d'exemple que dans la révolution qui porta sur le trône de Portugal la maison de Bragance [1]. Cette conjuration se tramait sous le pontificat de Nicolas III, ennemi de Charles d'Anjou. Jean Cajetan se souvenait encore qu'ayant demandé à ce prince la main d'une de ses petites-filles pour son propre neveu, dans le temps qu'il n'était que cardinal, il en avait éprouvé un refus positif, exprimé par ces paroles du roi : *Croit-il qu'il suffise d'avoir des bas rouges pour s'allier au sang de France ?* De telles dispositions de la part du pontife romain ne pouvaient que servir merveilleusement les intentions de Procida. Caché sous l'habit de Saint-François, il partit pour la Sicile, qu'il parcourut dans tous les sens. A l'aide de son pieux déguisement, il put reconnaître, sans exciter aucuns soupçons, la véritable situation du pays, sonder les dispositions du peuple, l'animer contre celui qu'il appelait son tyran, lui peindre des plus sombres couleurs le joug honteux sous lequel il était courbé, ajouter encore à l'irritation

---

[1] On pourrait encore citer la révolution que Gustave III fit en Suède, au profit de la puissance royale, en 1772.

des esprits, choisir ses agens, ses directeurs, et disposer enfin ses préparatifs de manière qu'au premier signal son terrible projet pût être exécuté sur tous les points. En cherchant ainsi des ennemis à Charles d'Anjou, et en s'adressant à tous ceux qu'il savait déjà déclarés contre lui, Procida devait naturellement compter parmi eux l'empereur de Constantinople, auprès duquel il se rendit en effet sous le même déguisement. Ayant obtenu de Paléologue une audience secrète, il lui déroula tout son plan, et lui exposa les motifs qui lui donnaient l'espérance de le voir couronné de succès. L'empereur ne fut pas long-temps à reconnaître en lui un homme capable de diriger cette entreprise, insinuant, adroit, fécond en expédiens, et, après avoir adopté le projet, il promit de fournir l'argent nécessaire à son exécution. Assuré des secours pécuniaires dont les conjurés avaient tant besoin, Procida se rendit alors auprès du pape; et, connaissant ses mauvaises dispositions pour Charles d'Anjou, il n'hésita pas à lui faire part du complot. Le pontife, loin de s'y opposer, remit au Sicilien, pour le roi d'Arragon, un bref par lequel il donnait à ce prince la couronne de Sicile, s'il voulait s'en emparer. Rien ne manquait plus à l'exécution du complot; chacun était prêt à agir, et le coup allait éclater, lorsque, la mort du pape Nicolas et l'élévation de Martin IV, partisan zélé de la maison d'Anjou, vinrent jeter quelque hésitation parmi les conjurés. Le roi d'Arragon même chancela dans son dessein; mais Procida releva son courage, et l'arrivée de trente mille onces d'or, que lui apportèrent des envoyés de Paléologue, acheva de lui faire reprendre sa première détermination. Aussitôt il équipa une flotte nombreuse, et cachant ses véritables intentions sous le projet de combattre les Infidèles, il répandit la nouvelle supposée qu'elle était destinée contre les Sarrasins. Le souverain pontife et le roi de France, inquiets de ce grand armement, lui en firent demander la cause, et obtinrent pour toute réponse *que s'il croyait que sa chemise sût son secret, il la jeterait au feu*. Mais, toujours occupé de donner le change à ses adversaires, il se dirigea en effet vers l'Afrique, et vint débarquer près de la place où avait existé l'ancienne ville d'Hippone. Le pape, le roi de France et Charles d'Anjou, instruits de la direction qu'il avait prise, commençaient à croire à sa déclaration, lorsque tout à coup Procida donna en Sicile le signal de l'insurrection et du massacre. Le mardi de Pâques 1282, comme le son des cloches appelait le peuple à vêpres, on fit dans l'île entière main basse sur tous les Français, qui périrent au nombre de huit mille dans cette horrible bou-

f.

cherie [1]. Le roi d'Arragon, attentif à calculer le moment où il devait paraître, avait déjà quitté les côtes d'Afrique, et vint aussitôt débarquer en Sicile, où il fut couronné roi.

La révolution de Sicile, en diminuant les forces de Charles d'Anjou, et en assurant à Paléologue un puissant allié dans la personne de Pierre III d'Arragon, ne pouvait qu'apporter un changement remarquable dans ses rapports politiques avec les Latins, et diminuer en grande partie les craintes éternelles que, depuis le commencement de son règne, ils lui avaient inspirées. Maître de tourner toutes ses forces contre les Turcs, il se rendit d'abord à Lopadion, pour faire réparer les forts situés dans le voisinage d'Achérée. Ce fut durant ce voyage qu'il vit de ses propres yeux le spectacle lamentable qu'offrait la désolation de ces provinces. Elles avaient été tellement épuisées par les Barbares, que l'empereur lui-même y manqua des choses les plus

[1] Guillaume Porcelet, provençal de nation, qui commandait dans Calatafimi, fut épargné par les révoltés, *à cause de sa bonté naturelle et de sa modération, qui lui avaient gagné l'estime et l'affection de tout le monde* : telles sont les propres expressions de Mariana. On peut ajouter encore, d'après le *Voyage pittoresque* de M. de Choiseul, que les habitans de la petite ville de Sperlinga épargnèrent les Français qu'ils avaient dans leurs murs, et qu'assiégés ensuite par un parti d'Arragonais, loin de consentir à livrer leurs hôtes, ils aimèrent mieux mourir de faim et de misère avec eux.

nécessaires à la vie. Michel, qui, avant de monter sur le trône, s'était signalé contre les Turcs dans les provinces d'Asie, allait sans doute tenter de nouveau le sort des armes; mais la situation intérieure de l'empire ne lui permit pas de porter aux Infidèles le coup dont il aurait dû les frapper. La division et l'esprit de révolte régnaient de toutes parts. En vain on prodiguait à l'empereur les marques du respect le plus servile, l'autorité de la couronne n'en était pas moins méconnue. Plusieurs princes, qui tenaient leurs états à titre de fiefs, aspiraient à l'indépendance, et profitaient des embarras de Paléologue pour obtenir leur entier affranchissement. Dans ce moment même, Jean-Anne Ducas Comnène, prince de Thessalie, avait levé l'étendard de la révolte. Comme il était revêtu de la dignité de sébastocrator, et se trouvait ainsi plus intimement lié à la personne de l'empereur par les devoirs qui l'y attachaient, celui-ci se montra d'autant plus furieux contre lui, et voulut aussitôt aller châtier le rebelle; mais les forces lui manquaient pour agir avec célérité, parce que les Turcs, toujours menaçans, l'obligeaient de laisser en Asie une partie de son armée. Il lui fallut donc encore chercher des ressources hors de ses états. Cette fois, il eut recours à un moyen aussi dangereux que peu digne de la pourpre dont il s'était lui-même revêtu. Michel appela les Tartares contre le prince de Thessalie. C'était livrer au fer et au feu cette malheureuse province, et montrer à ces Barbares le chemin de l'empire. Nogaïa, son gendre, auquel il s'adressa, s'étant offert avec empressement à fournir un corps nombreux de ses Tartares affamés de butin, Paléologue voulut aller lui-même au rendez-vous des deux armées. On était au mois de novembre : la santé de l'empereur, altérée depuis long-temps, donnait de sérieuses inquiétudes; chacun s'opposait à son départ; l'impératrice surtout s'efforçait de le retenir; mais rien ne put changer son dessein, et il se mit en route, en résistant à toutes les instances de sa famille, qu'il voulut emmener avec lui. Comme il s'obstina à monter à cheval, malgré la maladie d'entrailles dont il était attaqué, des douleurs intolérables le forcèrent de s'arrêter à Sélivrée, puis à Rodosto, sans que ces avertissemens lui fussent d'aucune utilité; et, toujours entraîné par le fatal desir de se joindre aux Tartares, il reprit son chemin avant que sa santé eût encore éprouvé la moindre amélioration. Arrivé au bourg d'Allaga, ses souffrances et son extrême faiblesse le forcèrent de nouveau à suspendre sa marche. Ce fut pour la dernière fois. Les terreurs de la mort vinrent encore ajouter aux dangers de son état. *Allaga* signifie *changeant*, et ce mot affectait son esprit superstitieux, tandis que des remords agitaient son âme, en songeant que ce lieu avait appartenu à George Pacôme, grammairien, homme d'une haute capacité, à qui, durant le cours de ses cruautés, Michel avait fait crever les yeux, dans la crainte qu'il ne lui succédât à l'empire. Cependant les Tartares, arrivés au lieu de la réunion, couvraient le pays, et demandaient à grands cris à voir l'empereur. Paléologue, épuisé de forces, ne pouvant se montrer à leurs yeux, excita leur impatience, et bientôt ils firent entendre des menaces que l'empereur ne sut apaiser qu'avec des envois considérables de vivres et d'argent. L'ambitieux couronné dut alors sentir toute l'humiliation de se voir, sur son lit de mort, réduit à entendre les cris sauvages de Barbares dont il avait imploré le secours, et qui le forcèrent même de recevoir, à son dernier soupir, leurs insolens officiers. Ce fut le dernier acte de cet homme qui avait tant promis. Le 11 décembre 1282, tandis qu'il entendait encore les clameurs de ses féroces auxiliaires, Paléologue, après avoir goûté toutes les illusions de la grandeur, expira dans un pauvre village, entouré de Barbares, et sans recevoir même les honneurs de la sépulture, qu'Andronic, fils aussi ingrat qu'insensible, lui refusa pour flatter d'avance un peuple dont Michel avait alarmé la croyance, et blessé le fol orgueil, par ses inutiles efforts pour la réunion. Ces efforts mêmes usèrent sa puissance, et nuisirent à la réputation que, dans des temps plus tranquilles, il eût sans doute obtenue. Le schisme et les Turcs, les deux grands fléaux dont il aurait dû délivrer son pays, acquirent au contraire de nouvelles forces par les agitations de son règne. Il est vrai que la source même de son pouvoir en paralysait l'efficacité. Si, après un long intervalle de temps, Paléologue fût remonté sur le trône, par droit de naissance, dans un pays accoutumé à la légitimité, il aurait pu régénérer sa patrie, parce qu'il eût protégé de son sceptre un peuple soumis par devoir; mais, dans sa position aussi fausse que mal assurée, il fut obligé de se défendre lui-même, et dépensa son génie à chercher les moyens de conserver sur sa tête la couronne qu'il avait usurpée. Michel ne racheta donc en rien, pour le bonheur et la durée de l'empire, le crime affreux dont il se rendit coupable. Sa politique tortueuse, incertaine, sans franchise comme sans grandeur, montra toujours en lui moins de génie que de présomption, et plus de finesse que d'habileté. Après avoir abandonné l'Asie, où il aurait pu contenir les Turcs, pour le salut de la chrétienté, il ne transporta le siége de sa puissance à Constantinople que pour laisser à la fin de son règne l'empire tombé dans une affreuse décadence, entre les mains d'un prince dont la faiblesse ne pouvait encore qu'aggraver ses malheurs.

Andronic, sans posséder les qualités et les talens de Michel Paléologue, eut tous les défauts et tous les vices qui les avaient obscurcis; et, comme les uns et les autres prirent l'empreinte de son caractère, il trouva le moyen de les rapetisser, même en les exagérant. Ce prince porta la couronne pendant cinquante-cinq ans, si l'on y comprend les neuf années durant lesquelles il fut associé à son père. Ce règne, extraordinaire par sa longueur, ne le fut pas moins par sa continuelle et malheureuse obscurité. Ennemi de la guerre, étranger au métier des armes, mais, en revanche, controversiste avec passion, Andronic, toujours occupé d'affaires ecclésiastiques, de conférences ou de conciliabules, sembla ne régner si long-temps que pour gagner le surnom d'Andronic-le-Vieux, et se voir, sur la fin de ses jours, détrôné par son petit-fils. Tandis que le monarque laissait envahir ses provinces par les Turcs, le théologien défendait avec une ardeur puérile des idées mystiques et indéfinissables, par des arguties plus subtiles et plus déliées encore, auxquelles sa vanité doctorale attachait la plus haute prétention. Son règne, pauvre de grandes actions, fut aussi plus funeste à ses peuples par le mal qu'il laissa faire que par celui qu'il fit. L'empire s'affaissait, parce qu'il le laissait miner de toutes parts; et peut-être les Turcs, malgré leur faiblesse à cette époque et leurs divisions, lui auraient porté le dernier coup, si les vieux états ne conservaient jusque dans leur décrépitude un reste de forces vitales qui prolonge leur agonie, et les fait respirer encore lorsqu'on les croit à leur dernier moment.

Andronic ouvrit son règne par un acte qui dut apprendre aux nations étrangères ce qu'elles avaient à attendre de sa politique et de sa loyauté. Il fallait du pillage aux Tartares de Nogaïa. Après avoir insulté de leurs cris le lit de mort du dernier empereur, ces Barbares réclamaient arrogamment la proie qu'on leur avait promise. Andronic, craignant qu'excitée par le ravage de la Thessalie, leur insatiable rapacité ne retombât sur ses propres états, voulut éloigner le danger de ses frontières, et envoya, à force d'argent, cet essaim vorace se jeter sur la Servie, dont les habitans ne lui avaient fait aucune offense; mais il les trouvait assez coupables, puisque leur ruine pouvait servir à sa sécurité. Andronic desirait la paix, afin surtout de pouvoir se livrer sans réserve aux discussions théologiques qui devaient faire l'occupation de sa vie. A peine de retour à Constantinople, il commença par se jeter entièrement dans le parti des schismatiques, pour l'amour desquels il avait commis l'acte révoltant de refuser aux restes de son père les honneurs funèbres qui leur étaient dus. On le vit tomber aux pieds de ses nouveaux directeurs, s'humilier devant eux, et leur demander grâce même pour tout ce qu'il n'avait pas fait contre la réunion. Veccus, catholique de conscience, fut bientôt éloigné, puis accusé, puis enfin condamné. Andronic, toujours occupé de faire prévaloir son influence dans les affaires ecclésiastiques, obtint que l'on mît à sa place l'ancien patriarche Joseph, homme accablé de vieillesse et d'infirmités, hors d'état de gouverner l'Eglise, et au nom duquel les schismatiques exercèrent les plus horribles vexations. Ce vieillard, dont la vie était épuisée, mourut bientôt. A peine il eut fermé les yeux, que les Arsénites reparurent sur la scène, pour outrager la mémoire de celui qui, disaient-ils, avait usurpé et occupé illégalement le trône de leur patriarche. Les Joséphites ne mirent pas moins d'ardeur à soutenir leurs droits, et l'empereur, par ses irrésolutions, ne fit qu'accroître dans les deux partis la fureur et l'animosité. Alors les Arsénites, les plus violens comme les plus entêtés des sectaires, s'offrirent à faire un miracle. Andronic eut la faiblesse incompréhensible de redouter l'épreuve, et leur fournit ainsi le prétexte d'un triomphe qu'ils eurent soin de proclamer. La paix semblait impossible à rétablir parmi des esprits occupés de préventions aussi violentes; et pourtant Andronic crut qu'il pourrait les dominer tous, s'il élevait au trône patriarcal un homme entièrement à sa dévotion. Plein de cette idée, et oubliant toutes formalités d'usage, sans aucun égard pour le droit d'élection réclamé par les évêques, il nomma de sa pleine autorité un nouveau patriarche dans la personne de George de Chypre, qui prit le nom de Grégoire, et fut fait, en deux jours, moine, lecteur, diacre, prêtre et patriarche. Fier de cette grande détermination, et prenant, comme tous les faibles, la violence pour la vigueur, il tint aussitôt, dans l'église de Sainte-Marie de Blaquernes, un conciliabule où toute doctrine contraire à celle qu'il voulait faire prévaloir était condamnée d'avance; où des évêques, proscrits sans avoir été entendus, parurent successivement aux yeux de cette singulière assemblée, furent écoutés pour la forme, déposés sans appel, livrés, dans le lieu même des séances, à des moines fanatiques qui, fidèles à leur mission, les accablaient d'outrages, déchiraient leurs vêtemens, portaient la violence jusqu'à frapper des têtes sacerdotales, puis les jetaient hors de l'enceinte, pour les livrer aux huées insultantes d'une populace toujours avide de ces spectacles scandaleux.

Cette exécution contre le clergé ne fit qu'accroître l'irritation des esprits; mais Andronic, loin de puiser une leçon dans cette triste expérience, se sentit possédé d'une nouvelle fureur pour ces vaines disputes, qu'il regardait comme importantes, par la seule raison que son amour-propre se plaisait à les soutenir. Renonçant donc à toute affaire du gouvernement, et afin de n'être détourné par aucune distraction, il publia qu'il allait sortir de la capitale, et annonça des conférences à Adranite, où il promit de défrayer tous les curieux. La foule ne pouvait qu'être innombrable : elle le fut, et coûta des sommes énormes au trésor de l'état. Tant d'appareil cependant n'aboutit qu'à un acte aussi inutile que superstitieux. Les Arsénites demandèrent contre leurs adversaires l'épreuve du feu. Andronic, grand ami des choses merveilleuses, accorda leur demande avec empressement, et voulut être témoin de l'épreuve. Elle fut des plus solennelles : l'empereur y avait pourvu. Pour qu'il ne manquât rien à l'éclat de la cérémonie, Andronic avait fait exécuter d'avance un magnifique trépied d'argent, sur lequel le feu était allumé. Les deux cédules renfermant les croyances des deux sectes opposées furent apportées par deux vieillards, l'un Joséphite, l'autre Arsénite, qui s'avancèrent gravement, et les jetèrent dans le brasier. Tous les spectateurs, agités par des sentimens divers, avaient les yeux fixés sur cette flamme, d'où devait sortir une si grande décision. Ils n'attendirent pas long-temps : dans la même minute, les deux cédules furent consumées. Cet événement naturel aurait confondu tout autre que des fanatiques si déterminés; mais, loin de se laisser abattre, ils en tirèrent une conclusion non moins absurde que l'épreuve : il fut décidé que les deux sectes étaient également bonnes, sans doute parce qu'elles avaient été également condamnées. De tels spectacles ne pouvaient que jeter sur l'empereur un ridicule ineffaçable. En perdant de sa dignité, il perdait de sa puissance; tout périclitait entre les mains d'un monarque encore plus mauvais prince que mauvais théologien. Les ennemis s'avançaient pour ainsi dire sans résistance; il n'y avait plus ni trésor, ni marine armée. Dans cette triste situation, Andronic songeait à former de nouveaux nœuds. Il avait eu de la fille d'Etienne V, roi de Hongrie, deux fils, Michel et Constantin, dont le premier était déjà associé à l'empire. Il ne manquait donc pas d'héritiers au trône; mais, plus occupé de son veuvage que des malheurs de son pays, il voulut y mettre fin, et jeta les yeux sur Irène, fille du marquis de Montferrat et de Béatrix de Castille, et nièce de Pierre d'Arragon. Les princes catholiques reconnaissaient alors pour principe de ne jamais conclure de mariage avec les Grecs, sans obtenir préalablement la permission du pape. Pierre d'Arragon, brouillé avec le souverain pontife, ne se conforma nullement à cet usage, et fit partir la princesse, encore enfant, qui fut reçue à Constantinople avec la plus grande magnificence, et couronnée à l'âge de douze ans (1284).

Cependant les Tartares établis sur les bords du Danube menaçaient la Thrace et la Macédoine de fondre sur leur territoire pour le mettre au pillage. Le danger était pressant; il fallait les arrêter dans leur course ou subir l'invasion. Andronic, sans ressources contre un pareil fléau, dut regretter alors les folles dépenses qu'avaient occasionnées les ridicules conférences d'Adramite et les frais du second mariage qu'il venait de contracter. Dénué d'hommes et d'argent, réduit à une pénurie dont il devait seul s'accuser, Andronic aurait pu, par une grande énergie, inspirer à ses peuples quelque grande résolution; mais ce prince timide, toujours au-dessous des conjonctures, ne vit d'autre ressource que de livrer son pays, et ordonna à ceux de ses sujets qui se trouvaient le plus rapprochés du péril, de se retirer dans de mauvaises forteresses à demi-ruinées et dépourvues de défenseurs : c'était révéler trop évidemment le secret de sa faiblesse. Un état qui se replie ainsi sur lui-même par impuissance, doit marcher inévitablement à sa perte, à moins qu'il ne sorte tout à coup de son sein un de ces hommes extraordinaires nés pour le salut des empires. Peut-être les Catalans, à l'époque où nous les verrons paraître, auraient remplacé cet homme que la Grèce, au moyen-âge, semblait n'avoir plus la force de produire ; mais Andronic ne se connaissait point en héros, et s'il n'eut pas assez de grandeur pour estimer leur courage, il eut malheureusement assez de lâcheté pour le trahir.

En même temps que les Tartares faisaient trembler la Thrace et la Macédoine, les provinces d'Orient, toujours dévastées par les Turcs, appelaient à grands cris le secours de leur maître. Andronic crut, pour cette fois, qu'il devait enfin céder à leurs prières ; et, dans la persuasion que sa présence pourrait aussi imposer aux Infidèles, il alla se faire reconnaître par les habitans des provinces qu'il n'avait point encore visitées. En se dirigeant vers ces contrées, sa route le conduisit près de la forteresse de Dacibyse, où se trouvait enfermé Jean Lascaris, cette déplorable victime de l'ambition et de la cruauté de Michel Paléologue, qui, dès son enfance, lui avait fait brûler les yeux. Andronic ne pouvait se dissimuler que lui-même occupait le trône par usurpation, et que Lascaris en était le légitime possesseur. Si cette idée tourmentait sa conscience, il n'était pas moins effrayé par certaines menaces des Arsénites, qui avaient prononcé plus d'une fois, dans leurs emportemens, le nom d'un prince détrôné. Les agitations de sa conscience et la sûreté de son trône le déterminèrent donc à se rendre en personne auprès de l'infortuné prince, qu'il détermina, à force de prières et de promesses, à lui céder des droits dont il reconnaissait, par sa seule démarche, la légitimité. Fort de cette cession (qui n'était cependant que l'œuvre de la nécessité), Andronic allait sans doute travailler avec plus de vigueur à la défense d'une couronne que, d'après sa croyance, il regardait comme mieux affermie; mais, en Asie ainsi qu'en Europe, il devait se montrer aussi faible à ses ennemis qu'à ses sujets. Son séjour à Nymphée fut de deux années entières, années inutiles, durant lesquelles il déroba son existence sous une telle nullité, qu'elles n'ont laissé aucunes traces ni du mal qu'il sut prévenir, ni du bien qu'il opéra. De retour à Constantinople, son premier soin fut de tirer une basse et cruelle vengeance de son frère Constantin Porphirogénète, qui avait toujours excité son envie pour ses qualités aimables et la supériorité de ses talens. Sous le règne de Michel Paléologue, qui fut également jaloux de son frère Jean-le-Despote, nous avons déjà vu Andronic, dès sa première jeunesse, tourmenter par les railleries les plus humiliantes ce person-

g

nage d'un haut mérite, qu'il persécuta avec son père, et qu'ils finirent l'un et l'autre par faire mourir de chagrin. Dans ce moment, c'était contre son propre frère qu'il allait abuser de l'excès de son pouvoir. Pendant le séjour de l'empereur en Asie, Constantin Porphirogénète s'était rendu coupable d'un acte arbitraire exercé contre un certain Morozome, officier du palais, et cela, à raison d'un droit de préséance qu'on refusait à la princesse sa femme. Andronic, prompt à saisir l'occasion de se venger de la supériorité de son frère, ne se contenta pas de lui reprocher cet acte de violence commis, sans autorisation, contre un de ses sujets. Le coup qu'il voulait lui porter devait le frapper pour toujours. Dans ce but criminel, une conspiration contre la personne du prince fut supposée, et d'infâmes délateurs y enveloppèrent le malheureux Constantin. Condamné malgré son innocence, il perdit la liberté. Alors Andronic, voulant être lui-même le geolier de son frère, ne rougit pas de l'enfermer dans l'appartement le plus rapproché du sien, afin de le surveiller de ses propres yeux. Depuis cette époque, sa méfiance comme sa haine ne lui permirent jamais de le tirer de sa prison que pour le traîner après lui, enfermé dans une cage de fer, au milieu du cortége magnifique dont il marchait toujours environné. Tour à tour superstitieux et cruel, il donna bientôt une nouvelle preuve de la faiblesse de son esprit. Il avait eu de l'impératrice Irène, sa seconde femme, plusieurs enfans, tous morts en bas âge; un dernier venait de naître, et l'empereur éprouvait les plus vives alarmes sur son existence. Comme le bruit s'en répandit de toutes parts, une vieille femme parut en sa présence, et lui promit que sa fille vivrait s'il voulait exécuter scrupuleusement tout ce qu'elle allait lui dicter: le faible Andronic y donna son consentement. Alors elle lui dit qu'il fallait placer devant les statues des douze apôtres douze cierges de même poids et de même mesure, les allumer au même instant, et mettre l'enfant sous la protection du saint devant lequel le dernier cierge s'éteindrait: ce fut saint Simon; la fille s'appela Simonide. Elle vécut, et l'empereur demeura persuadé de l'infaillibilité de cette merveilleuse pratique. Ce trait appartenait bien à celui qui éprouva une si mortelle frayeur pour la découverte d'un écrit renfermé dans un vase de terre, et dont certaines expressions pensèrent troubler le reste de sa vie. On avait nommé patriarche un ermite appelé Athanase, homme d'une vertu farouche, sans éducation, sans connaissance du monde, et qui avait passé presque toute sa vie dans les cavernes du mont Ganos. Au bout de quatre ans, les excès de sa rigueur et de son inflexible dureté, occasionnèrent des plaintes universelles, qui furent enfin écoutées par Andronic, et forcèrent Athanase de donner sa démission. Retiré dans le monastère de Saint-Côme, il y composa aussitôt deux écrits dont la teneur révèle suffisamment la duplicité de son caractère. Dans le premier, il témoignait une entière résignation à son sort; dans le second, au contraire, il lançait les plus terribles anathêmes contre les auteurs de sa disgrâce. Celui-ci ne vit pas le jour, et aurait pu demeurer à jamais inconnu. Par une disposition aussi bizarre qu'inexplicable, Athanase le fit enfermer hermétiquement dans un vase, et placer sur le haut d'une des colonnes du dôme de Sainte-Sophie. Quatre ans après, des enfans cherchant des nids d'hirondelles sur le sommet de ces colonnes, trouvèrent, par le plus grand des hasards, et le vase et l'écrit. Leur surprise fut des plus étranges. En examinant le tout avec attention, ils ne purent se défendre d'un certain respect à la vue de l'écrit, remarquable par sa forme, et du sceau qui l'accompagnait. Incertains d'abord sur ce qu'ils devaient faire, ils se décidèrent à le remettre au nouveau patriarche. Celui-ci, effrayé lui-même d'une excommunication lancée par son prédécesseur, se hâta de la communiquer à Andronic. L'empereur, qui n'avait point encore oublié la première soumission d'Athanase et se reposait sur elle, eut à peine commencé la lecture des anathèmes, qu'il demeura stupéfait; mais sa terreur et sa confusion devinrent inexprimables, lorsqu'il fut parvenu au dernier passage, où l'ancien patriarche terminait ses imprécations par ces mots : *Périsse avec eux celui qu'ils ont poussé à me traiter avec tant de cruauté!* alors il tomba dans un véritable abattement, et rien ne put le tranquilliser jusqu'au moment où Athanase révoqua de sa main ces impuissantes malédictions, fruit de sa colère, et qui ne servaient qu'à accuser la violence de leur auteur.

Il est triste pour un prince qu'on puisse écrire toute son histoire avec quelques traits si indignes de l'homme qui tient dans sa main le sort des nations. Cependant les années passaient ainsi sur l'empire, sans laisser d'autres traces que celles des maux qu'on n'avait point la force d'empêcher: c'était, en quelque sorte, un interrègne pour l'histoire. Andronic, toujours pusillanime dans ses goûts, joignait à sa fureur de controverse une autre fantaisie non moins ridicule pour un souverain : celle des mariages. Si Michel Paléologue, dans les nombreuses alliances qu'il rechercha pour sa famille, ne perdit jamais de vue l'intérêt de l'état, ce goût ne fut chez son fils qu'une espèce de manie à laquelle il semblait se livrer par désœuvrement; et presque toujours le choix le moins convenable était celui qui le déterminait. Il en fut ainsi pour Michel, l'aîné de ses fils. Ce jeune prince, déjà associé à l'empire, venait d'être sacré empereur, en 1295, dans une cérémonie solennelle, où il fut élevé sur un bouclier par les grands officiers de l'état. L'alliance la plus favorable s'offrait à lui. Philippe, fils de Baudouin, dernier empereur français de Constantinople, avait eu, de son mariage avec la fille de Charles Ier, roi de Naples, une fille appelée Catherine de Courtenai [1]. Le pape et Robert, régent du royaume de Naples pendant l'absence de Charles II, que le roi d'Arragon retenait prisonnier, desiraient vivement l'union de Catherine et de Michel Paléologue. Les avantages de cette union devaient frapper les yeux les moins clairvoyans : en confondant les droits du dernier des Baudouin dans la maison des Paléologue, en attachant immédiatement la maison d'Anjou aux intérêts des princes de Constantinople, en rapprochant la cour de Rome d'une nation que depuis long-temps elle s'efforçait de faire rentrer dans le sein de l'Église, un tel mariage ne pouvait que servir de la manière la plus profitable et l'empire et la chrétienté. Mais Andronic, dont le génie étroit était fermé à tous ces calculs, ne voulut sacrifier aucune de ses petites prétentions, exigea que la princesse abjurât le rit

[1] Charles Ier était mort au commencement de l'année 1285.

catholique pour le rit grec, et refusa de communiquer avec le pape, parce qu'il fallait lui donner le titre de *Saint-Père*. Ces malheureuses difficultés rompirent toutes négociations; et de simples scrupules, plutôt de vanité que de conscience, lui firent manquer ainsi la seule alliance peut-être qui pût présenter à l'empire quelque moyen de salut. Catherine de Courtenai épousa dans la suite Charles de Valois, frère de Philippe-le-Bel, et tige de la branche des Valois; mais des circonstances imprévues l'empêchèrent de soutenir les droits que ce mariage pouvait lui donner sur le trône d'Orient [1]. Après que cette heureuse alliance eut échappé au faible et superstitieux Andronic, comme s'il eût voulu se montrer toujours aussi singulier dans ses choix, ce fut du fond de l'Arménie qu'il fit venir la princesse destinée à être l'épouse de son fils. Sur sa demande, Hayton, roi du pays, lui envoya deux de ses filles, dont l'aînée, qu'on appela Marie, fixa le choix d'Andronic, et s'unit à Michel Paléologue. Le 16 janvier 1296, le mariage fut célébré avec une

---

[1] Charles de Valois était en Italie, fortement occupé de ce grand dessein, lorsque les guerres de Philippe-le-Bel contre les Flamands forcèrent ce monarque de rappeler son frère auprès de lui; et, plus tard, les démêlés du roi de France avec Boniface VIII s'opposèrent à l'exécution d'une entreprise qui, intéressant surtout l'Europe catholique, ne pouvait s'accomplir sans la coopération du pape.

magnificence et une pompe dans lesquelles l'empereur grec s'efforça de surpasser toutes les fêtes les plus brillantes dont l'histoire eût gardé le souvenir. Michel n'avait point la même répugnance qu'Andronic pour la guerre et le métier des armes: aussi, depuis son sacre et son mariage, le vit-on plus d'une fois à la tête des armées; mais ce jeune prince, qui n'était pas sans courage, fut toujours malheureux. Possédé d'ailleurs des petites passions dont son père lui donnait l'exemple, et jaloux comme lui des qualités qu'il ne possédait pas, ce fut Michel, le fils même du souverain auquel les Catalans étaient venus prêter leur secours, qui devint leur adversaire le plus acharné, et fit tourner contre l'empire les avantages qu'ils avaient remportés pour lui. Dans ce moment, les Turcs furent les premiers ennemis avec lesquels on crut qu'il aurait l'occasion de mesurer sa valeur: ces peuples allaient commencer une nouvelle ère, l'ère véritable de leur puissance; ils allaient prendre le nom d'Ottomans, que la lâcheté seule des Grecs rendit si redoutable, et qui serait encore à naître s'ils eussent trouvé tout autre peuple sur leur chemin. Les Turcs avaient éprouvé de grandes vicissitudes dans leur existence : ces anciens Scythes, peuples du Caucase, s'emparèrent, dans le neuvième siècle, de la plupart des trônes de l'Asie, et prirent sur les Arabes la Trans-Oxiane, qu'ils appelèrent Turkestan. Un de leurs chefs, nommé Seljouck, se jeta sur le Khorasan, et ses successeurs poussèrent leurs conquêtes jusqu'à Bagdad, où, sur les débris du trône des califes Abassides, ils élevèrent l'empire des Seljoucides. Dès l'année 1071, Alp-Arshan, descendant de Seljouck, battit et fit prisonnier l'empereur romain Diogène sur les bords de l'Araxe, et s'empara de l'Asie-Mineure. Mais, à la mort de Méleck-Shah, son fils, les Seljoucides divisèrent l'empire entre trois branches de leur famille : les Seljoucides d'Iran ou de Perse ; ceux de Kerman, près du golfe Persique, et ceux de Roum, nom de l'Asie-Mineure au moyen-âge. Nicée était alors la capitale de l'empire musulman. Après ce partage de l'empire des Seljoucides, il restait encore aux Grecs, en Asie, les villes de Pruse, Sarde, Smyrne, Éphèse, Laodicée et Philadelphie. Les Turcs, puissans par leurs conquêtes, devenaient chaque jour plus redoutables, lorsqu'au treizième siècle, Mohammed, prince turc carisnien, attira sur lui la colère de Gengis-Khan, en massacrant ses ambassadeurs. Le Tartare marcha contre lui avec sept cent mille hommes (1218), et s'empara de ses états, où il mit tout à feu et à sang. Héla-Leddin, fils de Mohammed, échappé à la fureur des Tartares, s'était retiré dans les Indes, et revint, après la mort de Gengis-Khan, reprendre possession des états de son père; mais, en 1240, il succomba en livrant une bataille malheureuse aux Tartares dans le Kurdistan. Alors une horde de Turcs sortit de ce pays, sous la conduite d'un chef nommé Soliman-Shah, qui se noya dans l'Euphrate, auprès d'Alep, en le passant à cheval; il est regardé comme le patriarche des sultans [1]. Son fils aîné, Ertogrul (nom qui signifie homme juste) s'empara d'un territoire situé entre Alep et Césarée, et ayant proposé à Aladin, sultan seljoucide d'Iconium, de défendre son pays contre les invasions des Tartares, vint s'établir, avec quatre cents familles ou quatre cents tentes, sur les bords du fleuve Sagaris, dans un endroit nommé Sogut. Ce fut là qu'Ertogrul jeta les premiers fondemens de la monarchie ottomane. Connaissant l'esprit exalté de la peuplade qu'il commandait, il imagina de s'attirer sa vénération par le bruit d'un songe merveilleux, dans lequel il aurait vu sortir de son sein une source d'eau vive, d'abord faible ruisseau, qui, devenu à l'instant torrent impétueux, aurait couvert presque toute la surface de la terre habitée. Un sheick savant, chargé d'expliquer cette vision, y reconnut clairement la promesse d'un vaste empire. Dès ce moment, Ertogrul acquit une considéra-

[1] En 1520, Sélim Ier honora d'un turbé ou chapelle sépulcrale le lieu de sa mort.

tion extraordinaire parmi les siens; et ce fut sous ces heureux auspices que naquit son fils Othman, en 1267. Ertogrul le fit élever à la cour d'Iconium, au milieu des hommes savans, sheicks ou ulémas. Le plus fameux d'entre eux était Édébalis. Othman passait auprès de lui les nuits et les jours. Cet ulémas avait une fille charmante, nommée *Malhounn-Khatounn*. Othman éprouva pour elle la passion la plus violente. Après avoir déclaré son amour au père de sa bien-aimée, il se livra, durant la plus grande partie de la nuit, à toute la ferveur de la prière; puis, s'étant endormi, il eut, à l'exemple d'Ertogrul, un rêve, demeuré bien plus fameux encore parmi les Musulmans. On présume aisément que ce songe confirmait la grandeur future de sa race, et annonçait surtout le triomphe d'un amour que le mariage vint bientôt couronner. Fondateur d'un grand empire, sa puissance n'eut que de faibles commencemens : la prise de quelques châteaux fit dans le principe toute sa réputation. Mais si les Turcs en étaient encore à rêver leur grandeur, on peut dire que les Grecs, toujours tremblans devant ces Barbares, se chargèrent de la réaliser pour eux. Othman, retiré dans les montagnes du mont Olympe, semblait encore ne s'occuper que de défendre les possessions d'Aladin, lorsque les émirs indociles se révoltèrent contre leur maître.

Aussitôt les Tartares, profitant de ces troubles, recommencèrent leurs incursions; et le malheureux Aladin, dernier sultan seljoucide d'Iconium, forcé de fuir, se retira chez Michel Paléologue, qui régnait alors. Ce prince le fit jeter dans une prison, où il passa misérablement le reste de ses jours, et mourut sous le règne d'Andronic, en 1299. Ce fut dans cette même année, et après la mort d'Aladin, que les émirs, au nombre de sept, partagèrent ses états, et en formèrent autant de souverainetés indépendantes. Othman aussi prit part à ses dépouilles. Carazi-Ogli eut la Troade, la Mysie, et une partie de la Phrygie; Aydin-Ogli, l'Ionie et le territoire de Smyrne; Jarukan-Ogli, l'Éolide et une partie de la Lydie; Mentézi-Ogli, la Carie et la Lycie; Germian-Ogli, ce qui restait de la Phrygie; Isfendar-Ogli, la Paphlagonie et une partie du Pont; et Othman la Bithynie. Celui-ci, pour lequel la multitude témoignait déjà une espèce de penchant, à cause des apparitions merveilleuses dont il avait été l'objet, moins confiant néanmoins dans les prestiges d'un songe que dans les projets d'une ambition qu'il voyait protégée, s'efforçait sans cesse de dominer ses rivaux. Les autres émirs, loin de vouloir reconnaître sa suprématie, résistaient de tout leur pouvoir. Ces querelles violentes amenaient des guerres intestines, dont chaque événement poussait les vainqueurs ou les vaincus à insulter les frontières de l'empire d'Orient. Andronic n'avait rien à leur opposer. Aucun amour de la patrie n'animait un peuple vaniteux qui ne se rappelait son ancienne grandeur que pour dédaigner des ennemis qu'il n'osait combattre. L'esprit de secte et de dispute occupait toutes les têtes et énervait tous les courages. Si des soldats, toujours levés à la hâte, pouvaient imposer un instant par leur nombre, ces troupes n'avaient ni tactique, ni discipline, ni bonne volonté. L'empereur, plein de défiance pour tout ce qui l'environnait, mettait son unique espérance dans les secours étrangers, et il en cherchait de toutes parts, lorsqu'une horde d'Alains parut tout à coup sur les frontières, et s'offrit à défendre l'empire [1]. Andronic, transporté de joie à la vue d'un secours qui semblait lui tomber du ciel, les accueillit avec l'empressement de l'homme faible et timide qui se voit enfin appuyé par un bras plus fort que le sien. Dès ce moment, toutes les grâces furent réservées pour ces nouveau-venus :

[1] Le sentiment des historiens n'est point unanime sur l'origine de ces peuples. Suivant Procope, ils étaient Sarmates; si l'on en croit Joseph et Ptolémée, ils sortaient de la Scythie; et Ammien-Marcellin prétend qu'ils étaient le même peuple que les Massagètes. Moncada adopta cette opinion, puisque nous verrons qu'il les appelle indistinctement Massagètes ou Alains. Le parti qui se présenta alors avait servi sous le tartare Nogaïa.

leurs officiers, comblés de présens, reçurent des distinctions auxquelles ils n'auraient jamais eu l'idée de prétendre; une solde, même plus forte que celle des troupes impériales, fut assignée aux soldats. Andronic, qui ne voyait son salut que dans ces étrangers, exaltait sans cesse leur courage aux dépens des Grecs, ne parlant que de leurs exploits et de leurs triomphes, et finit par forcer la cavalerie nationale à leur céder ses chevaux et ses armes. De quels malheurs n'est point menacé un état dont le souverain ose se jouer ainsi de sujets qu'il méprise! Les Alains furent divisés en trois corps : l'un d'eux passa dans les provinces d'Asie, où cette horde, qui devait sauver l'empire, se mit à piller sans distinction les amis et les ennemis; et c'était cependant l'élite de ces fameux alliés. Heureusement pour leur réputation, ils rachetèrent les torts de cette conduite désordonnée par la bravoure qu'ils déployèrent dans une bataille que les Grecs livrèrent aux Turcs peu de jours après, et où les Alains décidèrent la victoire en faveur des Impériaux. A la nouvelle d'un triomphe auquel il n'était pas accoutumé, Andronic crut qu'il fallait saisir cette occasion d'envoyer son fils Michel à la tête de l'armée. Le jeune prince, arrivé à sa destination, annonça aussitôt le desir de combattre, fit paraître en toute occasion la plus bouillante ardeur, et plut ainsi beaucoup aux Alains, qui détestaient le repos. Les deux armées furent bientôt en présence. Celle de Paléologue était nombreuse : l'ancien roi de Bulgarie, Asan ; Michel, despote d'Épire, et d'autres alliés, étaient venus se joindre à lui. Les Turcs, impatiens de venger leur dernière injure, montraient plus d'audace que jamais. Des deux côtés l'on n'attendait que l'ordre de charger son ennemi, lorsque chez les Grecs la retraite, au même instant, sonna de toutes parts. Jamais signal ne causa plus de surprise et de consternation. Michel fut, dit-on, entraîné à cette résolution inconcevable par les pressantes sollicitations de ses premiers officiers, qui, effrayés sans doute à l'approche du combat, lui représentèrent, avec toute la persuasion de la peur, combien il allait exposer et le prince et l'empire, s'il attaquait des Barbares dont la contenance audacieuse semblait leur garantir la victoire. Le jeune empereur peut avoir cédé, malgré son courage, à la malheureuse influence de ses lâches conseillers; mais l'action même n'en pèse pas moins sur sa mémoire, surtout d'après les désastres qu'elle entraîna. La retraite ressembla à une déroute : l'armée grecque, en désordre, prit sa direction vers Magnésie, où elle entra, toujours poursuivie par les Turcs, qui s'emparèrent de ses bagages, et campèrent sous les murs de la place. Cependant les Barbares se contentèrent de l'observer sans en former le siége. Les Alains, peu accoutumés à se voir renfermés dans des murs, s'ennuyèrent bientôt de leur oisiveté, et annoncèrent positivement qu'il fallait ou les congédier ou les mener à l'ennemi. Cette déclaration jeta Michel dans le plus grand embarras. Déjà l'ancien roi de Bulgarie et le despote d'Épire l'avaient abandonné; la désertion se faisait sentir parmi les meilleurs soldats, et la retraite des Alains allait le priver de sa dernière ressource. Dans cette extrémité, à force de prières et de promesses, il les décida à demeurer encore trois mois; mais ce ne fut qu'en s'engageant sous la foi du serment à les laisser partir à cette époque, et à payer en même temps la somme considérable qu'il leur plut de fixer. Aussitôt il instruisit l'empereur de ses engagemens et de sa triste situation. Ce fut en vain : Andronic, toujours indécis et méticuleux dans ses résolutions, n'envoya que des secours insuffisans. Michel ne put remédier à rien : les trois mois s'écoulèrent, et, le terme fatal une fois arrivé, les Alains se disposèrent sérieusement à la retraite. Michel, trop faible pour retenir ces soldats mercenaires, dont cependant il ne pouvait se passer, conçut des craintes pour lui-même s'il restait au milieu d'eux. Pressé entre le besoin qu'il avait de leurs services, et le danger de s'opposer à leur retraite, il se décida à leur échapper par la fuite, et prit le parti de se sauver furtivement de la place. Une nuit sombre et orageuse lui en fournit bientôt l'occasion. Malheureusement son projet avait transpiré, et l'on épiait tous ses mouvemens : à l'instant où il sortit de la ville, non-seulement les troupes, mais le peuple et tous les habitans considérables, se mirent tumultueusement à sa suite, et se précipitèrent en foule hors des portes, dans un désordre et une confusion qui occasionnèrent des accidens affreux : les uns furent étouffés, les autres écrasés en voulant sauver leur vie. Bientôt la terreur s'étendit par tout le territoire, et jusque dans les provinces qui l'environnaient. Les peuples des villes et des campagnes fuyaient de toutes parts, dans la croyance que les Turcs se pressaient sur leurs pas. Ceux-ci, profitant de l'effroi général, poursuivirent les fuyards, les massacrèrent, incendièrent les maisons, et frappèrent ces provinces d'une telle épouvante, que plusieurs des malheureux fugitifs ne se crurent en sûreté qu'après avoir passé l'Hellespont. Une multitude innombrable périt dans ce désastreux événement. Michel se retira d'abord à Pergame, puis à Cizique, enfin à Péges, place située sur le bord de la mer, où le chagrin, les fatigues et les contrariétés lui causèrent une maladie violente, qui vint encore joindre les souffrances à la honte de sa malheureuse expédition. Pendant ce temps, Othman n'était pas moins heureux en Bithynie, contre Musalon, hétériarque, qui y commandait l'armée grecque [1]. Ses soldats, n'ayant pu soutenir la présence du Musulman, eurent la lâcheté de fuir à son approche, et auraient tous péri sans la bonne contenance des Alains, qui couvrirent leur marche vers Nicomédie, et se retirèrent en bon ordre. Alors ces étrangers se portèrent vers les bords de la mer, et se mirent en disposition de franchir le détroit. Michel, informé de leur résolution, envoya auprès d'eux le grand domestique [2], Alexis Raoul, avec un corps de troupes, et le chargea ou d'obtenir leur retour, ou d'exiger la restitution des chevaux et des armes qu'on leur avait fournis. Dès la première proposition, les Alains se livrèrent aux menaces les plus violentes. Raoul, qui crut sans doute leur imposer par un acte de vigueur, fit de sérieuses démonstrations pour leur arracher par la force les objets dont il devait obtenir la restitution. Cette tenta-

[1] Il y avait deux officiers du même nom : hétériarque et grand hétériarque. Le premier était subordonné à l'autre. Ces officiers commandaient les troupes des alliés. Ils avaient différentes fonctions à la cour, près de l'empereur.

[2] Le grand domestique était, dans l'empire d'Orient, ce qu'on appelait en Occident grand sénéchal, majordome; de plus, il commandait l'armée de terre, comme le grand duc ou migaduc commandait celle de mer.

tive ne fit qu'accroître l'exaspération des Alains, qui se jetèrent sur lui, le massacrèrent, et passèrent sa troupe entière au fil de l'épée. Mais aussitôt, comme s'ils eussent été eux-mêmes étonnés de leur crime, ils demandèrent un pardon que personne n'était assez fort pour leur refuser. Tous ces événemens, qui eurent lieu pendant la maladie de Michel Paléologue, laissèrent les provinces asiatiques de l'empire en proie à la fureur des Barbares et à leurs dévastations.

Ce fut peu de temps après, en l'année 1303, au milieu de cette détresse générale, que les Catalans et les Arragonais arrivèrent au secours d'Andronic. A cette époque, les Turcs, divisés entre eux, ne pouvaient plus opposer ni la même masse de forces, ni le même ensemble, avec lesquels ils avaient marché à leurs conquêtes avant l'invasion des Tartares. Gengis-Khan leur porta un coup terrible, dont ils ne se seraient jamais relevés, si les Grecs avaient su profiter de leur affaiblissement. Depuis le partage des sept émirs surtout; depuis la mort du dernier sultan d'Iconium, qui isola chacun de ces rebelles dans leurs souverainetés respectives; depuis leurs divisions intestines, toutes excitées par l'ambition d'Othman, dont le but était la puissance suprême, et dont toute la vie fut employée à l'obtenir, rien n'eût été plus facile (et les Catalans le prouveront sans réplique) que de repousser ces Infidèles, et d'arrêter dans leur cours des succès jusqu'alors si peu disputés. Mais les Grecs semblaient marcher au devant de leurs chaînes, et tendre la tête au joug honteux qui devait les écraser un jour. Ils l'ont porté ce joug intolérable sous lequel ils n'auraient jamais dû s'abaisser. Enfin, après quatre siècles d'un esclavage révoltant par ses douleurs et ses humiliations, les habitans de ce malheureux pays ont tenté de rejeter loin d'eux une domination stupide à force de férocité; armés de leur désespoir, ils ont attaqué leurs barbares oppresseurs, et les ont saisis corps à corps, au risque d'en être étouffés. L'Europe les contemple, tandis qu'elle voit avec tranquillité les fougueux soldats de l'Islamisme, renonçant au désordre de leur impétueux courage, régulariser contre elle les fanatiques défenseurs du fatalisme et de la barbarie. L'Europe tient leur sort entre ses mains. C'est à sa gloire ou à sa honte que la chrétienté en décidera [1]. Les Catalans, qui parurent alors dans la Grèce, durent se montrer comme des géans chez un peuple déjà tombé si bas dans sa dégradation. S'ils obtinrent des triomphes et exécutèrent des entreprises qui

[1] Les puissances chrétiennes, dont les vaisseaux viennent de détruire la flotte turque dans le port de Navarin, semblent avoir enfin ouvert la lutte entre la civilisation et la barbarie.

peuvent quelquefois passer notre croyance, il faut se reporter aux temps de leur expédition, à ces temps où l'enthousiasme de la religion, le fanatisme de la gloire et de l'honneur enfantaient encore des prodiges. Trente-trois ans s'étaient à peine écoulés depuis la dernière croisade, et les têtes étaient toujours ébranlées, les esprits échauffés, les âmes exaltées par le souvenir de ces grandes entreprises, qui, durant près de deux siècles, avaient poussé vers Jérusalem l'occident tout entier. La plus vaste ambition voyait alors le champ ouvert à ses projets les plus hardis. Duchés, principautés, royaumes; il n'était point de dignités si augustes auxquelles un grand courage ne pût prétendre; il était permis à chacun de rêver sa couronne, et le héros la saisissait de sa propre main. Une foule de ces états, créés par la valeur, étaient disséminés sur le continent comme sur les îles de l'Europe et de l'Asie. On y voyait les rois de Chypre, les princes d'Autriche, de Morée, les ducs d'Athènes, de Thèbes, les seigneurs de Négrepont, etc.; le régime féodal se trouvait transplanté dans la patrie des Thémistocle et des Épaminondas. L'époque des croisades, cette époque la plus incomparable de l'histoire, avait amené un ordre de choses dont on chercherait en vain un exemple. Chaque coin de terre dans ces contrées, chaque rocher sortant des eaux dans les mers de l'Orient, attendaient un nouveau maître, et l'espérance y montrait un trône à tout guerrier assez hardi pour y prétendre. C'est que l'homme s'estimait alors par lui seul, par les dons qu'il avait reçus de la nature, et que sa personne isolée renfermait tout son prix. Tout guerrier d'une grande force de corps, d'une adresse merveilleuse à manier les armes, et d'une intrépidité reconnue, était cité comme une puissance; on en parlait presque comme d'une armée. Alors n'étaient point encore inventés ces foudres de guerre qui ont ôté à l'héroïsme son influence, à la force son utilité, à l'adresse son avantage, à la valeur son éclat; qui ont dépouillé l'individu de son importance personnelle, pour le confondre dans les masses; qui ont fait descendre ainsi le guerrier de sa dignité comme homme, et ont arrêté la fougue de son courage, pour le borner le plus souvent à une froideur impassible devant leurs ravages, et le réduire en quelque sorte à l'immobilité. Les Catalans et les Arragonnais, comme Espagnols, n'avaient pas pris aux croisades une part très-signalée; mais depuis près de six cents ans une croisade éternelle était ouverte, dans leur propre pays, contre d'autres Infidèles, contre ces Maures si renommés, ce peuple sans modèle, qui unissait à la fois le courage, la science, la galanterie et la férocité. Pélage avait fait entendre le premier cri de guerre dans les montagnes des Asturies, et, depuis cette époque, jamais ce glorieux signal ne cessa de retentir sur la terre des héros. Toutes les actions mémorables qu'avaient produites le courage, le dévouement, la religion et l'amour, se redisaient dans les vallées comme sur les montagnes; les enfans bégayaient les chants du Cid, et les jeunes hommes s'échauffaient au combat en les récitant. Les Espagnols, qui arrivèrent bientôt au secours des Grecs, apportèrent peut-être quelque chose de plus âpre, de plus violent encore dans les habitudes de la guerre, que leurs compatriotes, pour avoir soutenu vingt années de combats glorieux en Sicile, où leurs troupes, réunies tantôt en partisans, tantôt en aventuriers, apprirent l'indiscipline mieux que la soumission, et le pillage comme la victoire. A l'époque où nous sommes parvenus, tandis que la puissance ottomane prenait naissance au milieu des rivalités dangereuses qui entouraient son berceau, et qu'il n'aurait fallu que tourner contre elle pour l'étouffer, l'empire grec tombait de son propre poids. Les temps étaient donc mûrs, et semblaient appeler quelque grand coup qui aurait pu changer sur ce point les destinées de l'Europe. Mais les hommes manquent souvent aux conjonctures, et rien ne fut entrepris. Il fallut que l'expédition des Catalans et des Arragonais vint prouver du moins aux nations chrétiennes, dans leur aveugle insouciance, combien, avec la moindre énergie, il eût été facile à un peuple guerrier ou d'arrêter la puissance ottomane à ses premiers pas, et de rejeter les Barbares jusqu'aux lieux d'où ils étaient sortis, ou de renverser l'empire grec dans sa décrépitude, et, en s'établissant sur le Bosphore, de placer une sentinelle plus sûre aux portes de la chrétienté.

EXPÉDITION

DES CATALANS

ET DES ARRAGONAIS.

AVANT-PROPOS.

Mon dessein est d'écrire l'expédition mémorable que les Catalans et les Arragonais firent dans les provinces du Levant, lorsque, leur valeur et leur fortune concourant à l'accroissement de leur puissance comme à l'éclat de leur gloire, ils furent appelés par Andronic Paléologue, empereur des Grecs, au secours de son empire et de sa maison. Comblés des faveurs et de l'estime du prince, tant que les armes ottomanes le firent trembler pour son existence, ils furent traités avec un mépris révoltant et une inhumanité barbare, aussitôt que Paléologue se vit délivré de ses craintes par le seul effort de leurs bras. Aucun service plus éclatant ne pouvait être payé par une plus odieuse ingratitude. Placés, contre toute attente, entre la résistance et l'oppression, entre le désespoir et la mort, il fallut obéir au besoin naturel de sa propre défense ; et la grandeur du péril les réduisit bientôt à tourner contre les Grecs et Andronic lui-même les forces d'une armée invincible, qui devint la terreur des princes de l'Asie, le fléau de leurs peuples et l'admiration du monde. Prodigues de hauts faits, mais avares de leurs récits, si nos aïeux, coupables d'une négligence trop souvent funeste à leur gloire, rendent, par la rareté de leurs documens, cet ouvrage peu étendu, il n'en offrira pas moins un tableau continuel d'événemens variés et extraordinaires, de guerres opiniâtres, soutenues dans des régions lointaines, contre des peuples belliqueux; de batailles sanglantes, de victoires inattendues, enfin de conquêtes heureusement terminées par une poignée de Catalans et d'Arragonais qui, d'abord la risée de ces nations, devint ensuite l'instrument des grandes vengeances que Dieu exerça sur elles.

D'un côté, les Turcs, vaincus dans le premier élan de la grandeur ottomane vers son prodigieux accroissement, sont dépouillés de leurs plus belles provinces en Asie-Mineure, et, frappés de terreur par nos armes, rejetés dans les déserts les plus sauvages des montagnes de l'Arménie; de l'autre, les Catalans, fiers de leurs triomphes, se voient menacés tout à coup d'une fin ignominieuse, abreuvés d'outrages qu'ils ne peuvent dissimuler sans honte, et forcés de tourner contre les Grecs ces mêmes armes qu'ils avaient illustrées pour eux. Alors une nouvelle guerre couvre ces malheureuses contrées d'une nouvelle dévastation; des armées entières sont dispersées ou anéanties; des villes, escaladées par des soldats furieux, livrées à toutes les horreurs du pillage; des princes tués sur le champ de bataille, au milieu de leurs soldats vaincus; les provinces ravagées n'offrent plus que de vastes déserts; les habitans, échappés à la mort, sont réduits à l'exil ou à la captivité: vengeances plutôt méritées par les vaincus, que justifiées par les vainqueurs. La Thrace, la Macédoine, la Thessalie, la Béotie, sont envahies et saccagées à la vue de tous les princes et de toutes les forces de l'Orient; enfin le duc d'Athènes, infidèle à ses sermens, porte la peine de sa déloyauté. En vain des Français et des Grecs sont venus accroître les forces de sa brillante armée; il périt avec l'élite de ses vassaux; le vainqueur inonde ses États, anéantit sa puissance, et une nouvelle principauté s'élève sur ses débris.

Trahisons, rapines, cruautés, violences, séditions, fléaux que l'insuffisance d'autorité dans le chef rend communs aux plus puissantes monarchies, aussi bien qu'à des bandes rassemblées à la hâte, à des milices indisciplinées : tous ces excès viendront plus d'une fois affliger nos yeux durant le cours de cette histoire. Si les Catalans, vainqueurs de leurs ennemis, avaient su triompher également de leur cupidité et de leur ambition; si, en se renfermant dans les bornes de la justice, ils s'étaient maintenus constamment unis, ces soldats valeureux eussent porté leurs armes jusqu'aux extrémités de l'Orient; la Palestine et Jérusalem auraient vu encore une fois les bannières des Croisés. Courage et discipline, constance dans l'adversité, patience dans les travaux, sang-froid dans le péril, célérité dans l'exécution de leurs plans; toutes les vertus militaires brillaient chez eux au plus haut degré, tant que la fougue de leurs passions, en y portant le désordre, ne venait pas en ternir l'éclat. Mais ce même pouvoir que Dieu leur avait remis pour châtier et opprimer tant de nations diverses, il voulut l'employer à les châtier eux-mêmes. Enorgueillis de leurs triomphes, enivrés de leurs prospérités, l'ambition du commandement jeta parmi eux la division la plus funeste: à peine divisés, ils coururent aux armes; et cette fatale désunion alluma dans l'armée une guerre intestine, qui leur coûta plus de sang et devint plus désastreuse pour eux que tous leurs ennemis ensemble.

EXPÉDITION DES CATALANS
ET DES ARRAGONAIS
CONTRE LES TURCS ET LES GRECS.

LIVRE PREMIER.

CHAPITRE PREMIER.

SITUATION DES ÉTATS DE LA MAISON D'ARRAGON A L'ÉPOQUE DE L'EXPÉDITION.

Avant d'entrer dans le récit des événemens que nous allons raconter, il ne sera pas sans utilité, pour leur entière intelligence, de dire en quel état se trouvaient, à cette époque, les rois d'Arragon et leurs provinces, leurs armées et leurs flottes, leurs amis et leurs ennemis : éclaircissemens nécessaires, si l'on veut bien connaître les causes principales et l'origine de cette expédition.

Le roi Pierre III d'Arragon, à qui ses exploits

méritèrent le surnom de Grand, fils de don Jayme-le-Conquérant, épousa Constance, fille de Mainfroi, roi de Sicile[1], que Charles d'Anjou, soutenu par le pontife romain, ennemi du sang de l'empereur Frédéric, priva de la couronne et de la vie. Charles, devenu par sa mort souverain et roi des Deux-Siciles, avait encore à redouter un compétiteur que ses droits rendaient d'autant plus dangereux : c'était le jeune Conradin, fils légitime de Conrad IV, et dernier descendant de l'illustre maison de Souabe. Brûlant de recouvrer un royaume possédé par son aïeul et perdu par Mainfroi, Conradin, malgré la faiblesse de son âge, exécuta le projet audacieux de venir attaquer Charles d'Anjou jusqu'au sein de ses états. Malheureusement le succès fut loin de couronner ses efforts, et l'infortuné prince ne remporta, de son jeune et brillant courage, que le prix le plus ignominieux : battu, pris, et livré entre les mains de

---

[1] Mainfroi, bâtard de l'empereur d'Allemagne, Frédéric II, fut accusé d'avoir attenté aux jours de son père, frère de Conrad IV, fils et successeur légitime de Frédéric II ; il subit encore le soupçon de l'avoir empoisonné. Tuteur de Conradin, fils de Conrad IV, et héritier légitime de la couronne de Sicile, il s'empara du pouvoir, refusa de le lui remettre, et l'exerça injustement, jusqu'à l'époque où il périt à la bataille de Bénévent. Un tel homme ne saurait porter dans l'histoire le nom de roi. Mais Pierre III d'Arragon ayant épousé sa fille, et appuyé sur cette alliance ses prétentions à la couronne de Sicile, les historiens espagnols ont cherché à justifier le pouvoir de Mainfroi.

son ennemi, il trouva dans Charles d'Anjou un vainqueur implacable, qui, non content de signer son arrêt de mort, voulut encore qu'à la vue de tout un peuple, ce dernier rejeton de tant de rois perdît la tête par la main du bourreau, sans doute pour l'éternelle mémoire d'une aussi basse vengeance, et comme un grand exemple des vicissitudes humaines. Le roi Pierre d'Arragon n'avait pas alors les ressources suffisantes pour aller, loin de ses frontières, tirer vengeance de la mort de Mainfroi et de Conradin. Occupé de guerres civiles, excitées dans le royaume de Valence par le soulèvement des Maures, et en Catalogne par le mécontentement des barons, il craignait encore qu'en se déclarant l'ennemi de Charles d'Anjou, une pareille résolution n'attirât contre lui les armes de l'Eglise, toujours redoutables par ce qu'elles ont de sacré, et celles de la France, qui pouvaient soutenir des révoltes déjà si difficiles à éteindre. Il se vit donc contraint de renoncer pour quelque temps à ses vues sur les royaumes éloignés de Naples et de Sicile, pour s'opposer à des ennemis plus rapprochés et plus dangereux.

Toutes ces difficultés, sans effacer chez le monarque le souvenir de l'affront, suspendirent néanmoins le moment de la vengeance. Profondément offensé, il avait peine à contenir dans son âme le ressentiment qui l'animait. Chaque nouvelle circonstance le mettait à une nouvelle épreuve; et l'entrevue qu'il eut avec le roi de France, son beau-frère, lui offrit bientôt l'occasion de trahir encore une fois toute son animosité. Charles, fils du roi de Naples, assistait à cette conférence. Philippe-le-Hardi, qui l'avait ménagée pour opérer la réconciliation des deux princes, ayant désiré qu'ils se donnassent en sa présence le nom d'amis, l'Arragonais se défendit constamment d'une démarche aussi pénible à son cœur, et ne cessa de montrer dans toute sa contenance la contrainte et l'aversion dont il était dominé. De telles dispositions ne laissant aucun espoir de rapprochement, cette entrevue n'eut d'autre effet que d'accroître l'irritation des princes, qui se séparèrent plus aigris et plus mécontens que jamais; et Charles d'Anjou n'aurait même pas hésité un seul instant à prendre les armes, s'il n'eût reconnu que les embarras dont l'Arragonais était assailli le privaient, pour le moment, des forces capables de seconder les projets de sa haine et de son ressentiment. Cependant la Providence préparait au roi d'Arragon les moyens de tirer une juste et entière satisfaction du sang de Conradin, et cela par des voies si cachées aux yeux des hommes, que l'événement seul put révéler le secret de ses desseins.

Les malheureux Siciliens gémissaient sous le

joug insupportable des Français et de Charles d'Anjou, qui en aggravait encore le fardeau sur les peuples, en les abandonnant au pouvoir arbitraire, aux caprices et aux vexations de ses agens: faiblesse dont les conséquences exposent trop souvent les états à d'affreuses révolutions, et les princes aux catastrophes les plus effroyables. Révoltés d'une insolence dont les excès, ne connaissant plus aucunes bornes, les couvraient chaque jour de déshonneur et de honte, ils annoncèrent leur affranchissement par la fameuse exécution, communément appelée *Vêpres siciliennes*[1]. Charles ne pouvait rester spectateur tranquille d'un événement aussi fatal à ses intérêts : de Toscane, où il se trouvait alors, ce prince accourt sur-le-champ pour châtier des sujets encore tous couverts du sang qu'ils viennent de répandre. Ceux-ci, n'attendant plus de lui ni pitié, ni clémence, mettent leur dernier espoir dans le roi d'Arragon, dont les drapeaux victorieux parcouraient alors les côtes africaines, où la plus grande partie de la noblesse et des soldats de ses royaumes se-

---

[1] Moncada, loin de donner aucune marque d'improbation aux Vêpres siciliennes, semble les regarder comme une juste disposition de la Providence, et se contente de les appeler fameux événement (*famoso echo*). Mariana est le premier historien espagnol qui, en les flétrissant du nom de *crime inexcusable*, ait franchement condamné cet horrible massacre.

condaient les heureux efforts de leur roi. Animé par le zèle ardent d'un vrai prince chrétien, il combattait contre les ennemis de la religion, et, à la tête d'une armée victorieuse, faisait trembler tous les rois barbaresques devant la terreur de son nom [1]. Au milieu de la désolation qu'il exerçait sur leur territoire, les ambassadeurs de Sicile paraissent en sa présence accablés de tristesse, les yeux baignés de larmes, et exposent à ses regards le deuil d'une patrie au désespoir, qui se jette en ses bras. Ce deuil, cette douleur, leurs touchantes supplications, ne pouvaient manquer de produire une impression profonde sur l'âme d'un roi déjà irrité par une offense personnelle ; et quel souverain, capable de sentir qu'il est homme, aurait eu la force de résister à un spectacle aussi déchirant ! Tremblant comme tous les Siciliens devant leur propre ouvrage, ces ambassadeurs ne négligent aucuns moyens d'exciter l'intérêt du monarque, et de faciliter à ses yeux l'exécution de sa vengeance : ils rappellent à sa mémoire la mort malheureuse de Mainfroi, et la fin ignominieuse de Conradin ; ils offrent à sa générosité leurs bras, leur vie, leur fortune, et l'ap-

[1] Le roi d'Arragon remporta sans doute des avantages sur les Barbaresques ; mais cette glorieuse occupation cachait son véritable but ; et l'arrivée des ambassadeurs de Sicile était le seul événement qu'il attendit en combattant contre les Maures.

pui de toute une population attachée sans réserve à sa famille, et ennemie irréconciliable de la France; enfin, pénétrés de toute l'horreur du danger qui les menace, ils lui représentent qu'à l'instant où ils déposaient à ses pieds leurs humbles supplications, on décidait peut-être de leur liberté, de leurs biens et de leur vie; que Charles pressait de tout son pouvoir le siége de Messine, et que, sans le courage d'un défenseur tel que le roi d'Arragon, la rigueur du châtiment menaçait le royaume entier de la fin la plus déplorable. Non moins empressé de secourir le malheur qu'altéré du désir de se venger, Pierre, suivi de toute son armée, se jette dans ses vaisseaux, met à la voile, arrive à Trapana avant la nouvelle même de son départ, et, sans retarder un instant l'effet de la stupeur que va causer son apparition, il marche sur l'ennemi avec une telle célérité; que Charles, à peine instruit de son approche, lorsqu'il découvre ses étendards, est contraint de lever le siége et de se sauver honteusement dans la Calabre.

Après cet événement, le pontife romain comme ami, et le roi de France comme parent, embrassent ouvertement le parti de Charles, déclarent la guerre et commencent les hostilités. Le roi de Castille, qui, pour cause de bonne intelligence et de parenté, aurait dû venir au secours de l'Arragonais, se tient à l'écart, disposé à suivre le parti du vainqueur. Don Jayme, roi de Mayorque, son frère, non content de l'abandonner, accorde à ses ennemis protection et passage par ses états. La faiblesse de ses ressources, leur impuissance contre des armées aussi formidables, étaient, à la vérité, le motif spécieux dont il cherchait à colorer sa conduite; mais ce prétexte, toujours facile à produire, est trop souvent employé par les petits princes pour couvrir leur ambition sous l'apparence de la nécessité. Pierre se trouva alors sans amis, n'ayant pour lui que sa valeur, sa fortune, et le motif impérieux de venger l'outrage fait à sa maison. A l'époque même où l'on regarde sa perte comme inévitable, où ses ennemis sont renforcés par de nouvelles ligues et de nouveaux secours, il triomphe de leurs armées, les humilie sur terre comme sur mer, soutient l'honneur du nom d'Arragon, et est le premier roi d'Espagne qui porte ses étendards victorieux dans les royaumes d'Italie, où il jette les fondemens de cette puissance que nous voyons encore s'y maintenir avec tant de gloire [1]. Charles d'Anjou, chassé de Sicile, reparaît avec de nouvelles forces, pour remettre ce pays sous sa domination, et plusieurs événemens mémorables se succèdent pendant la guerre sanglante de ces deux compétiteurs; mais

[1] On se rappellera ici que Moncada vécut depuis 1586 jusqu'en 1635.

la maison d'Arragon achève de s'établir dans le royaume, malgré les efforts de Charles et des plus puissans princes de l'Europe qui ont embrassé sa défense.

Les deux rivaux moururent dans la plus grande chaleur de la lutte. A Charles, roi de Naples, succéda son fils aîné, Charles II, qui se trouvait alors prisonnier en Catalogne. Pierre d'Arragon eut pour successeurs Alphonse, l'aîné de ses fils, dans les royaumes d'Espagne, et don Jayme en Sicile. La guerre se continua jusqu'à la mort d'Alphonse. Celui-ci étant décédé sans enfans mâles, don Jayme fut appelé à lui succéder, et vint aussitôt prendre possession de ses nouveaux états. Il avait laissé en Sicile Frédéric son frère, pour gouverner le royaume et le défendre en son nom. Mais de retour en Espagne, à peine don Jayme eut recouvré quelques forteresses tombées au pouvoir de ses ennemis, qu'il renonça tout à coup au royaume de Sicile en faveur du Saint-Siége. Entraîné dans cette démarche par la crainte d'avoir à combattre à la fois les armes de la Castille, de la France et du pape, il céda encore aux conseils de Constance, sa mère, femme d'une rare piété, qui aima mieux lui voir perdre ce royaume que différer plus long-temps sa réconciliation avec l'Eglise. Des ambassadeurs furent donc envoyés en Sicile, de la part de Constance et de don

Jayme, pour y effectuer la renonciation et remettre le royaume aux légats du pontife romain. A cette nouvelle inattendue, les gens de guerre et les habitants du pays se montrent indignés de la facilité avec laquelle leur souverain abandonnait le prix glorieux de leurs travaux et de leur sang, et cédait, sans coup férir, l'objet précieux contre lequel avaient échoué de si longs efforts. Dans l'effroi de l'avenir qui les menace, ils frémissent déjà d'être livrés sans pitié à des adversaires dont ils ne pouvaient attendre que la servitude ou la mort. Les Siciliens ne voyant que dangers, les Catalans et les Arragonais que déshonneur à suivre la résolution d'un prince aussi mal conseillé, tous courent aux armes, s'opposent aux légats du pontife, représentent à Frédéric qu'il est le seul et légitime héritier de son père et de son frère, l'engagent à prendre sur lui la défense commune, et, faisant briller à ses yeux l'éclat de la souveraine puissance, ils le pressent de se proclamer roi.

Il fut aisé de persuader un prince d'une âme élevée, à l'époque la plus brillante de sa jeunesse, et qui, se voyant à regret vassal de son frère, n'avait aucun moyen d'échapper à cette soumission. Quelque puissantes que fussent auprès de lui les autres considérations, toutes disparaissaient devant ce dernier motif, capable, à lui seul, de précipiter la jeunesse de Frédéric vers une détermination qui lui présentait tous les charmes du pouvoir et de l'indépendance. Reconnu, proclamé et couronné roi, il se prépara aussitôt à la guerre terrible dont il était menacé. Ses braves soldats, son peuple fidèle, qui le regardaient comme le second libérateur de la patrie, se disputèrent l'honneur de le défendre. Il s'opposa d'abord à Charles d'Anjou, son plus proche comme son plus dangereux adversaire, au pape, qui soutenait la même cause, et au roi don Jayme, son frère, que les liens du sang n'empêchèrent pas d'accroître le nombre de ses ennemis. Attaqué par leurs forces combinées, il fut battu dans un combat naval, qui semblait devoir mettre fin aux hostilités et consommer la perte du jeune roi; mais, par une disposition secrète de la Providence, qui, trompant à son gré nos calculs, nous prouve sans cesse qu'elle seule dirige et gouverne tout, Frédéric se maintint dans le royaume, pour la satisfaction des braves, l'effroi de ses ennemis, et la gloire de son nom.

Bientôt après, la ligue fut dissoute par la séparation de don Jayme, séparation qui excita, de la part des alliés, un mécontentement d'autant plus vif, qu'ils regardaient comme funeste, et tenaient en quelque façon pour impossible, toute entreprise contre un prince de la maison d'Arragon, faite sans l'appui et le concours de cette maison.

Les malheurs qu'ils éprouvèrent alors justifièrent suffisamment les craintes dont ils étaient agités : il semblait que la fortune se plût à les accabler de ses revers, tandis que le roi de Sicile s'illustrait par de nouveaux triomphes, et forçait ses adversaires à traiter de la paix, en le reconnaissant pour souverain et maître du royaume : proposition dont naguère la seule idée leur eût semblé une offense. Après quelques débats inévitables dans des circonstances aussi difficiles, on conclut enfin cette paix tant desirée, que le mariage de Frédéric avec Eléonore, fille de Charles d'Anjou, devait encore affermir, en servant de garant à sa stabilité. Ce mariage, qui fut célébré sur-le-champ, assura la liberté du royaume, dissipa toutes les craintes, et laissa le roi souverain paisible d'un état qu'il avait si vaillamment défendu.

Don Jayme entretenait avec honneur la plus profonde paix dans ses royaumes d'Arragon, de Catalogne et de Valence. Aimé de ses sujets, redouté des Infidèles, servi par de grands capitaines, protégé par une marine respectable, il attendait, à l'exemple de ses prédécesseurs, l'occasion d'agrandir ses domaines. Le roi de Mayorque, prince le plus faible de la maison d'Arragon, jouissait paisiblement de la seigneurie de Montpellier, des comtés de Roussillon, Cerdagne et Conflans, pays d'autant plus difficiles à conserver, qu'ils étaient séparés les uns des autres, et entourés de voisins plus puissans que lui. Dans une position aussi compliquée, quoique la politique de leurs petits souverains se montrât trop souvent flottante et indécise, le roi de Mayorque soutenait alors la dignité de sa couronne avec le même bonheur que les autres princes de sa maison.

—

CHAPITRE II.

ÉLECTION DU GÉNÉRAL.

Les royaumes d'Arragon, de Mayorque et de Sicile, se trouvaient dans l'état que nous avons rapporté; la guerre pouvait être regardée comme terminée, et la paix solidement établie par le mariage d'Éléonore avec Frédéric : lien d'amitié parmi les princes, tant qu'il n'est pas rompu par l'intérêt ou l'ambition, pour devenir alors une source de haines et de jalousies d'autant plus implacables. Dans de telles conjonctures, les vieux soldats et les capitaines distingués qui avaient servi sous le grand roi Pierre d'Arragon, don Jayme son fils, et en dernier lieu sous Frédéric, ne voyant plus aucune occasion de rupture entre les princes, songèrent à tourner leurs armes contre les Infidèles et les ennemis du nom chrétien. La valeur de cette milice était si indomptable, le desir d'étendre sa renommée par de nouveaux triomphes, était si ardent, que désormais la Sicile parut un champ trop étroit pour sa gloire, et que, brûlant d'ajouter encore à son éclat, elle résolut d'aller dans des régions lointaines chercher de périlleuses entreprises et d'illustres dangers. Ce grand dessein fut suggéré à nos vieux guerriers par deux motifs fondés sur leur existence et leur intérêt. Le premier ne leur permettait pas de voir d'un œil tranquille le moment qui devait les ramener en Espagne, leur patrie, après avoir suivi avec tant de persévérance le parti de Frédéric contre don Jayme, leur roi et légitime seigneur. Le caractère de don Jayme n'offrait, il est vrai, aucun motif de redouter sa vengeance; et les qualités connues du monarque donnaient même à penser que, n'ayant jamais permis, pendant la plus grande chaleur de la guerre, qu'on déclarât traîtres ceux de ses sujets qui s'étaient rangés sous les étendards de son frère, il se résoudrait encore moins à punir de sang-froid ces mêmes sujets qu'il avait épargnés au moment de la révolte. Mais si la majesté offensée d'un roi légitime consent quelquefois à remettre un châtiment justement mérité, elle n'en garde pas moins le souvenir de l'offense ; et, en supposant que leur conduite passée ne leur laissât aucune crainte pour la sûreté de leurs personnes, qu'elle ne leur attirât, de la part du prince, aucuns mauvais traitemens, elle devait au moins l'empêcher de les élever aux premières dignités de l'état, et les laisser ainsi dans une situation indigne de leurs services; de leur naissance, et des charges qu'ils avaient occupées pendant la paix comme pendant la guerre. Le second motif, et le plus puissant, était l'impossibilité absolue où se trouvait le roi de Sicile de les entretenir avec la même libéralité qu'auparavant. Vingt ans de guerre, pendant lesquels amis et ennemis avaient ravagé les domaines de la couronne, comme toutes les terres du royaume, ne lui laissaient en ce moment que peu de ressources pour payer les services passés; et cependant ces vieux soldats s'étaient habitués à jouir, sans nulle réserve, du bien d'autrui comme de leur propriété, à moins que des villes emportées, ou des ennemis vaincus, ne vinssent les enrichir de leurs dépouilles. Les circonstances ayant entièrement changé pour eux depuis la conclusion de la paix, ils crurent désormais impossible de jouir avec quelque modération d'une paisible médiocrité.

Le roi Frédéric, son père et son frère, témoins oculaires des exploits, des talens et de la valeur de leurs sujets, qu'ils avaient commandés en personne, se trompèrent rarement dans la distribution des récompenses, parce qu'ils s'en rapportaient moins aux récits étrangers qu'au témoignage de leurs propres yeux, et qu'ils accordaient toujours les grâces aux services et non à la faveur. Une pareille conduite ne devait exciter, dans leurs états, ni plaintes, ni mécontentemens. Malheureusement, les circonstances ne leur permirent pas de se livrer assez librement à leur générosité naturelle, pour donner de l'argent et des terres à ceux qui avaient combattu sous leurs drapeaux : ce qui fut cause que quelques-uns d'entre eux ne se trouvèrent pas jouir d'une aisance proportionnée à leurs services. Ceux-là, cependant, voyant que leurs rois, toujours généreux, distribuaient aux plus illustres capitaines tout ce que le malheur des temps laissait en leur pouvoir, n'attribuèrent la détresse de leur situation qu'au dénuement de leurs princes, et au mérite supérieur des braves qu'ils leur avaient préférés. Mais cette justice, rendue à d'aussi bonnes intentions, ne réparait pas envers eux les torts de la fortune; et c'était le desir d'accroître leurs richesses et d'agrandir leur existence, qui portait ces esprits ardens vers de nouvelles conquêtes et de nouveaux dangers. Les principaux capitaines qui entretenaient ces dispositions et échauffaient toutes les têtes, étaient Roger de Flor, vice-amiral de Sicile, Bérenger d'Entenza, Fernand Ximenès d'Arenos, ces deux derniers personnages seigneurs d'une illustre naissance, et Bérenger de Rocafort, tous braves soldats et guerriers d'une haute réputation. Comme leurs partisans et leurs amis, déjà impatiens du repos, se montraient empressés à les suivre dans quelque expédition que leur valeur voulût entreprendre, on convint de s'arrêter à celle qui présenterait le plus de gloire à acquérir et d'avantages à conserver. Une assemblée secrète fut convoquée pour aviser à cette résolution; mais, avant d'en délibérer, chacun de ses membres reconnut que toute détermination serait inutile, si aucun chef n'avait par avance le pouvoir et l'obligation de la faire exécuter. Il fallut donc d'abord s'occuper du commandement, et l'assemblée, d'un consentement unanime, nomma général en chef Roger de Flor, vice-amiral de Sicile, soldat distingué parmi les plus braves, marin aussi heureux qu'habile, et qui, par sa grande fortune, surpassait en richesses tous les autres capitaines de l'armée: motif principal de son élection.

CHAPITRE III.

CE QU'ÉTAIT ROGER DE FLOR.

Roger de Flor naquit à Brindes, de parens nobles; son père, Allemand de nation, et fauconnier de l'empereur Frédéric, s'appelait Richard de Flor; sa mère était Italienne, et de la même ville que lui. Richard périt dans la bataille que Charles d'Anjou livra à Conradin, petit-fils de Frédéric, son seigneur et maître. Charles, non content d'insulter aux vaincus par le supplice de l'infortuné Conradin, confisqua encore les biens de tous les serviteurs du jeune prince restés fidèles à ses drapeaux : dernière rigueur, dont l'exécution laissa Roger et sa mère dans une extrême pauvreté. Il s'éleva ainsi jusqu'à l'âge de quinze ans, qu'un chevalier français, religieux du Temple, appelé Vassaille, ayant eu occasion de relâcher à Brindes avec *le Faucon*, vaisseau de l'ordre qu'il commandait, vit le jeune homme, se l'attacha et le prit à son bord. Roger navigua plusieurs années avec lui, et acquit une telle réputation dans le métier qu'il venait d'entreprendre, que la religion l'admit au nombre des siens, et lui donna l'habit de frère sergent, distinction qui était alors presque égale à celle de chevalier. Bientôt animé de l'esprit de son nouvel état, il se fit connaître et redouter dans toutes les mers du Levant; et des courses aussi glorieuses que multipliées y avaient répandu la gloire de son nom, lorsqu'entraîné par le cours des événemens, et surtout par sa haine contre les Infidèles, il débarqua en Palestine, et se trouva à Ptolémaïs, autrement appelé Saint-Jean-d'Acre, servant dans un couvent du Temple, à l'époque où cette place tomba au pouvoir de Melech-Taleraf, soudan d'Egypte. C'est là qu'après des prodiges de valeur et des efforts inouïs pour la sauver, jugeant tous moyens de défense épuisés, et la ville sans ressources, il prit le parti de la retraite, emmena à sa suite un bon nombre de chrétiens, et les recueillit sur un vaisseau, avec tous les objets précieux qu'il put dérober à la rapacité et à la fureur des Barbares [1].

Il n'en fallut pas davantage pour lui susciter,

[1] Dans une sortie de la place, il prit l'étendard de Mahomet, et tua de sa main le général ennemi. Après la prise de Ptolémaïs (1291), il forma une petite armée navale, avec des chevaliers et d'autres guerriers chrétiens débandés, courut les mers, porta des secours aux troupes chrétiennes, infesta les côtes ennemies, et acquit dans ce métier de grandes richesses et une grande réputation.

même dans la religion, des ennemis envieux de ses succès, qui cherchèrent à le brouiller avec le grand-maître, en l'accusant de s'être enrichi par des moyens indignes de sa profession, d'avoir commis diverses fautes contre les droits de l'ordre, et élevé sa fortune avec les dépouilles immenses qu'il avait sauvées de Ptolémaïs : et c'était, ajoutaient ces mêmes personnes, à l'époque où la religion semblait s'affaiblir par son antiquité même ; c'était alors que ses défenseurs se laissaient amollir par tous les vices qui naissent de l'âge et du temps, et que l'envie, l'avarice et l'ambition s'emparaient des esprits, au lieu de cette antique valeur, de cette soumission et de cette piété chrétienne qui avaient acquis aux chevaliers l'estime et la vénération de l'univers. Dès cette première accusation, le grand-maître voulut s'emparer de sa personne. Roger, qui connaissait son avarice et la jalouse méchanceté de ses confrères, se trouvait alors à Marseille. Quelques avis sur les mauvaises intentions du grand-maître lui étant parvenus, il ne pensa pas qu'il fût ni sage, ni prudent d'y prolonger son séjour, et prit le parti de se rendre dans une ville plus sûre, où il pût au moins laisser se dissiper cette fausse et malheureuse inculpation. Gênes fut le lieu de sa retraite. Là, à l'aide de ses amis, et surtout de Tissin Doria, il arma une galère qui le conduisit à Naples, où il alla offrir ses services à Robert, duc de Calabre, occupé alors de ses préparatifs de guerre contre Frédéric d'Arragon. Robert, qui, dans un pareil moment, aurait dû ne repousser aucun appui, fit peu de cas de ses offres, jugeant sans doute du prix de l'homme par la valeur du secours qu'il lui amenait. Cet accueil dédaigneux, en humiliant Roger de Flor, le détermina à embrasser le parti de Frédéric, qui le reçut avec les plus grands témoignages de reconnaissance et d'affection : conduite dictée, il est vrai, par sa générosité naturelle, et son affabilité pour le soldat, mais dont la force des circonstances lui imposait encore la nécessité. Ce n'est pas lorsque les dangers nous pressent de toutes parts, lorsque la liberté et la vie sont compromises, qu'on doit rejeter l'offre généreuse et volontaire de quelque service que ce soit. L'homme qui, sans être né sujet d'un prince, sans être tenu à aucun devoir de fidélité envers lui, devient son ami dans le malheur; celui-là, au contraire, mérite un accueil honorable, dût son intérêt particulier, ou quelque insulte de l'ennemi, l'entraîner vers cette démarche; car plus il sera offensé, plus il mettra d'ardeur dans son zèle, plus il présentera de garanties de sa fidélité.

La guerre s'alluma bientôt entre Robert et Frédéric; et Roger ne tarda pas à se montrer digne de l'accueil qu'il avait reçu. Pendant tout le cours des hostilités, il ne cessa de rendre à son prince adoptif les services les plus importans. Plusieurs places, vivement pressées par la force des armes ou les horreurs de la famine, ne durent leur salut qu'aux secours dont il sut les pourvoir; la petite flotte qu'il entretenait à ses frais, en interceptant la liberté de la navigation dans les mers de Naples et sur les côtes du royaume, fut un obstacle continuel à l'arrivage des approvisionnemens, et gêna sans cesse les opérations de l'ennemi : c'était un adversaire infatigable, toujours actif et toujours vigilant. Nommé vice-amiral, en récompense de ses grands services, dans l'espace de moins de trois ans, il devint un des chefs qui contribuèrent le plus à affermir leur roi sur le trône de Sicile, en même temps qu'il acquit pour lui-même un nom immortel et des richesses supérieures à celles d'un vassal. Telle était la situation de Roger de Flor, lorsque les Catalans et les Arragonais le choisirent pour chef suprême de l'entreprise qu'ils méditaient.

CHAPITRE IV.

LES CAPITAINES CONVIENNENT DE L'EXPÉDITION QU'ILS DOIVENT ENTREPRENDRE, ET SUPPLIENT LE ROI DE LA FAVORISER.

Aussitôt les capitaines conférèrent avec le nouveau général sur le choix de l'expédition la plus avantageuse comme la plus convenable à la situation où la fortune les avait entraînés. Tous les regards s'étant tournés vers la Grèce, ils convinrent unanimement d'offrir leurs services à l'empereur Andronic Paléologue, qui, vivement pressé par les Turcs, se voyait près de succomber sous la supériorité de leurs armes. D'après les bruits les plus accrédités, l'on croyait savoir qu'Andronic, n'osant se fier à la fidélité des Grecs, cherchait des secours chez les nations étrangères, et qu'il les accueillerait avec empressement. Personne n'ignorait encore que ce prince était en mauvaise intelligence avec le pape : motif de tranquillité pour Roger de Flor, qui, redoutant le souverain pontife, dont il avait maltraité les états pendant la guerre de Sicile, craignait toujours de se voir réclamer par lui auprès de Frédéric, comme religieux du Temple, et livré au grand-maître et à la religion. Sans doute on ne pouvait guère attendre de la générosité de Frédéric une action aussi déloyale; mais comme les princes ne mesurent pas toujours le soin de leur réputation à celui de leur intérêt, ils perdent facilement la mémoire des services rendus, lorsque des considérations d'une plus haute importance viennent leur commander cet oubli. D'ailleurs, il pouvait arriver que, si Roger de Flor était réclamé par le souverain pontife, le seul refus de livrer sa personne devînt pour Frédéric un sujet de rupture, et le forçât, en reprenant les armes, d'exposer encore une fois le sort de son royaume au hasard des combats. Dans cette position aussi délicate que précaire, Roger ne voulut pas attirer à son maître de nouveaux embarras, ni compromettre sa liberté en demeurant plus long-temps en Sicile.

Après avoir résolu l'expédition, et s'être concertés pendant quelques jours sur les moyens de l'exécuter, les capitaines réunis chargèrent le général en chef de se rendre auprès du roi pour la lui communiquer, et en même temps le supplier, au nom de tous, de reconnaître et d'avouer cette entreprise par l'assistance qu'il daignerait leur accorder; assurant sa majesté qu'ils croiraient manquer au respect et à la reconnaissance envers elle, s'ils en parlaient ouvertement avant d'avoir obtenu son approbation. Roger de Flor vint aussitôt à Messine, où se trouvait Frédéric, peu après la célébration de son mariage avec Éléonore, et la fin des réjouissances qu'avait occasionées cet heureux événement. Honoré par le roi d'une entrevue particulière, il exposa secrètement à sa majesté comment les Catalans et les Arragonais desiraient sortir de Sicile et passer en Orient, non pas autant pour leur intérêt commun que pour l'avantage et la tranquillité de son royaume, qui, épuisé par les guerres précédentes, se trouverait ainsi soulagé d'un fardeau aussi incommode et aussi pesant, que des soldats oisifs le seraient nécessairement en temps de paix. Quels que fussent les événemens, ajouta-t-il, quelque sort qui leur fût réservé, leurs volontés, leurs personnes et leurs vies resteraient toujours et entièrement à sa dévotion, et, au moindre signal, on les verrait accourir des extrémités de la terre pour se ranger autour de lui; mais dans cet instant ils le suppliaient, pour prix de leurs services passés, de leur accorder l'appui de son autorité et de ses forces, et d'aplanir ainsi les difficultés de leur expédition. Le roi répondit que, si leur projet d'abandonner la Sicile était favorable à ses intérêts, il l'était beaucoup moins à sa gloire; qu'on pourrait regarder cette résolution comme provoquée par lui pour l'affranchir envers eux d'obligations d'une si haute importance; qu'il ne pouvait les acquitter ainsi sans se déshonorer par la plus noire ingratitude; que cependant, si l'espoir de plus grands avantages les appelait à de nouvelles entreprises, si leur résolution était inébranlable, il promettait de les aider de tout son pouvoir, pourvu qu'en rendant témoignage à la vérité, ils publiassent en tous lieux que lui-même était prêt à exposer son royaume et sa vie, plutôt que de manquer à la reconnaissance dont il était pénétré; mais que malheureusement les ravages de la guerre et la rigueur des temps ne lui permettaient pas de proportionner à ses bonnes intentions les récompenses qu'il leur réservait : paroles dignes d'un tel prince, et qui méritent d'autant plus d'être remarquées, que la reconnaissance devient une vertu plus rare chez les rois, quand les services sont d'une telle nature, que des récompenses ordinaires ne sauraient les payer. Après avoir reconnu cette insigne faveur et l'honneur dont il les comblait, Roger retourna auprès de ses compagnons d'armes, qui reçurent la réponse du roi aux acclamations universelles, et crurent ne pouvoir donner assez d'éloges à des sentimens aussi généreux.

Frédéric fut en effet un des princes les plus distingués de son temps, par l'élévation de son âme et l'eclat de ses exploits. Vainqueur des forces combinées de l'Italie, la France et l'Espagne; devenu, malgré tous leurs efforts, paisible possesseur de la Sicile, il desirait ardemment le bonheur de ses sujets; et rien ne pouvait arriver de plus favorable au repos et à la sécurité de son nouveau royaume, que cette occasion de le délivrer des logemens et des contributions sans nombre exigés chaque jour par des troupes mal payées. Pendant toute la durée de la guerre, les peuples avaient usé libéralement de leur fortune envers le soldat qui les protégeait contre Charles d'Anjou, objet continuel de leur effroi; mais lorsque la paix et le mariage de leur prince les eurent délivrés de ces inquiétudes, ils commencèrent à sentir tous les inconvéniens d'un aussi mauvais voisinage; ils ne virent plus dans ce même soldat qu'un hôte malfaisant; et bientôt naquit une mésintelligence, qui aurait eu nécessairement des suites fâcheuses, sans le projet salutaire de la nouvelle expédition.

CHAPITRE V.

AMBASSADE DES CATALANS A L'EMPEREUR ANDRONIC.

Après l'assentiment et la promesse du roi, il ne s'agissait plus que de sonder les dispositions de Paléologue, et d'entamer la négociation. L'envoi d'une ambassade ayant été résolu, Roger de Flor convoqua les principaux officiers de l'armée pour procéder à la rédaction du message. Parmi les capitaines qui assistèrent à cette réunion, se trouva Raymon Muntaner, écrivain des plus véridiques, et qui intervint dans tous les conseils, comme dans les principaux événemens de cette expédition. A peine l'assemblée eut rempli l'objet de sa convocation, que deux chevaliers, dont les noms sont restés dans l'oubli, furent expédiés à Constantinople, et chargés du message au nom de toute l'armée. Une forte galère, fournie par Roger de Flor, les porta à leur destination. Quelques bruits sur le motif qui les amenait s'étant répandus en même temps que la nouvelle de leur arrivée, l'empereur les reçut avec les démonstrations les plus bienveillantes, et tous les dehors affectueux d'une véritable reconnaissance. Le plus

âgé des deux ambassadeurs porta la parole : « Dieu
» a béni, dit-il, le succès de nos armes; Charles
» d'Anjou et Frédéric d'Arragon sont en paix.
» Mais les Catalans et les Arragonais, loin de
» chercher dans leur patrie un repos inutile, sont
» résolus d'accroître par de nouveaux exploits
» la gloire qui les a si long-temps couronnés. Leur
» armée réunit, soit pour le nombre ou la valeur,
» des forces capables de parvenir à ce noble but;
» des troupes exercées par une guerre longue et
» périlleuse, et des capitaines connus par l'éclat
» de leurs victoires et la noblesse de leur sang.
» Si Votre Majesté accepte, contre les Turcs, le
» secours que nous sommes chargés de lui offrir,
» les Catalans et les Arragonais auront la double
» satisfaction d'occuper leurs armes en faveur des
» Paléologues, seuls amis de la maison d'Arragon
» dans le temps de ses malheurs, et d'étendre
» l'empire de Votre Majesté, en détruisant l'in-
» juste puissance que les ennemis du nom chré-
» tien voudraient, avec tant d'orgueil et d'audace,
» établir, aux dépens des Grecs, sur des pro-
» vinces usurpées. »

Andronic et Michel, son fils, associé à l'empire, éprouvèrent de ce message une joie d'autant
plus vive, que la renommée des Catalans n'étant
point inconnue à la Grèce, ils voyaient en eux
ces mêmes hommes qui avaient conquis et dé-

fendu si vaillamment le royaume de Sicile, après être devenus la terreur de toute l'Italie. Pleins de reconnaissance pour l'armée qui leur offrait ses services, les deux empereurs l'exprimèrent par des paroles magnifiques, et ne mirent pas moins d'empressement à les accepter. Andronic voulut même régler sans délai les articles du traité, et proposa de les arrêter sur-le-champ. Alors les ambassadeurs, fidèles à leurs instructions, après avoir réclamé la solde pour les troupes, lui demandèrent, pour Roger, le titre de grand duc, et la main d'une princesse de son sang, afin, dirent-ils, que leur général, par cette haute alliance, s'établît d'autant plus solidement à son service.

Andronic accorda tout, et ne se permit aucune remarque sur la disproportion qui existait entre les futurs époux; sans doute parce que toute inégalité disparaissait à ses yeux, en considérant, d'un côté, l'oppression à laquelle il se voyait réduit par les Turcs, et la méfiance qu'il était forcé de concevoir dans la fidélité des siens; et de l'autre, la grande réputation des troupes dont Roger, comme général en chef, avait l'entière disposition.

Jean Lascaris, aveugle et exilé, vivait alors dans un village de Bithynie. Héritier légitime du trône, malgré le traitement qui semblait le rendre inhabile à l'occuper, tant qu'il existait, la possession du nouvel empereur était tyrannique, et justifiait suffisamment toutes les séditions que des mécontens pourraient exciter dans l'empire. Entouré de craintes et de soupçons, menacé par les ennemis du dehors, redoutant ses propres sujets, Andronic était forcé de recourir aux nations étrangères, pour assurer contre tant de périls et sa personne et ses états. Déjà il avait admis dans son armée dix mille Massagètes, vulgairement appelés Alains, peuples de mœurs barbares, chrétiens plutôt par la croyance que par les œuvres, et qui, établis de l'autre côté du Danube, reconnaissaient pour maîtres les Scythes d'Europe. A l'époque où ils proposèrent à l'empereur d'entrer à son service, celui-ci était déjà poursuivi par des inquiétudes si sérieuses, que jamais envoyés n'avaient été reçus avec les témoignages d'une plus vive satisfaction. *Ce message*, dit Nicéphore, *fut aussi agréable à Andronic, que s'il lui était venu du Ciel.* Il traita aussi avec plusieurs compagnies de Turcopules, qui abandonnèrent le sultan Azan, et se convertirent au christianisme. Andronic ne dissimulait pas que tous les Grecs lui semblaient ou suspects ou ennemis : aussi nulles paroles ne sauraient exprimer l'estime extraordinaire qu'il fit de nos Catalans et de nos Arragonais, nations si redoutées à cette époque, et si supérieures à toutes celles qui servaient sous ses drapeaux.

CHAPITRE VI.

L'EMPEREUR FIXE LA SOLDE DES GENS DE GUERRE.

ANDRONIC ordonna que les différentes soldes de l'armée fussent déterminées suivant la différence des services : on assigna quatre onces d'argent par mois aux hommes d'armes, deux onces aux chevau-légers, autant aux pilotes et aux sous-officiers de la flotte, et une once à chaque fantassin ou matelot. En outre, il fut convenu que nos troupes recevraient quatre mois de paye toutes les fois qu'elles aborderaient sur les côtes de quelque province de l'empire, et deux mois de cette même solde, aussitôt qu'isolément ou en masse, elles voudraient retourner dans leur pays. Tous ces traitemens, de l'aveu même des historiens grecs, étaient deux fois plus forts que ceux des Turcopules et des Massagètes; preuve évidente de la différence énorme que l'on mettait, pour le prix du service, entre notre milice catalane et les autres nations. Quant aux appointemens, à l'entretien et aux avantages quelconques qui furent offerts à la noblesse et aux capitaines de l'armée, on ne sait rien de positif, si ce n'est que Roger de For eut l'office et la dignité de grand duc, et Corberan d'Alet celle de sénéchal. Mais ce qui nous donnerait à penser que tous ces articles n'étaient réellement fixés que par leur bon vouloir, c'est que nous verrons dans la suite les généraux faire des demandes d'argent, et se contenter de désigner les sommes, sans que pour cela ils fussent obligés d'en rendre compte aux caissiers et aux ministres du trésor.

Le mariage du général une fois convenu, et la solde réglée pour les troupes, Andronic congédia les deux ambassadeurs, en leur remettant pour Roger de Flor les insignes de grand duc, charge qui répond, parmi nous, à celle de général de mer, et qui comptait parmi les grandes dignités de l'empire. Satisfaits d'une réception aussi favorable, ils revinrent en Sicile, et trouvèrent Roger à Licata, où il attendait leur retour. A peine le général eut appris le succès de leur mission, qu'il alla trouver le roi, pour lui rendre compte de l'accueil honorable fait à leur ambassade par l'empereur de Constantinople, et de la générosité de ses offres. Rien ne s'opposant plus à leur dessein, les capitaines publièrent l'expédition, et rassemblèrent leurs troupes à Messine, où l'on équipait la flotte, qui fut en peu de jours prête à appareiller. Elle se composait de trente-six voiles, parmi lesquelles on comptait dix-huit galères et quatre gros navires, armés, pour la plupart, avec les deniers du roi et de Roger de Flor, qui consomma pour cette entreprise toutes les richesses qu'il avait acquises dans les guerres précédentes, et prit encore, au nom de l'empereur Andronic, vingt mille ducats chez les Génois. Le nombre des troupes ne fut pas aussi considérable qu'on l'avait cru d'abord, les deux Bérenger d'Entenza et de Rocafort ayant cru devoir retarder leur départ jusqu'à l'année suivante. Chacun des deux avait un motif différent pour en agir ainsi : Bérenger d'Entenza attendait de Catalogne de nouvelles compagnies, qui, en accroissant ses forces, devaient lui acquérir une plus grande importance dans l'expédition; Bérenger de Rocafort occupait encore quelques châteaux de la Calabre, et refusait de les remettre au roi Charles de Naples, avant d'avoir touché la totalité de la solde qu'il réclamait. Malgré l'absence de deux capitaines qui devaient fournir une des principales forces de l'armée, Roger de Flor ne voulut retarder en rien son départ, et l'embarquement s'effectua le jour même dont on était convenu. Le roi, non content d'avoir fourni un bon nombre de vaisseaux et de galères pour le transport des troupes, voulut encore qu'on délivrât à l'armée des vivres, des munitions, et autant d'argent que les circonstances pouvaient le permettre à un prince qui jusqu'alors n'avait connu de la souveraine puissance que les fatigues et les dangers.

Ce fut là que se bornèrent les récompenses de cette milice invincible, la première de son siècle, qui suivit pendant vingt années consécutives la fortune de trois rois, Pierre III, don Jayme et Frédéric; qui triompha dans cinq combats sur mer, et gagna sur terre trois batailles rangées, sans compter les rencontres importantes, la prise de plusieurs places fortes, et la défense de plusieurs autres, soutenue avec une opiniâtreté sans exemple, et des efforts de valeur qui passent encore aujourd'hui notre croyance. Telle était la modération de ces temps, bien différente de celle qu'on professe de nos jours, où des soldats qui à peine ont vu le feu, regardent déjà les plus grandes récompenses comme indignes de leurs services et de leur capacité.

L'armée s'embarqua dans le port de Messine, où, avant de sortir du phare, on passa une revue générale (1303). Il se trouva quinze cents hommes effectifs pour le service de la flotte, sans compter les officiers; quatre mille fantassins almogavares, et mille cavaliers : ainsi, six mille cinq cents hommes soldés, nombre qui, en y joignant les familles et la suite des capitaines et des gens de distinction, pouvait former un total de huit mille personnes [1].

Puisque nous avons nommé les Almogavares, et qu'ils composaient la seule infanterie de notre armée, il ne sera pas hors de propos de dire quelque chose de leur origine. L'antiquité, qui a enseveli dans l'oubli tant de faits éclatans et de réputations illustres, ne nous a laissé sur eux que des renseignemens dont la confusion augmente encore l'obscurité. Néanmoins, d'après les documens que l'on a pu recueillir, ce fut une de ces nations barbares qui, après avoir détruit en Espagne l'empire et le nom des Romains, y fondèrent une nouvelle puissance qui se maintint pendant plusieurs siècles avec splendeur et avec gloire. Mais les Sarrasins, en moins de deux ans, renversèrent ce nouvel empire, et forcèrent les restes de ces peuples qui avaient incendié le monde, à chercher un asile dans les montagnes les plus escarpées, où ils n'eurent de nourriture que la chair des bêtes féroces tuées de leurs propres mains, et de vêtemens que leurs dépouilles. Ce fut dans les

---

[1] Zurita, dans son *Histoire d'Arragon*, porte le nombre des cavaliers à quatorze cents. S'il n'est ici question que de mille, c'est que nous avons simplement voulu compléter exactement les six mille cinq cents hommes soldés, mentionnés par Moncada; car, par une omission singulière et inexplicable, dont peut-être on a droit d'accuser l'imprimeur, il ne compte point de cavalerie.

travaux d'une aussi pénible existence, que, sentant se réveiller tout à coup l'antique valeur et l'intrépidité qui s'étaient endormies chez ces peuples, au sein de l'opulence et des délices de la vie, ils sortirent des forêts, et tournèrent contre les Maures ces mêmes armes que les bêtes féroces venaient seules d'occuper. La longue habitude d'une vie errante les empêcha de jamais bâtir de maisons, et d'avoir aucunes habitations fixes à la campagne. Postés continuellement sur les frontières, ils trouvaient dans les dépouilles des Sarrasins de quoi fournir à leur entretien et à celui de leurs familles. On les voyait, toujours occupés de les harceler, de les poursuivre, sacrifier constamment leur vie, sans autre état ni autre métier que d'être payés de leurs princes lorsque ceux-ci étaient en guerre, ou, pendant les suspensions d'armes, de suivre des chefs de bandes avec lesquels ils couraient les frontières; ce qui fit qu'aller en course fut appelé, par les anciens de l'Espagne, *aller en Almogavarie*. Ils emmenaient avec eux leurs femmes et leurs enfans, pour les rendre témoins de leur gloire ou de leur déshonneur. Fidèles à l'ancienne coutume des peuples du Nord, leurs habits se composaient de peaux de bêtes, ainsi que leurs chaussures; leurs armes étaient un réseau de fer sur la tête, en manière de casque, une épée, et un javelot un peu plus petit que

celui dont on use aujourd'hui dans les compagnies d'arquebusiers; mais la plupart portaient trois ou quatre dards faciles à manier, et dont leur force et leur adresse savaient tirer de merveilleux effets. La violence même avec laquelle ils les lançaient était telle, qu'ils traversaient des hommes et des chevaux armés; chose en apparence difficile à croire, si elle n'était rapportée par Desclot et Muntaner, deux historiens des plus graves et des plus dignes de foi, qui traitent fort amplement de ces peuples, et en citent des faits d'armes que l'on pourrait comparer à tout ce que l'antiquité nous offre de plus étonnant chez les Grecs et chez les Romains. Ils racontent, entre autres faits extraordinaires, que quelques prisonniers almogavares ayant été amenés devant le roi Charles de Naples, surpris de la rudesse de leur costume et de la grossièreté de leurs armes, qui lui semblaient entièrement inutiles contre des hommes et des chevaux bardés de fer, ce prince demanda avec une sorte de dédain si c'étaient là les soldats que le roi d'Arragon comptait employer à son service. L'un d'eux lui répondit, avec cette liberté qu'ils conservaient en toute occasion pour la défense de leur honneur: « Seigneur, si nous te paraissons
» si méprisables, si tu fais si peu d'estime de nos
» forces, choisis un des cavaliers les plus fameux
» de ton armée; qu'il prenne telles armes offen-

» sives ou défensives qu'il voudra, et je m'offre,
» avec ma seule épée et mon dard, à le combattre
» en champ clos. » Charles, desirant châtier l'insolence de l'Almogavare, assigna le défi, et voulut assister au combat. Un Français à cheval se présenta armé de toutes pièces : il portait la lance, l'épée et la masse; l'Almogavare n'avait que son dard et son épée. A peine les deux champions furent dans l'arène, que l'Almogavare étendit le cheval mort sur la place, et il allait faire subir le même sort au cavalier, lorsqu'il fut arrêté par la voix du prince, qui le proclama vainqueur et lui accorda la liberté. Un autre Almogavare, attaqué au bord d'une rivière par vingt hommes d'armes à la fois, en tua cinq avant de perdre la vie. Une foule d'autres traits aussi extraordinaires pourraient être rapportés à la gloire de cette étonnante nation.

Le seul doute qui maintenant pourrait s'offrir, serait l'origine du nom : était-ce, dans le principe, un nom de peuple ou de milice? Nous tenons que ce fut un nom de peuple; et en cela nous sommes d'accord avec Pachimère, dont les fragmens fournissent beaucoup d'éclaircissemens dans cette histoire, et qui regarde les Almogavares comme descendans des Avares, compagnons des Huns et des Goths. Il est vrai que, si aucun auteur ne le contredit sur ce point, plusieurs lois de l'ancien code de Castille sembleraient prouver que le nom d'Almogavare était un nom de milice : mais la vérité de ce fait ne détruirait pas encore celui que nous avançons, car l'un et l'autre peuvent avoir existé. Dans le principe, ce fut un nom de peuple, et par la suite des temps, comme les Almogavares n'exerçaient qu'une seule et même profession, ils finirent par donner leur nom à tous ceux qui servaient dans cette espèce de milice, de même que beaucoup d'arts et de sciences ont pris le nom de leurs inventeurs. Qui pourrait, d'ailleurs, jamais croire que, sans appartenir à la nation même, on eût voulu faire partie d'une milice destinée à une vie aussi fatigante et aussi périlleuse ? L'inclination naturelle pouvait seule faire embrasser aux enfans la profession de leurs pères, et il n'y avait pas d'homme qui, ayant la liberté du choix, eût consenti à suivre une nation chez qui, dès la plus tendre jeunesse, on était occupé à exposer ses jours au milieu de toutes les incommodités de la vie.

La flotte sortit de Messine, et, après une heureuse traversée, elle aborda à Malvoisie, port de Morée, où l'armée fut très-bien accueillie, et trouva des rafraîchissemens que l'empereur avait fait disposer pour elle. A peine elle avait touché terre, que Roger reçut d'Andronic l'ordre exprès de hâter son arrivée auprès de lui. Aussitôt l'armée, munie des rafraîchissemens dont on venait de la pourvoir, pleine d'espérances dans ses futures destinées, partit pour Constantinople, et peu de jours après, au mois de janvier, deuxième indiction, la flotte entra dans le port. Ce fut un jour de joie pour la ville entière, dont les habitans purent juger alors des armes qui venaient les protéger et les défendre. De leur côté, les deux empereurs, ainsi que toute la noblesse, prodiguèrent à nos troupes les témoignages les plus expressifs de reconnaissance et d'amitié. Andronic ordonna que l'armée débarquât sur-le-champ; il lui assigna, dans l'intérieur de la ville, le quartier qu'on appelait de Blaquerne, et lui fit distribuer dès le lendemain les quatre mois de paye stipulés par les conventions.

CHAPITRE VII.

MARIAGE DE ROGER. COMBAT DES CATALANS ET DES GÉNOIS DANS LES MURS DE CONSTANTINOPLE.

L'empereur regardait comme très-important pour sa réputation et sa sûreté, de donner à entendre que toutes ses promesses à nos troupes seraient scrupuleusement observées. Ce fut dans l'intention d'en fournir la preuve la plus convaincante, qu'il remplit d'abord l'engagement dont l'exécution semblait devoir lui coûter davantage : le mariage de Roger avec sa nièce Marie. Cet événement causa une joie inexprimable à toute l'armée, qui ne douta plus des autres récompenses dès qu'elle vit s'accomplir une aussi grande promesse. Le mariage fut célébré avec la magnificence due à des personnes royales, parce que la noblesse de la femme pouvait se compenser par la valeur de l'époux. C'était Marie, fille d'Azan, prince des Bulgares, et d'Irène, sœur d'Andronic, jeune princesse belle, spirituelle, et qui n'avait alors que quinze ans.

Au milieu des fêtes et des réjouissances du

mariage, dans le moment où les plaisirs semblaient le plus animés, il s'éleva entre les Catalans et les Génois une rixe qui devint bientôt un combat sanglant, et, en quelque sorte, une bataille dont le motif, comme il arrive souvent en pareil cas, était des plus insignifians. Un Almogavare se promenait dans la ville, et fut rencontré par des Génois qui, le voyant seul, se mirent à le railler sur son costume et sa figure, et l'accablèrent de mauvaises plaisanteries, en riant aux éclats. L'Almogavare, avec son esprit militaire, mal disposé à souffrir les sarcasmes et les jeux de mots, moins osé surtout de la langue que de l'épée, répond en fondant sur les Génois, et engage la querelle. Des deux côtés arrivent aussitôt des amis et des défenseurs. Les deux peuples, animés d'avance par des soupçons et des défiances mutuelles, profitent avec ardeur de l'occasion qui se présente de les faire éclater. Sur la simple rumeur répandue dans la ville, et dans la disposition des esprits à grossir les objets, ils se précipitent de toutes parts, et courent aux armes avec une telle fureur, qu'ils semblent préluder à leur entière extermination. Déjà les Génois ont déployé leur étendard, et attaquent les logemens de notre infanterie, répartis dans le quartier de Blaquerne. La cavalerie, qui voit le danger de ses Almogavares, se divise par pelotons, charge avec furie les Génois, dont les rangs sont encore mal formés, et accroît leur désordre. Les Almogavares, profitant du moment favorable, s'élancent hors de leurs logemens, et courent tirer vengeance d'un peuple qui les traite avec tant d'injustice. Le combat redouble de fureur, sans que l'on puisse y prévoir un terme, lorsque les Génois, ayant vu périr leur chef, Roseo de Final, se troublent, perdent courage, se rompent, et commencent leur retraite, après avoir essuyé une perte considérable.

Andronic contemplait cette scène de carnage des fenêtres de son palais. Il la considéra avec attention, et l'on pourrait dire avec plaisir, tant que les Génois n'eurent à regretter que quelques-uns des leurs, et ne lui parurent que légèrement maltraités; certains propos même qu'on lui entendit proférer contre les gens de cette république, trahirent assez ses mauvaises dispositions pour eux. Mais lorsque l'empereur vit que les Almogavares égorgeaient avec leur furie accoutumée tout ce qui s'offrait à leurs coups, il craignit que le dernier Génois de Constantinople ne pérît dans cette journée, et qu'une telle catastrophe ne compromît son propre salut auprès d'une nation qui tenait entre ses mains la paix de ses états. Il paraît certain qu'Andronic n'eût rien tant desiré alors, que de secouer le joug des Génois; mais ceux-ci ayant leurs forces disséminées sur divers points à la fois, il était impossible de les écraser d'un seul coup, et le prince courait risque de provoquer et d'armer contre lui le reste de leurs troupes, qui se trouvait encore intact dans les autres provinces de l'empire. Il employa donc les prières et les promesses pour engager les différens chefs à retirer leurs soldats de cette horrible mêlée; et lui-même ordonna à Étienne Musalon, grand drungaire et amiral [1], de se porter au milieu du tumulte, et d'apaiser les deux partis. Docile aux ordres de son maître, mais victime de son zèle, Musalon fut massacré et mis en pièces par les furieux qu'il voulait sauver. Enfin, l'autorité de Roger et des autres capitaines put seule ramener les Catalans à la soumission; et encore vit-on ces chefs eux-mêmes courir le plus grand danger, parce que les troupes avaient déployé leurs drapeaux, et voulaient marcher contre le faubourg de Péra, pour le mettre au pillage; résolution dans laquelle leur cupidité venait encore seconder leur vengeance. Ce faubourg, peu-

---

[1] Il y avait deux drungaires : l'un servait dans les armées de terre, sous le grand domestique; l'autre était drungaire de la flotte, et servait sous le grand duc, qui commandait l'amiral, le protocomte, les drungaires et les comtes. La charge de grand drungaire était très-importante; il avait sous lui le second drungaire.

plé de Génois, était séparé de la ville de Constantinople par un bras de mer étroit, formant un cercle que les anciens nommaient Corne-de-Bizance, et que les Turcs et les Grecs appellent aujourd'hui Galata.

Les Catalans ayant apaisé leur fureur et rejoint leurs quartiers, Andronic ordonna qu'il leur fût délivré un mois de solde, pour reconnaître cette marque de subordination. Trois mille morts cependant étaient restés dans la ville, du côté des Génois. Mais s'il est incontestable que les nôtres remportèrent en cette rencontre un avantage signalé, on ne peut se dissimuler aussi qu'il leur prépara pour l'avenir de très-grands malheurs, en irritant contre eux une nation rivale et puissante, dont l'amitié importait fortement à leur conservation. Redoutée alors dans tout l'Orient, elle y était devenue l'arbitre de la paix et de la guerre. Les Génois avaient des colonies florissantes, et des garnisons en Grèce, dans le Pont et en Palestine, des flottes respectables, des richesses immenses, acquises par leur industrie et leur valeur, et, maîtres absolus de tout le commerce de l'Europe, ils entretenaient des forces égales à celles des plus puissans états. Avec tous ces avantages, ils étaient parvenus à se rendre, pour ainsi dire, maîtres de l'empire grec. Lorsque les Catalans arrivèrent à Constantinople, les Génois, qui surent apprécier les véritables forces de ces nouveau-venus, commencèrent à redouter un pareil voisinage ; et dès ce moment on vit naître entre ces deux peuples une aversion et une inimitié implacables, qui se perpétuèrent jusqu'à ce que, des deux côtés, l'antique valeur se perdît insensiblement avec l'empire des mers; et qu'enfin cessât une rivalité pour laquelle, en épuisant toutes les chances de la fortune, ils avaient combattu tant de fois.

CHAPITRE VIII.

L'ARMÉE PASSE EN NATOLIE, ET DÉBARQUE AU CAP ARTACE.

Cette querelle sanglante avertit l'empereur des dangers auxquels il pouvait s'exposer encore, en laissant dans l'enceinte de la même ville deux nations en armes, aigries l'une contre l'autre, et qui ne manqueraient pas d'en venir à quelque éclat semblable, pour un motif peut-être encore plus léger que la première fois. Il réunit donc nos capitaines, et leur expliqua en peu de mots comment il desirait de les voir porter leurs armes en Asie, pour y défendre ses malheureux chrétiens contre l'oppression des Turcs, marcher au secours de Philadelphie, et éviter en même temps dans sa capitale toute occasion de nouvelles querelles et de nouveaux désordres. Roger, d'accord avec les autres capitaines, offrit à Andronic d'embarquer les troupes sur-le-champ; seulement, pour que l'armée partît avec plus de confiance, et fût certaine de trouver dans la flotte des secours assurés, ou une retraite en cas de revers, les chefs réunis supplièrent l'empereur d'en donner le commandement à un chevalier ou à un capitaine de leur nation, qui, soumis entièrement à leur général, ne recevrait d'ordres que de lui. Ils craignaient que, si le choix d'Andronic tombait sur quelque officier grec ou génois, le salut commun ne fût trop dangereusement compromis par cette nomination, qui mettrait tous les secours entre les mains d'une nation étrangère, dont les prétentions rivales pourraient devenir la source de querelles sérieuses et des plus grands malheurs. Les secours maritimes surtout, toujours soumis à l'inconstance des saisons et à la variété du temps, présentent trop d'excuses spécieuses à la méchanceté ou à la corruption; et l'amiral mal intentionné, qui veut manquer à ses devoirs, trouve toujours dans la contrariété des vents une justification suffisante aux délais les mieux concertés. Andronic satisfit pleinement à leur demande, et, non content de donner le commandement de la flotte, avec le titre de grand amiral, à Ferdinand d'Aones, chevalier d'une naissance illustre et d'une bravoure reconnue, il lui fit épouser une de ses parentes, afin d'augmenter par cette alliance le poids de son autorité. Avant le départ des Catalans (au printemps de l'année 1304), l'empereur ordonna que Marule, capitaine distingué, homme de naissance et de considération, suivît avec un corps d'Impériaux, les étendards de Roger; et Grégoire, chef des Alains, reçut, ainsi que la plus grande partie de ses troupes, la même destination. L'armée s'embarqua sur ses galères, et, après avoir traversé la mer de Propontide, appelée aujourd'hui Marmara, elle prit terre au cap Artace, lieu très-commode pour le débarquement de la cavalerie, situé à cent milles environ de Constantinople, et peu éloigné des ruines de la fameuse ville de Cizique. A peine abordé sur le territoire asiatique, Roger de Flor apprit que, ce jour-là même, les Turcs avaient tenté de forcer une espèce de mur ou retranchement d'un demi-mille de longueur, élevé dans la partie qui joint le cap à la terre-ferme, et qu'ils avaient été contraints d'abandonner leur entreprise, plutôt par la force du lieu que par le courage de ses défenseurs. Le cap, depuis cette muraille, s'avance à quelques lieues dans la mer, et renferme des coteaux fertiles, des vallées abondantes, et un grand nombre d'habitations. Aux temps anciens, il formait une île; mais les sables, s'amoncelant par degrés, l'avaient joint au continent.

Roger, sur l'avis certain qu'il venait de recevoir, calculant avec raison que les Turcs ne pouvaient pas être éloignés du cap, se hâta de débarquer ses troupes, et envoya aussitôt reconnaître le camp des ennemis. Peu d'heures après, on apprit qu'ils étaient à six milles de distance, logés entre deux ruisseaux, avec leurs femmes, leurs enfans et leur butin. Les Turcs de cette époque, se rappelant encore les coutumes des Scythes, dont ils se glorifient de descendre, vivaient, pour la plupart (et c'était la partie la plus belliqueuse de la nation), en rase campagne, sous des tentes et des baraques, changeant de place suivant le changement des saisons ou la commodité des lieux. Ils faisaient reposer leur plus grande force dans la cavalerie, que commandaient des princes et des capitaines sans naissance, n'ayant d'autre distinction que leur valeur, et auxquels ils obéissaient plutôt par choix que par obligation. Ces peuples entretenaient une guerre continuelle avec leurs voisins, sans ordre, sans tactique, attaquant à la manière des Arabes, tels que l'Afrique nous les présente aujourdhui. Ce genre de vie fut usité parmi les Turcs, depuis l'époque où ils abandonnèrent les rives du Volga pour entrer dans l'Asie-Mineure, jusqu'au temps où ils acquirent un nom trop redouté, et une réputation due à la lâcheté seule des Grecs et des peuples de l'Asie, qui tremblèrent toujours devant eux. Il en est des monarchies et des nations comme des hommes qui naissent, croissent et meurent. La Grèce prit naissance lorsqu'elle osa résister à Xerxès, et qu'après avoir dissipé des armées innombrables, elle força le monarque barbare à fuir honteusement, et à repasser, dans une frêle barque, ce même détroit dont peu auparavant le prince superbe avait, sous un pont, humilié les deux rives ; elle prit son accroissement lorsqu'Alexandre porta ses armes au-delà du Gange, et que l'ambition du conquérant méconnut les bornes mêmes de la nature ; elle périt, quand, par la mollesse de ses princes et l'infidélité de ses généraux, succombant sous les armes des Barbares, elle porta, dans la plus honteuse servitude, la peine de ses vices et de sa dégradation.

CHAPITRE IX.

COMBAT ENTRE LES TURCS ET LES CATALANS.

Il ne fallait pas, pour la gloire du grand duc, laisser échapper l'occasion favorable d'un premier succès, en donnant aux Turcs, s'ils venaient à être instruits de son approche, le temps de se retirer ou de se mettre en défense. Le général assembla donc l'armée, et lui annonça, dans une courte harangue, qu'il voulait, dès le jour suivant, ouvrir la campagne, et fondre sur les quartiers d'un ennemi d'autant plus facile à surprendre, qu'il était en pleine sécurité. En adressant la parole aux troupes, il fit briller à leurs yeux tout l'éclat de la gloire dont elles allaient se couvrir, si leurs drapeaux revenaient triomphans, et s'appliqua surtout à les convaincre que leur renommée pour l'avenir reposait tout entière entre leurs mains, parce que les premières actions, heureuses ou malheureuses, inspirent aux amis comme aux ennemis, ou la confiance ou le découragement. Enfin, après avoir réglé l'ordre de la marche, il termina en défendant aux siens de

faire aucun quartier, excepté aux enfans; défense
par laquelle il voulait imprimer plus de terreur
aux Barbares, et ôter à ceux de ses soldats qui seraient tentés de se rendre, tout espoir de pardon.
La résolution du général répandit une joie universelle dans l'armée, qui partit dès la nuit même,
de manière à attaquer l'ennemi au point du jour.
Le grand duc, accompagné de Marule à la tête
de la cavalerie, commandait l'avant-garde, où l'on
voyait deux seuls étendards, l'un portant les armes
d'Andronic, et l'autre l'écusson de Roger. Venait
ensuite l'infanterie, formant un seul corps, conduit
par Corberan d'Alet, sénéchal de l'armée. Elle n'a-
vait également que deux drapeaux placés sur le
front de bataille, contre l'usage suivi de nos jours,
où nous voyons qu'on les met au centre, et dans
l'épaisseur des bataillons, comme en un lieu plus
fort et mieux défendu. L'un de ces drapeaux était
aux armes de Jayme, roi d'Arragon, et l'autre à
celles de Frédéric, roi de Sicile, et cela en exécution de l'article particulier dont la demande
fut faite par nos ambassadeurs à l'empereur Andronic, dès leur première entrevue. Cet article
portait expressément qu'il leur serait permis d'a-
voir toujours pour guide dans les combats les
armes et le nom d'Arragon, nom que ces fidèles
sujets tenaient pour invincible, et dont ils voulaient étendre la gloire partout où ils pourraient

pousser leurs conquêtes et arborer leurs drapeaux. Ce trait, bien remarquable chez des soldats isolés de leur patrie, et livrés, à leurs risques et périls, à toutes les chances de la fortune, nous offre une des preuves les plus éclatantes de la vénération et de l'amour dont nos Catalans se sentaient pénétrés pour leurs rois. Et ce n'était pas la première fois, mais à toutes les époques de notre histoire, qu'ils avaient fourni des témoignages d'une aussi rare fidélité. Jamais, quelque méchans ou cruels que fussent nos princes, nous ne donnâmes le funeste exemple de renoncer à l'obéissance envers eux, supportant avec patience et résignation leurs injustices et leurs rigueurs, plutôt que de nous livrer à un nouveau maître; jamais nous n'appelâmes le fils bâtard à l'exclusion de l'enfant légitime, ou le plus jeune prince à la place du premier né; en aucun temps, enfin, ni préférences, ni aversions particulières ne purent nous empêcher de suivre l'ordre prescrit par le ciel et la nature, tandis qu'on trouve à peine dans le monde un seul état qui ne fournisse des exemples de pareils changemens.

Les nôtres passèrent à minuit l'espèce de muraille placée à la jonction du cap avec la terre-ferme, et dès la pointe du jour ils tombèrent sur le camp des Turcs, qui, sans crainte de la moindre insulte, n'avaient pas même de sentinelles, et se livraient au sommeil dans la plus profonde sécurité. Roger et Marule, à la tête de la cavalerie, se précipitent au milieu des tentes et des faibles barrières qui s'opposent à leur passage, et qu'ils franchissent en un instant. Les Almogavares, dont le courage indomptable devait ouvrir cette nouvelle guerre avec tant de bonheur, imitent leur exemple, et, semant partout le carnage, pénètrent de toutes parts avec la rapidité d'un torrent. Partout les Turcs sont égorgés sans avoir vu la main qui les frappe. Ceux qui n'ont pas encore succombé sous l'épée terrible de nos soldats, se réveillent aux cris des mourans, au bruit des armes, et, avec le trouble et l'effroi que de pareilles attaques ne manquent jamais de produire sur l'ennemi qui se laisse surprendre, ils saisissent, pour s'armer, tout ce qui tombe sous leurs mains. Mais, dispersés, peu nombreux, sans ordre et sans guides, leur résistance est inutile contre la résolution de nos troupes, qui déjà occupent le camp tout entier. En vain leur courage s'élève jusqu'au désespoir, lorsqu'ils voient massacrer sous leurs yeux tout ce qu'ils ont de plus cher, et cela par des hommes dont ils ignorent même le nom; rien ne peut les sauver d'une destinée inévitable, et leur défaite est achevée. Trois mille hommes de cavalerie et dix mille hommes de pied restèrent sur la place. Les seuls Turcs qui réussirent à mettre leur vie en sûreté, furent ceux qui, reconnaissant avec le temps la grandeur de leur perte, le désordre épouvantable répandu dans le camp, et la force de nos armures impénétrables à leurs dards, cherchèrent leur salut dans la fuite. D'autres, en grand nombre, voulurent imiter cet exemple, et ne firent qu'attirer sur eux une mort d'autant plus prompte, parce qu'ils cessaient de combattre pour sauver avec eux leurs femmes et leurs enfans. Nos troupes recueillirent un butin considérable, et les enfans, seuls captifs faits dans la bataille, furent aussi très-nombreux. Cette première victoire frappa les Turcs d'épouvante; et le Grec Nicéphore, ennemi déclaré de notre nation, voulant peindre l'effroi dont ils furent saisis, s'exprime en ces termes : « Lorsque les Turcs virent la farouche » impétuosité des Latins, qu'ils reconnurent leur » valeur, leur discipline, la force de leurs armes, » surpris et épouvantés, non-seulement ils s'en furent loin de Constantinople, mais ils rentrèrent » fort-avant dans les anciennes limites de leur » empire. » Les nôtres, n'ayant aucune connaissance du pays, s'attachèrent peu à la poursuite des fuyards, et dès la nuit même ils revinrent au cap Artace, qui était un logement sûr et reconnu.

CHAPITRE X.

L'ARMÉE SE RETIRE AU CAP ARTACE POUR Y ÉTABLIR SES QUARTIERS D'HIVER.

On instruisit l'empereur de l'heureuse issue de cette journée, en expédiant à Constantinople quatre galères chargées de riches présens pour les deux princes Andronic et Michel. Les soldats voulurent aussi que Marie, femme du grand duc Roger de Flor, reçût en leur nom les objets les plus précieux du butin. La promptitude d'une victoire aussi éclatante excita l'étonnement et l'admiration des Grecs. Le peuple entier manifesta par ses acclamations la joie qu'il éprouvait de se voir délivré de ces Turcs redoutables, qui, avec toute l'insolence du triomphe, se montraient naguère de l'autre côté du détroit, et osaient, le cimeterre à la main, menacer la capitale de l'empire. Mais ceux mêmes qui, selon toute justice, auraient dû paraître plus reconnaissans encore d'un service aussi signalé, les nobles, pour la plupart envieux d'un succès auquel ils étaient étrangers, laissèrent percer malgré eux le venin d'une jalousie que sa violence ne leur permettait pas de dissimuler. Les familiers d'Andronic, et d'autres personnes du plus haut rang, commencèrent à témoigner leurs inquiétudes sur des forces aussi imposantes que les nôtres, affectant de les regarder comme supérieures à celles des Grecs, et répétant sans cesse qu'une telle puissance, placée entre des mains étrangères dans l'intérieur du pays, ne pouvait être que très-dangereuse pour l'état. Ces réflexions, devenues le sujet des conversations journalières, étaient surtout entretenues par l'empereur Michel, à qui notre victoire causait en secret un mécontentement d'autant plus vif, que, quelques années auparavant, il avait passé le détroit à la tête d'une armée nombreuse, et que, soit crainte des Turcs ou manque de confiance en ses soldats, il s'était retiré, à son grand déshonneur, sans avoir hasardé la plus légère escarmouche. Lorsqu'il vit les Catalans, malgré leur petit nombre, vainqueurs de ces mêmes hommes contre lesquels, avec la multitude de ses troupes, il avait craint de se mesurer, notre triomphe, en le rendant confus de sa retraite, devint pour lui la source d'une haine implacable, et lui fit dès ce moment conjurer notre perte. Les princes ne sauraient voir, sans un vif ressentiment, qu'on les égale en valeur; et, jusque dans la bonne fortune, ils détestent qui les surpasse en talens et en vertus. Si la basse jalousie d'un empereur qui avait la prétention d'être poëte, causa la mort de Lucain, que ne doit-on pas craindre toutes les fois qu'il faudra disputer de gloire et de bonheur avec une tête couronnée? On ne peut donc regarder comme prudent et sage le général qui recommence une entreprise manquée par son prince, à moins qu'il ne veuille lui disputer l'empire.

Cependant, après cette victoire éclatante, les nôtres, au lieu de marcher en avant et de poursuivre leurs succès, portèrent une véritable atteinte à leur réputation, en perdant des momens précieux dans une inaction, source malheureuse des nombreux excès qui irritèrent contre l'armée et les Grecs et les naturels du pays. Lorsque plus tard ils voulurent pénétrer dans l'intérieur des terres, l'hiver, qui se déclara cette année dès le 1er novembre par des pluies continuelles et des vents rigoureux, les força de suspendre leur marche. Des rivières gonflées, des campagnes stériles et couvertes d'ennemis, des chemins impraticables, si on voulait aller au secours de Philadelphie : tous ces empêchemens eussent été, on ne saurait en disconvenir, des raisons suffisantes pour s'opposer à quelque entreprise que ce fût. Ainsi retenu par des obstacles insurmontables, Roger, d'après le sentiment et l'avis des capitaines de son armée, résolut d'établir ses quartiers d'hiver à Cizique, lieu très-convenable, par l'abondance des vivres et la force de sa position, en même temps qu'il assurait, pour l'année suivante, un point de départ beaucoup plus commode que s'il eût fallu revenir encore de la Grèce, embarquer et débarquer la cavalerie, mouvement d'une exécution toujours embarrassante. Ce parti une fois arrêté, le général en donna connaissance à l'empereur, qui l'approuva avec empressement, rien ne pouvant lui être plus agréable que de tenir nos troupes logées en face de l'ennemi, et éloignées de Constantinople, ainsi que des autres villes de la Grèce, où déjà l'on se plaignait amèrement que les Catalans fussent restés inactifs pendant près de trois mois, et cela pour frapper les contributions insupportables dont ils avaient accablé le pays. Andronic donna en même temps des ordres pour que l'on transportât par mer, au cap Artace, les vivres qui pourraient y manquer : ce qui procura à nos troupes, pour cet hiver, un séjour agréable et pourvu de toutes les choses nécessaires à la vie. Roger, de son côté, dépêcha auprès de la princesse Marie quatre galères pour l'amener à Cizique. Il ne restait plus alors qu'à prendre les moyens les plus propres à éviter les querelles de cantonnemens entre les hôtes et les soldats ; et, à cet effet, on nomma de part et d'autre six commissaires, qui furent chargés de fixer le prix des objets de consommation, de peur qu'en les taxant au-dessus de leur valeur, les troupes ne fussent gênées dans leur subsistance, ou qu'en les estimant à un trop bas prix, les habitans n'éprouvassent une perte considérable, et qu'on ne vît bientôt cesser l'arrivage des provisions journalières qui affluaient de toutes parts. Le grand amiral Ferdinand d'Aones reçut ordre d'aller hiverner avec sa flotte à l'île de Chio, dont le port commode et sûr se trouvait à peu de distance des côtes ennemies. Cette île est une des plus remarquables de la mer Egée, parce qu'elle seule produit le mastic précieux que la nature a refusé au reste de la terre [1].

[1] Cette gomme résineuse découle du lentisque par incision. Elle est sèche, transparente, d'un jaune pâle, en larmes ou en grumeaux, fragile, se casse sous la dent, s'amollit cependant par la chaleur comme de la cire, s'enflamme sur les charbons, répand une odeur agréable, et a un goût légèrement aromatique. La récolte entière du mastic est destinée pour Constantinople, et la plus grande partie s'emploie dans le Sérail.

CHAPITRE XI.

FERDINAND XIMENÈS D'ARENOS SE SÉPARE DES SIENS.

Les choses ainsi réglées sur terre et sur mer, l'hiver se passait tranquillement, et la bonne intelligence régnait dans l'armée, lorsque quelques discordes intestines vinrent affaiblir nos forces en les divisant. Ferdinand Ximenès d'Arenos, chevalier d'une haute naissance et brave soldat, eut plusieurs démêlés assez vifs avec Roger de Flor sur la discipline que le chef suprême était chargé d'entretenir parmi les troupes, et sur la juste sévérité qu'il devait exercer dans les punitions pour réprimer la licence. Comme ces représentations ne produisirent pas auprès du général l'heureux effet que d'Arenos en attendait, impatient d'une telle résistance, et jugeant la lutte trop inégale entre eux, il prit congé de notre compagnie, et l'abandonna avec ceux qui voulurent partager son sort. On peut déjà trouver ici une preuve bien remarquable du caractère ardent et impétueux de notre nation, qui, à peine en repos du côté des armes étrangères, voyait aussitôt s'allumer dans son sein les querelles et les rivalités. Ferdinand d'Arenos se dirigea vers la Sicile. En passant par Athènes, il offrit ses services au duc. Celui-ci les accepta avec reconnaissance, et le revêtit, dans son armée, de plusieurs emplois honorables qu'il occupa avec distinction; jusqu'à ce que la détresse de ses anciens amis l'ayant rappelé dans la Thrace, il accourut à leur secours, exposant pour eux, comme un brave chevalier, sa liberté, sa fortune et sa vie.

A l'ouverture du printemps (1305), Roger et la princesse Marie passèrent à Constantinople avec quatre galères. Le général se rendait auprès de l'empereur, dans le dessein d'obtenir une solde complète pour les troupes avant d'entrer en campagne, et en même temps de conférer avec lui sur les futures opérations. Michel se trouvant alors à Constantinople, Roger demanda la permission d'être présenté au prince, et de lui rendre compte de ses projets; mais celui-ci, qui se tenait pour offensé des mauvais traitemens exercés par le général sur les habitans de Cizique, ses vassaux, lui refusa la faveur de paraître devant lui. Malgré un acte de mécontentement aussi marqué de la part de Michel, il est certain qu'Andronic reçut favorablement la réclamation de Roger, et en agit même avec une telle largesse envers lui, que le général se vit en état de distribuer une

5

double paye à son armée. Cette libéralité aurait été digne d'éloges, si l'abondance du trésor eût permis de lui donner ce nom; mais le fisc et la chambre impériale ne pouvant pas même suffire à la solde ordinaire des troupes et aux dépenses journalières des autres services, l'empereur encourut le juste reproche d'avoir commis, dans cette occasion, une faute grave, en se livrant sans scrupule à tous les inconvéniens d'une telle prodigalité. En vain on objecterait le mérite des personnes sur lesquelles elle était tombée : l'argent recueilli dans le trésor pour la dépense commune, est un dépôt qui ne doit jamais se dissiper en dons exorbitans ou en dépenses extravagantes; et la libéralité ne devient une grande et véritable vertu dans un souverain, que lorsqu'elle est accompagnée de deux conditions indispensables : avoir de quoi donner, et donner à qui le mérite; quelle que soit celle de ces deux conditions qui vienne à manquer, il n'y a plus libéralité, mais injustice.

Andronic tint alors conseil avec Roger sur la campagne qui allait s'ouvrir, et ne lui donna d'ordre exprès que celui de secourir Philadelphie, vivement pressée par les Turcs, abandonnant le reste des opérations au jugement des autres capitaines et au sien. Il pensait avec raison que, loin du théâtre de la guerre, et avant même d'être entré dans le cours des opérations, on ne saurait distribuer d'ordres convenables, ou dicter de résolutions positives sur des choses aussi variées et des circonstances aussi incertaines que celles qui se présentent tous les jours à l'armée. Après cette entrevue d'Andronic et de Roger, le grand duc laissa la princesse Marie à Constantinople, et repassa au cap avec ses quatre galères le 1er de mars de l'année 1305. Dès son arrivée, on régla les comptes entre les hôtes et les soldats, et, d'après le relevé général, il se trouva que ceux-ci, en moins de quatre mois d'hiver, avaient, pour la plupart, consommé la paye de huit, et quelques-uns celle d'une année entière. Roger sentit vivement tous les excès et les désordres de ses troupes; mais, quoiqu'il connût le mal, comme son autorité dépendait de leur bon vouloir, il ne se hasarda pas à appliquer le remède, dans la crainte de diminuer son pouvoir, et peut-être de se perdre lui-même. Un général peut mal entretenir son armée dans une exacte discipline et une soumission rigoureuse, lorsque l'autorité qui punit lui vient de ceux mêmes qui se rendent coupables d'insolence et d'insubordination. Roger, sachant donc apprécier les conjonctures, satisfit les habitans de Cizique, et acquitta tout ce qu'ils avaient dépensé pour l'entretien des troupes, sans en rien retenir sur la paye du soldat, auquel quatre mois de solde restés intacts furent comptés sur-le-champ. Après cette opération, le grand duc prit les registres qui contenaient les preuves des dépenses excessives faites pendant les quatre mois d'hiver, et les brûla publiquement sur la place de Cizique : générosité dont les troupes furent aussi satisfaites que reconnaissantes. Leurs désordres cependant n'en avaient pas été moins dignes de blâme, s'il est vrai, comme le rapportent les historiens grecs, que Cizique et son territoire demeurèrent entièrement dévastés et ruinés par les exactions et les cruautés des Catalans. Il fallut même qu'Andronic redoutât bien vivement l'excès de leur licence, puisque, dans la crainte que Roger, entraîné par l'indiscipline des troupes, ne différât d'entrer en campagne, il envoya sa sœur à Cizique, dans les derniers jours de mars, pour déterminer le grand duc, gendre de cette princesse, à profiter, pour son départ, de la belle saison ; et en même temps de l'heureuse circonstance où les soldats, venant de toucher leur paye, marcheraient avec d'autant plus d'ardeur.

CHAPITRE XII.

L'ARMÉE MARCHE AU SECOURS DE PHILADELPHIE, ET TRIOMPHE DE CARAMAN, GÉNÉRAL DES TURCS, QUI EN FAISAIT LE SIÉGE.

Roger, déjà vivement pressé du desir d'ouvrir la campagne, y fut encore déterminé par les représentations de sa belle-mère, et s'occupa aussitôt du départ des troupes, qui fut fixé au 9 avril suivant. Tandis qu'on en hâtait les préparatifs, un événement inattendu vint suspendre son exécution. Deux Massagètes ou Alains se trouvant dans un moulin à attendre qu'on eût moulu leur blé, quelques Almogavares, réunis au même lieu, se mirent à traiter avec indécence une femme qui était occupée à retirer la farine. Les Alains accoururent pour la protéger, les Almogavares s'irritèrent de cette opposition; la querelle s'engagea, et entre autres propos que se permirent les Massagètes pendant la conversation, ils ne craignirent pas de dire que, si de pareilles scènes se renouvelaient encore, ils feraient subir au grand duc le même sort que le grand'domestique avait éprouvé. C'était Alexis Raoul, que, dans une fête militaire, ils avaient tué d'un coup de flèche par une odieuse trahison [1]. Ces propos ayant été rapportés à Roger de Flor dès la nuit même, les Almogavares, par son ordre ou de son consentement, pénétrèrent dans le quartier des Alains, sur lesquels ils firent main-basse, et qu'ils auraient tous égorgés, si l'obscurité de la nuit ou la crainte des habitans voisins n'eût arrêté leur fureur. Un grand nombre néanmoins y perdirent la vie, et entre autres un brave jeune homme, fils de George, chef des Alains. Dès la pointe du jour, les deux partis revinrent à la charge, et se battirent dans une rencontre furieuse où les Massagètes laissèrent trois cents morts sur la place. Cette fois encore, sans la crainte des naturels du pays, qui, irrités de nos mauvais traitemens, auraient pu prendre les armes et se déclarer en faveur des Alains, il n'y a aucun doute que ceux-ci n'eussent péri jusqu'au dernier. Après cette scène sanglante, la plus grande partie d'entre eux abandonna l'armée du grand duc, et mille hommes seulement, que l'on retint à force de promesses et de prières, restèrent sous ses drapeaux. Roger voulut aussi apaiser, à force d'argent, le général, père du jeune homme qui avait péri dans la première journée ; mais George rejeta cette offre avec

[1] Le mot de fête est, d'après ce que nous avons vu, une faute d'impression, et doit être remplacé par celui de révolte.

mépris, et l'outrage de la réparation ayant encore ajouté au ressentiment de sa perte, le Barbare, furieux, dissimula son affront pour mieux préparer sa vengeance.

Cet événement retarda le départ de l'armée jusqu'aux premiers jours de mai, qu'elle abandonna le territoire de Cizique, forte de six mille hommes, sous le nom de Catalans, de mille Alains, et des compagnies d'Impériaux commandées par Marule : toutes ces troupes sous les ordres immédiats et la dépendance de Roger. Nastonge, grand primicier, comptait aussi parmi les chefs de cette expédition. Telle était la force de l'armée lorsqu'elle arriva à Ancyre, d'où elle se porta sans hésiter contre la ville forte de Germé, pour en former le siége. Cette résolution hardie effraya les Turcs, qui évacuèrent la place à la seule nouvelle de notre approche, mais sans pouvoir empêcher leur arrière-garde d'être fortement maltraitée par nous. L'armée s'avança ensuite vers une autre place appartenant à Andronic, et commandée en son nom par Sausi Crisanislas, fameux soldat, ancien chef de Bulgares, qu'il condamna à la potence avec douze de ses officiers, sans qu'on puisse donner avec certitude le motif d'un châtiment aussi rigoureux. Seulement il est à présumer que les uns et les autres avaient mal défendu ou peut-être livré quelques forteresses confiées à leur garde. Crisanislas ayant entrepris de se justifier, eut une vive altercation avec le grand duc, qui, dans la chaleur de la querelle, le blessa de son épée, et le remit, sans plus attendre, aux mains chargées de son exécution. Les capitaines grecs parvinrent cependant à la faire suspendre, et finirent par obtenir sa grâce, en avertissant Roger de Flor du mécontentement inévitable qu'il causerait à l'empereur, s'il punissait de mort, sans avoir préalablement rendu raison de sa conduite, un homme de cette qualité et un aussi brave soldat. Ce Crisanislas était un des capitaines bulgares que Michel Paléologue fit prisonniers dans la guerre contre Lacanas. Après avoir été retenu pendant long-temps dans les fers, il fut mis en liberté par Andronic, qui le pourvut ensuite des emplois militaires les plus honorables; et il se trouvait alors servant pour l'empereur dans cette portion de la Phrygie.

De là, notre armée, se dirigeant sur la route de Philadelphie, arriva à Géliana, où Roger reçut par écrit des nouvelles de diverses places fortes dont l'ennemi s'était emparé. Ces lettres l'instruisaient des cruautés et des violences sans nombre que les Turcs faisaient journellement endurer aux malheureux habitans de ces contrées; et tous le suppliaient de venir à leur secours, en lui exposant que, sujets de l'empire, ils n'avaient cédé qu'à la force des conjonctures, et attendaient avec impatience la première occasion de se soulever contre l'ennemi commun. Roger les engagea d'avoir bon courage, et promit qu'il les délivrerait. Alors, sans s'arrêter davantage, il marcha au secours de Philadelphie, principal objet de sa mission. Caraman Alisiras, dont l'autorité s'étendait sur cette province, avait investi la place. A peine l'émir eut avis de l'apparition des Catalans, qu'il leva le siége avec la meilleure partie de son armée, et se porta à leur rencontre, bien résolu de venger sur eux la défaite que l'année précédente ils avaient fait éprouver à sa nation. Caraman jugea plus prudent d'en agir ainsi, que d'attendre les Catalans sous les murs de Philadelphie, ville considérable, populeuse, et pourvue, pour sa défense, de soldats disciplinés qui, enhardis par l'approche des secours, pouvaient sortir de la place, et le presser ainsi entre deux armées à la fois. Il laissa seulement quelques forts garnis de troupes suffisantes pour empêcher la sortie qu'il redoutait. Cependant, à peine il eut marché l'espace de deux milles, qu'on se reconnut de part et d'autre à la pointe du jour, et aussitôt les deux armées se rangèrent en bataille. Celle des Turcs montait à huit mille chevaux et douze mille hommes d'infanterie, tous Caramaniens, les meilleurs soldats et les plus redoutables de la nation entière.

Supérieurs aux nôtres par le nombre, ils leur cédaient en tactique, en discipline et en valeur. Si l'on ajoute à cela que leurs armes offensives et défensives ne pouvaient se comparer à celles dont nos soldats se trouvaient pourvus, on verra que rien n'était égal entre eux, si ce n'est l'animosité et l'ardent désir d'en venir aux mains. Roger divisa sa cavalerie en trois corps : les Alains, les Impériaux et les Catalans. Corbaran d'Alet, qui commandait l'infanterie, la répartit de même en trois divisions, et au premier signal on s'aborda des deux côtés avec courage et résolution. L'impétuosité des Turcs fut terrible; mais elle devait échouer contre le nouvel ennemi qu'ils avaient en présence. Nos soldats, plus habiles à frapper, et mieux garantis pour la défense, n'éprouvaient qu'une perte insignifiante, tandis que les Barbares, à découvert, ne pouvaient résister à leurs armes. Ce fut auprès des canaux de la ville, qu'on se battit avec le plus d'acharnement, et ce fut là aussi que les Turcs, redoublant de bravoure et d'audace, épuisèrent tous les moyens de nous affaiblir, et d'arracher une victoire qu'ils réussirent à rendre indécise jusqu'au milieu du jour. Enfin, le courage habituel des Catalans la fit déclarer en leur faveur. Elle ne pouvait être ni plus glorieuse ni plus complète : de huit mille cavaliers qui étaient entrés en ligne, il ne s'en sauva pas plus de mille; cinq cents hommes de pied seulement échappèrent avec eux, et Caraman Alisiras se retira blessé du champ de bataille. Les nôtres ne perdirent que quatre-vingts cavaliers et cent fantassins. Roger, après avoir rallié ses bataillons, s'avança vers Philadelphie, mais avec lenteur, dans la crainte de quelque grande embuscade de la part d'un ennemi dont les nombreuses armées pouvaient justifier une semblable appréhension. Les Turcs laissés par Caraman pour la défense des forts, n'eurent pas plutôt appris l'issue de la bataille, qu'ils abandonnèrent leurs postes, et suivirent leur général dans sa fuite. Cette journée mémorable procura à nos troupes un immense butin.

Au bruit d'une victoire aussi éclatante, les villes d'Asie commencèrent à lever la tête. Courbées depuis trop long-temps sous l'oppression des Barbares, à peine elles apprirent les heureux efforts de nos armes, qu'elles crurent voir renaître les premiers rayons de leur liberté. Cette oppression des Turcs était montée au point qu'ils enlevaient, pour les instruire dans les principes de leur secte, les femmes et les enfans. Non contens de changer l'adoration du vrai Dieu contre le culte faux et abominable de leur prophète, ils profanaient les temples et les antiques monastères, où reposaient tant de saintes dépouilles qui entretenaient encore dans ces contrées les souvenirs du règne florissant de notre primitive Eglise. Mais comme la ruine et l'asservissement de cet empire étaient arrêtés dans les justes décrets de la Providence, tout ce que firent les nôtres pour le rendre à une entière liberté, ne produisit qu'un effet peu durable; il semblait même que nos efforts fussent un présage plus certain de sa perte, parce que là où les grands remèdes sont inutiles, la mort presque toujours devient inévitable. Avant d'entrer à Philadelphie, nos capitaines firent reconnaître quelques postes du voisinage, où les ennemis auraient pu rallier le reste de leurs forces. Mais tout le territoire se trouva purgé de la présence des Turcs, qui, frappés de terreur, s'étaient enfoncés à une grande distance dans l'intérieur du pays.

CHAPITRE XIII.

ENTRÉE DES CATALANS A PHILADELPHIE. SECONDE DÉFAITE DES TURCS PRÈS DE TYRIA.

Délivrés, par la valeur des Catalans, de toutes les horreurs d'un siége qui les avait jetés dans de si vives alarmes, le peuple et les magistrats sortirent de la ville, et vinrent au devant de l'armée, ayant à leur tête Théolepte, leur évêque, personnage d'une rare piété, dont les prières avaient servi plus efficacement au salut de Philadelphie que les armes des troupes commises à sa défense. Après avoir reçu les hommages de cette population reconnaissante, l'armée fit son entrée solennelle dans la place. La cavalerie marchait en avant, et portait les étendards conquis par sa valeur; après elle venaient de nombreux chariots chargés de dépouilles, la foule des femmes et des enfans captifs, et quelques jeunes guerriers réservés pour l'ornement du triomphe. L'infanterie fermait la marche, entourant ses drapeaux, et ayant au milieu d'elle les capitaines les plus distingués, couverts, ainsi que leurs chevaux, d'armures étincelantes : spectacle jusqu'alors inconnu aux peuples de l'Asie, et qui leur causa la plus grande admiration. On n'eût pas rencontré, dans toute l'armée catalane, de simple soldat qui ne portât sur lui quelques ornemens d'écarlate ou de soie; non que les Turcs usassent à cette époque de vêtemens somptueux, mais ils avaient enlevé aux Grecs, dans leurs incursions précédentes, une grande quantité d'etoffes et d'habits précieux, et la victoire fit tomber ces riches dépouilles entre nos mains. L'armée resta quinze jours dans la ville, au milieu des fêtes et des réjouissances. Rien ne peut égaler les témoignages de respect et d'amour que les habitans s'empressèrent de lui prodiguer; chacun cherchant à exprimer sa reconnaissance pour la conservation d'une liberté qu'il avait vue si prête à périr. La nécessité est toujours reconnaissante; mais lorsqu'elle cesse avec le bienfait, la reconnaissance finit avec elle.

Roger sortit alors de Philadelphie pour marcher à la délivrance de plusieurs places tombées au pouvoir des Turcs, et entre autres de Culé, située à quelques lieues plus en avant vers l'est de la ville. Mais l'ennemi, instruit de la déroute des siens, et craignant l'approche du vainqueur, se hâta d'abandonner la place. Aussitôt les habitans ouvrirent leurs portes au grand duc, et mirent à le recevoir tout l'empressement d'un peuple malheureux qui vient d'échapper à la plus cruelle servitude. Dans la joie de leur délivrance, aucun d'eux n'hésita à croire que, s'ils s'étaient livrés peut-être trop facilement au pouvoir des Turcs, leur conduite actuelle devait demander grâce pour eux. La multitude obtint en effet son pardon; mais un grand nombre de personnes désignées par Roger de Flor éprouvèrent toute sa sévérité. Le gouverneur eut la tête tranchée, et il condamna à la potence le vieillard le plus considérable de l'administration. Un hasard singulier lui conserva la vie : il arriva qu'étant resté suspendu au gibet, sans mourir, pendant un assez long espace de temps, les spectateurs regardèrent cet événement comme un miracle, coupèrent la corde et le sauvèrent.

Le grand duc, après cette expédition, retourna à Philadelphie, où, si l'on en croit Pachimère, il amassa des sommes considérables, et leva des contributions beaucoup plus fortes qu'il n'aurait dû se le permettre dans une ville populeuse qui, chargée des logemens de l'armée entière, éprouvait déjà quelque besoin de subsistances, et sortait à peine des horreurs d'un long siége pendant lequel la famine avait été portée à ce point, que les alimens les plus vils, et entre autres une tête d'âne, s'y étaient vendus un prix exorbitant. Révolté des mauvais traitemens que Roger exerçait sur les habitans de Philadelphie, Nastonge, duc et primicier de l'empire, qui servait sous ses ordres, ne pensa pas que, Grec et sujet d'Andronic, il dût supporter le spectacle de pareils excès. Cet officier se sépara donc du grand duc, sans le prévenir de sa démarche, et prit le chemin de Constantinople, dans l'intention d'y rendre compte à l'empereur de tout ce qu'il avait vu. Mais, arrivé dans la capitale, il lui fut impossible d'en obtenir une audience, tant les amis et les parens de la princesse Marie se donnèrent de mouvement pour l'en empêcher! Ne voulant cependant pas manquer à ce qu'il regardait comme son devoir, il eut recours au patriarche, et obtint en effet, par son entremise, qu'Andronic prêtât enfin l'oreille aux plaintes qu'il portait contre Roger de Flor. Dès ce moment, il s'alluma dans le palais les dissensions les plus violentes entre les amis du grand duc et les personnes jalouses de son autorité.

Les Catalans avaient délivré Philadelphie; mais il importait aux intérêts de l'empire, comme à leur gloire, de poursuivre le cours de leurs succès. Pour y parvenir, les chefs de l'armée jugèrent qu'il leur fallait d'abord chasser les Turcs des provinces maritimes. Par ce moyen, ils ne laissaient point d'ennemis sur leurs derrières, et se rapprochaient en même temps de leur flotte, dont le voisinage ne pouvait qu'augmenter leurs forces et leur sécurité. Ils quittèrent donc Philadelphie, et se portèrent jusqu'à Nyssa, ville de Lycie, et de là à Magnésie, sur les bords du Méandre[1], où Roger reçut deux bâtimens de Tyria, qui venaient réclamer ses secours pour cette place mal fortifiée, à laquelle l'ennemi livrait journellement des assauts furieux, et qui, abandonnée à elle-même, était perdue sans ressource. Ces deux envoyés, en s'étendant sur les détails de leur périlleuse situation, lui apprirent que chaque matin les Barbares se répandaient dans la plaine, et qu'après y avoir renouvelé leurs courses et leurs ravages, ils se retiraient dans les bois aux approches de la nuit, pour reparaître au lever du soleil, se disperser encore et désoler les campagnes. A leur avis, rien n'était plus facile que de les surprendre dans une de ces excursions toujours faites avec leur imprévoyance accoutumée, et de saisir ainsi l'occasion d'exécuter quelque coup de main aussi glorieux pour l'armée que profitable au salut de la place. Roger, muni de ces renseignemens, et agissant avec toute la célérité dont il était capable, choisit aussitôt les troupes de son armée les plus fa-

---

[1] Magnésie était commandée par un nommé Attaléïote, qui y disposait de tout en maître, et refusait même de reconnaître l'autorité du gouverneur de la province. Comme il s'empressa d'aller à la rencontre de Roger de Flor, et lui rendit de grands honneurs, celui-ci en fut flatté, et se déclara hautement son protecteur.

ciles à mouvoir, ordonna au reste de le suivre, et se porta en toute diligence avec son corps d'élite vers Tyria, de manière à s'y loger avant le jour. Le détachement fit trente-sept milles en dix-sept heures, et choisit, pour entrer dans la ville, un moment si favorable, que les Turcs ne purent ni le voir, ni l'entendre. Le jour parut, et les Barbares commencèrent à descendre dans la plaine. Déjà ils se trouvaient aux portes de la ville, prêts à renouveler leurs attaques, lorsque le sénéchal Corbaran d'Alet, étant sorti à la tête de mille fantassins et de deux cents chevaux, fondit sur eux avec une telle résolution, qu'il les rompit à l'instant même, et en passa le plus grand nombre au fil de l'épée. Ceux qui restaient encore ne nous eurent pas plutôt reconnus, qu'ils se précipitèrent vers la montagne. Corbaran poursuivit les fuyards avec une portion de sa cavalerie; mais, comme nos chevaux étaient chargés d'une pesante armure, tandis que rien n'embarrassait ceux de l'ennemi dans leur course; lorsque nos Catalans arrivèrent au pied de la montagne, les Turcs, toujours épouvantés et uniquement occupés du salut de leur vie, avaient déjà abandonné leurs chevaux, gagné les hauteurs, et choisi les positions d'où ils pouvaient le mieux se défendre et empêcher nos troupes de parvenir jusqu'à eux. Dans ce moment, le sénéchal, avec plus de bravoure que de prudence, commanda aux siens de mettre pied à terre, leur en donna l'exemple, et attaqua l'ennemi une seconde fois. Les Turcs, garantis par le terrain même où ils étaient postés, en défendaient sans difficulté les approches, et lançaient d'une main d'autant plus assurée les pierres et les flèches qu'ils faisaient pleuvoir sur ceux que leur ardeur entraînait trop avant. Corbaran, ce brave et intrépide chevalier, était un des nôtres qui les serrait de plus près. Malheureusement, afin d'être plus libre et de gravir la montagne avec plus de légèreté, il quitta son armure, et même son morion, dernière imprudence qui fut la cause de sa mort. Les Turcs l'atteignirent à la tête d'un coup de flèche, dont il expira sur la place, et sa perte entraîna bientôt la retraite des siens.

La mort d'un si vaillant capitaine fit de ce jour de triomphe un jour de tristesse et de deuil; et l'affliction générale attesta encore cette vérité déjà trop bien sentie, que la perte d'un bon chef est rarement compensée par les avantages d'une victoire obtenue au prix de son sang. Roger en éprouva une douleur d'autant plus profonde, qu'il était convenu de lui donner sa fille en mariage [1], et faisait reposer dans sa personne ses plus

[1] Roger l'avait eue d'une habitante de l'île de Chypre : on ignore si c'était d'une union légitime.

grandes espérances. Corbaran d'Alet, victime de son courage, trouva sur le champ de bataille une fin plus honorable que les autres capitaines de l'armée. En succombant au sein même de la victoire, il évita, du moins pour l'avenir, le funeste sort de tant de ses compagnons d'armes, qui, frappés par la main des traîtres, n'eurent pas, comme lui, la consolation de périr les armes à la main. Notre jugement se montre donc quelqufois bien borné, lorsqu'il nous fait regarder comme un grand malheur ce qui devait être compté parmi les événemens les plus heureux de notre vie. On l'enterra à deux lieues de Tyria, dans une église où, selon Muntaner, reposait le corps de saint Georges. Dix chrétiens, les seuls qui eussent péri dans ce combat, furent inhumés auprès de lui. L'armée lui éleva un tombeau de marbre, et s'arrêta huit jours entiers, pour satisfaire aux honneurs qu'elle rendit à sa mémoire. De Tyria, on envoya l'ordre à la flotte qui stationnait à l'île de Chio, de passer le plus promptement possible sur les côtes d'Asie, et de relâcher à Ania, pour y attendre de nouvelles instructions.

CHAPITRE XIV.

Bérenger de Rocafort arrive a Constantinople avec sa troupe, et reçoit d'Andronic l'ordre de rejoindre les Catalans a Éphèse.

Sur ces entrefaites, Bérenger de Rocafort arriva à Constantinople, avec quelques vaisseaux et deux galères portant mille Almogavares et deux cents chevaux. Il avait obtenu du roi Charles de Naples les sommes d'argent, objet de leur ancien démêlé, et, une fois satisfait sur ce point, rien ne s'était plus opposé à ce qu'il lui remît les forteresses de Calabre, dont il se trouvait encore en possession. Andronic lui ordonna de gagner sur-le-champ les côtes d'Asie, et de joindre ses troupes à celles de Roger. Rocafort exécuta ponctuellement les ordres de l'empereur, en remontant aussitôt dans ses galères, pour se rendre à l'île de Chio, où Ferdinand d'Aones se disposait à appareiller. Ces deux capitaines réunirent leurs forces, et abordèrent ensemble à Ania, d'où ils dépêchèrent au grand duc deux chevau-légers, pour lui apprendre l'arrivée de Rocafort. Les Catalans se trouvaient encore à Tyria lorsqu'ils reçurent cette nouvelle, qui causa la plus grande joie dans toute l'armée. Le courage intrépide et le caractère inébranlable du capitaine, le choix et le nombre des soldats qu'il amenait avec lui, étaient autant de motifs pour se réjouir de son heureuse apparition. Roger l'envoya féliciter aussitôt par Raimon Muntaner, qui lui portait l'ordre de quitter Ania, et de se rendre à Éphèse sur-le-champ. Muntaner partit avec un détachement de vingt cavaliers, et quelques gens connaissant le pays, pour le guider par des chemins détournés, et l'empêcher ainsi de tomber au milieu des Turcs, qui avaient coutume de battre la campagne, et infestaient les routes les plus fréquentées. Malgré cette précaution, il se vit exposé dans plusieurs rencontres périlleuses, et forcé plus d'une fois de s'ouvrir un passage l'épée à la main. Enfin, après avoir échappé à tous les dangers d'une marche aussi difficile, il arriva heureusement à sa destination, félicita Rocafort au nom des siens, et lui communiqua l'ordre de départ dont il était chargé. Rocafort obéit. Après avoir laissé cinq cents Almogavares pour la garnison de la flotte, il prit, avec le reste des troupes, le chemin d'Éphèse, où il arriva dans l'espace de deux jours, accompagné de Muntaner. Cette ville est une des plus renommées de toute l'Asie, par son fameux temple de Diane. Elle fut révérée, non-seulement des Romains, mais aussi des Perses et des Macédoniens qui avaient dominé plus anciennement dans cette partie du monde. Tous lui conservèrent ses immunités et ses droits, sans que l'intégrité de ses priviléges souffrît jamais du changement des empires, tant était grand le respect des anciens pour tout ce qu'ils regardaient comme religieux et sacré! Mais le plus beau titre de la ville d'Éphèse, celui qui mérite une véritable célébrité, est d'avoir vu saint Jean, apôtre et évangéliste, jeter dans ses murs les premiers fondemens de la foi. Muntaner rapporte, au sujet de cet apôtre, mais sur la simple tradition des gens du pays, que cette ville d'Éphèse possédait le sépulcre dans lequel saint Jean s'enferma lorsqu'il disparut du monde, et que peu d'instans après qu'il y fut descendu, on vit s'élever du même lieu une espèce de nuage enflammé, dans lequel les peuples crurent que son corps fut enlevé au ciel, parce qu'il ne se montra plus sur la terre. On disait aussi que la veille de Saint-Jean, lorsqu'on chantait les vêpres du saint, il sortait par neuf ouvertures pratiquées dans le marbre du sépulcre, une manne qui durait jusqu'au lendemain au coucher du soleil, et s'amassait en telle quantité, qu'elle s'élevait à une palme d'épaisseur sur toute la tombe, qui en avait douze de long et cinq de large. Cette manne, suivant la même tradition, guérissait un grand nombre de maladies graves, que Muntaner détaille avec beaucoup de particularités [1].

Rocafort et Muntaner étaient arrivés à Éphèse depuis quatre jours, lorsque Roger, venant de Tyria, y parut avec l'armée. Tous exprimèrent leur joie en voyant Rocafort, leur ami et leur compagnon dans les guerres de Sicile, amener avec lui un secours qui ajoutait considérablement aux forces des Arragonais, et était alors d'autant plus important, qu'ils se trouvaient enfoncés dans les terres et entourés de pays ennemis. Rocafort fut revêtu sur-le-champ de l'emploi de sénéchal, vacant par la mort de Corbaran d'Alet; et, pour qu'il succédât à tous ses avantages, Roger lui donna en mariage cette même fille qu'il avait promise à son prédécesseur. Il espérait, par cette alliance, dominer le caractère âpre et dur de Rocafort, qui à chaque instant pouvait causer quelque discorde, et amener quelque scène fâcheuse dans l'armée. Il lui donna de plus, pour ses troupes, cent chevaux avec leurs armures, et la paye de quatre mois. Cette générosité s'explique facilement, s'il est vrai, comme les en accuse Pachinère, que Roger et les Catalans exercèrent à Éphèse

---

[1] Muntaner peut commettre plus d'erreurs sur les choses de pure tradition, surtout lorsqu'elles sont surnaturelles, que sur les faits matériels qu'il a vus s'accomplir sous ses yeux.

les cruautés les plus révoltantes, égorgeant, torturant les habitans de cette malheureuse ville, leur coupant des membres pour arracher des sommes d'argent qui ne pouvaient encore satisfaire leur insatiable cupidité. Et de telles cruautés s'étendaient bien au-delà de son enceinte, puisqu'il cite même la mort d'un homme riche et distingué, nommé Macrani, qui fut étranglé à Métélin, pour n'avoir pas voulu payer sur-le-champ cinq mille écus qu'on exigeait de lui : licence militaire, et excès trop communs parmi les troupes mal disciplinées.

Tout l'argent, les chevaux et les armes, provenant des contributions levées par Roger de Flor sur les villes voisines, furent envoyés sous sûre escorte à Magnésie, où le général avait résolu d'établir son quartier d'hiver, comme étant la place la mieux fortifiée du pays. L'armée marcha ensuite vers Ania, où se trouvait Ferdinand d'Aones avec la flotte. Tous ceux qui composaient la garnison des vaisseaux se portèrent en réjouissance au devant de Roger et de Rocafort, à qui ils firent la plus brillante réception. Il semblait à ces troupes réunies que rien ne pouvait plus les empêcher d'achever l'expulsion des Turcs et la conquête de l'Asie entière. Roger, pour reconnaître un si bon accueil, donna un mois de paye à tous les soldats de la flotte. Cependant, comme la ville de Tyria restait désarmée, on résolut d'y envoyer quelques troupes pour sa défense. Diégo d'Oros, gentilhomme arragonais, brave soldat, fut chargé de cette mission, avec cent hommes d'infanterie et trente chevaux. Comptant moins sur le nombre de leurs troupes que sur la réputation de leurs armes, ils pensèrent que ce détachement suffisait pour la sûreté de la ville et de son territoire; et ce calcul pouvait d'autant mieux se justifier, que la renommée seule effectua souvent ce que la force n'aurait pu faire.

CHAPITRE XV.

LES NÔTRES RÉPRIMENT L'AUDACE DU TURC SARCAN. ILS PORTENT LEURS DRAPEAUX JUSQU'AUX LIMITES DE LA NATOLIE ET DU ROYAUME D'ARMÉNIE.

Les chefs rassemblés ayant délibéré alors sur le chemin qu'ils devaient prendre, tous s'accordèrent pour tourner de nouveau leurs armes vers les provinces d'Orient, et, après avoir passé les monts, entrer en Pamphilie, où ils espéraient trouver le gros de l'armée turque, et lui livrer bataille. C'était vers ce but qu'ils dirigèrent toujours leurs mouvemens, parce que notre armée, peu nombreuse, ne pouvait traîner la guerre en longueur, ni occuper de places où elle eût été obligée d'affaiblir ses forces, en disséminant des garnisons. Il leur parut donc toujours plus sûr de marcher droit aux Barbares, et de se battre avec eux. Tandis qu'on travaillait aux préparatifs du départ, le turc Sarcan, ayant appris l'arrivée des Catalans dans la ville d'Ania, eut la hardiesse de courir sur son territoire, et de mettre à feu et à sang tout ce qui se présentait devant lui. Sa folle audace reçut bientôt sa récompense. Les nôtres, indignés, n'attendirent ni ordre ni chef, tant ils étaient irrités de l'insolence du barbare, et fondirent sur lui avec une telle impétuosité, que, malgré la retraite à laquelle il se décida sur-le-champ, ils le forcèrent de combattre pour fuir, le poursuivirent jusqu'à la nuit, et rentrèrent, plus animés que jamais, après lui avoir tué mille cavaliers et deux mille fantassins. La chose parut incroyable à ceux qui restèrent dans la place, la sortie s'étant faite avec le plus grand désordre, et alors que le jour était déjà très-avancé.

Cependant Roger et les autres capitaines, considérant qu'un trop long retard pourrait avoir des suites fâcheuses si les soldats venaient à prendre quelque connaissance des dangers de l'expédition qu'on leur réservait, résolurent de mettre à profit l'ardeur inspirée aux troupes par cette heureuse rencontre, et fixèrent au sixième jour le départ de l'armée. Elle quitta alors la ville d'Ania, et traversa la province de Carie, et cet espace immense qui s'étend entre l'Arménie et la mer Égée, sans rencontrer un seul ennemi qui s'opposât à son passage. L'armée marchait à loisir, suivant la commodité des lieux, consolant les peuples chrétiens, les encourageant à la résistance, et se faisant admirer de tous les fidèles qui exprimaient à l'envi leur joie et leur ravissement de voir les armes chrétiennes au sein de leur malheureuse patrie, aucuns de ceux qui existaient alors n'ayant encore pu jouir du bonheur de les contempler. En vain depuis long-temps elles y étaient appelées de toutes leurs espérances et de tous leurs vœux, jamais la mollesse et la lâcheté des Grecs ne leur avaient permis de les apercevoir, jusqu'au moment où la valeur des Catalans et des Arragonais les fit parvenir jusqu'à eux.

CHAITRE XVI.

BATAILLE DU MONT TAURUS.

Peu avant d'arriver au pied du mont Taurus, qui sépare la Cilicie de l'Arménie-Mineure, l'armée fit halte, et s'occupa aussitôt de reconnaître les défilés et les pas dangereux, où l'on soupçonnait, comme il arriva en effet, que l'ennemi pouvait nous attendre. Tandis que les chefs consultaient entre eux sur l'exécution de cette reconnaissance, quelques-uns de nos cavaliers qui battaient la campagne, découvrirent l'armée ennemie placée en embuscade dans les gorges de la montagne. Des deux côtés on cria aux armes; et les Turcs, voyant leur stratagême inutile, se résolurent aussitôt à déboucher dans la plaine, et à former leur attaque, avant que les nôtres, fatigués de la route, n'eussent le temps de se refaire, et de prendre position. Les Barbares comptaient vingt mille fantassins et dix mille chevaux échappés, pour la plupart, à leurs premières défaites. Ils placèrent leur cavalerie à l'aile gauche, et leur infanterie à l'aile droite, en face de l'armée chrétienne. Roger opposa sa cavalerie à celle de l'ennemi, qui fondit aussitôt sur la nôtre, en l'attaquant à la fois de front et par les flancs. Rocafort, à la tête de son infanterie, et Marule de ses compagnies d'Impériaux, chargèrent au même instant les troupes qu'ils avaient devant eux. Déjà les Almogavares avaient poussé leur cri de guerre, ce terrible signal qu'ils étaient accoutumés de faire entendre au moment des actions les plus périlleuses : *Fer, réveille-toi!* criaient-ils alors, en donnant contre terre avec la pointe de leurs piques et de leurs épées. Ce qui fut surtout digne de remarque en cette occasion, c'est que, avant même de combattre, pleins d'une confiance que rien ne pouvait ébranler, ils se firent de mutuelles félicitations sur le succès de la journée qui allait s'ouvrir.

La bataille se livrait sur un terrain égal pour tous. Un mélange de cris effrayans et aussi variés que les diverses milices qui les firent entendre, avait annoncé les premières attaques. Des deux côtés, la résistance devait être opiniâtre, parce qu'il s'agissait, pour les uns et les autres, de la vie ou de la liberté : si les nôtres étaient vaincus, sans connaissance du pays, éloignés de toute retraite, ils voyaient une mort assurée, ou, ce qui leur semblait encore plus affreux, la certitude de demeurer captifs entre les mains de barbares qu'ils auraient irrités; si les Turcs, au contraire, perdaient la bataille, le péril était égal pour eux, et ils ne pouvaient douter qu'après leur déroute, tous les habitans de ces provinces chrétiennes, animés par la vengeance, ne se levassent aussitôt pour les exterminer. A l'ouverture de la bataille, le premier choc fut à l'avantage des Turcs, qui purent croire un instant à leur triomphe, la multitude de leurs troupes ayant mis notre petite armée dans la position la plus périlleuse. Mais nos soldats redoublèrent alors de vigueur et de courage; chaque homme, assailli par plusieurs Infidèles à la fois, semblait se multiplier pour défendre son poste; le terrain se disputait pied à pied sur toute la ligne; il était perdu, repris avec un égal acharnement, et rien encore ne paraissait plus incertain que la victoire, lorsque les capitaines de l'armée ayant répété une seconde fois le nom d'Arragon, il sembla que ce cri de guerre répandit la terreur chez nos ennemis, et inspirât à nos troupes un courage dont on n'avait jamais vu d'exemple. Au moment où ce cri se fit entendre, on en était venu de toutes parts au cimeterre et à l'épée, et, dans une pareille lutte, les armes défensives donnant à nos troupes un immense avantage, la victoire commença à incliner vers nous. Les Catalans, habiles à profiter de cet instant décisif, ne laissèrent pas un instant respirer leur ennemi, le frappant sans relâche, étonnant, par la force de leurs armes, sa valeur déconcertée, l'accablant enfin, dans cette mêlée terrible, et assurant ainsi un triomphe si long-temps défendu. Alors ils exercèrent leur furie accoutumée sur les Infidèles, qui, indignés de se voir arracher la victoire, semblaient, dans leur aveugle courage, s'offrir volontairement à nos coups. Tout fut désespoir chez les Turcs durant cette affreuse journée; pas un seul ne laissa soupçonner le moindre desir de se rendre, soit qu'ils fussent résolus à mourir comme de braves gens, ou qu'ils n'eussent aucune espérance d'exciter la pitié du vainqueur. Tant qu'ils pouvaient frapper, ils ne cessaient de faire leur devoir, et lorsqu'ils succombaient, leurs yeux et tous leurs traits annonçaient visiblement que le corps était vaincu, mais non pas le courage. Les nôtres, non contens d'être restés maîtres du champ de bataille, poursuivirent l'ennemi avec la même fureur qu'ils l'avaient combattu; mais enfin la nuit vint les surprendre, et, las de tuer, ils s'arrêtèrent. L'armée passa cette nuit entière sous les armes. Ce ne fut qu'au lever du soleil qu'elle put reconnaître combien grande était la victoire qu'elle avait remportée. Le plus morne silence régnait dans ces campagnes; partout la terre, teinte de sang, offrait des chevaux entassés et des monceaux de morts. Six mille cavaliers turcs et douze mille fantassins étaient restés sur la place. Muntaner assure que cette fameuse journée vit éclore des faits d'armes si nombreux et si extraordinaires, que peut-être ils ne furent jamais surpassés. Malheureusement témoin de notre gloire, il n'en présente aucuns à notre admiration : oubli injurieux pour notre histoire, qui devrait, par d'immortels souvenirs, consacrer de pareils exploits.

Nos soldats se sentirent animés d'une telle confiance après cette victoire, les plus grandes difficultés leur inspiraient si peu de crainte, qu'ils demandaient à grands cris de passer les monts et d'entrer en Arménie, convaincus qu'ils allaient porter leurs armes jusqu'aux dernières limites de l'ancien empire romain, et réparer en quelques campagnes toutes les pertes que depuis tant de siècles les empereurs avaient essuyées. Mais les chefs de l'armée, mesurant comme ils le devaient l'étendue de leurs ressources avec la difficulté de l'entreprise, calmèrent une ardeur aussi imprudente, et s'opposèrent à la témérité de cette première résolution.

CHAPITRE XVII.

RETOUR DE NOTRE ARMÉE VERS LES PROVINCES MARITIMES.
RÉVOLTE DES MAGNÉSIOTES.

Les nôtres demeurèrent pendant huit jours sur le théâtre de leur victoire, et ce temps leur suffit à peine pour recueillir le butin. Ils continuèrent leur marche jusqu'à un endroit appelé *Porte de fer*, extrémité et limite de la Natolie et de l'Arménie. Roger s'arrêta encore trois jours, incertain sur le chemin qu'il allait prendre; mais pressé par les approches de l'automne, enfoncé dans des provinces dont les habitans ne lui semblaient pas entièrement à sa dévotion, manquant d'espions et de guides sûrs pour le diriger dans ces régions inconnues, il résolut, conjointement avec les autres capitaines, de retourner à Ania, et d'y établir ses quartiers d'hiver jusqu'à la saison de rentrer en campagne. Assez d'éclat avait brillé sur celle qu'il venait de faire. De vastes et nombreuses provinces reconquises, et l'ennemi quatre fois battu et mis en déroute, tel était le résultat de ses brillans exploits. L'armée ayant commencé sa retraite, se dirigea par les mêmes lieux qu'elle avait déjà reconnus, marchant à très-petites journées, afin que nul sentiment de crainte ne parût être le motif de ce mouvement. Les historiens grecs accusent encore, sans garder aucune mesure, l'insolence et la cruauté de nos troupes durant cette marche rétrograde. Jamais ils ne s'étendirent avec plus de complaisance sur les détails exagérés de leurs excès; et, dans l'animosité qui les inspire, ils vont jusqu'à leur reprocher d'avoir fait plus de mal aux villes de l'Asie que les Turcs mêmes, ennemis irréconciliables du nom chrétien. En reconnaissant, comme nous le faisons, une partie des maux dont ils chargent nos Catalans, il est impossible de croire à toute leur réalité, lorsque l'on considère que les nôtres ne passèrent en Asie qu'un espace de temps très-limité, qu'ils l'employèrent toujours à vaincre, et que leurs triomphes éclatans les enrichirent de tant de dépouilles, que plus d'une fois ils laissèrent sur le champ de bataille, non-seulement celles qu'ils ne pouvaient emporter, mais encore tous les objets dont l'abondance leur faisait dédaigner la valeur. Et nous accorderons même la vérité de tout ce que les Grecs nous rapportent, ils ne pourront pas encore ravir à nos troupes la gloire qui leur appartient. Vit-on jamais une armée quelconque donner l'exemple de la tempérance et de la modération, surtout lorsqu'elle reçoit sa paye avec autant d'irrégularité? Sans doute, et on ne saurait le nier, une armée mal disciplinée est aussi ruineuse pour les provinces qu'une armée ennemie; mais nous n'en devons pas moins accuser ici les écrivains grecs de s'être permis des exagérations indignes de véritables historiens.

L'armée, dans sa retraite, approchait de Magnésie, où Roger avait la plus grande partie de ses richesses et de son trésor, lorsqu'elle reçut avis, par ceux de la ville, que le perfide Ataléiote, leur capitaine, s'était révolté, qu'il avait égorgé les Catalans laissés en garnison dans la place, et élevé sa fortune avec les trésors que le grand duc y avait amassés. L'événement se passa ainsi : Magnésie était une ville grande, forte, et difficile à soumettre, si les habitans se tenaient unis entre eux. Roger, oubliant dans cette circonstance sa prudence accoutumée, exigea qu'ils eussent à tenir des chevaux et de l'argent prêts pour son retour. Cette demande les blessa sensiblement. Déjà entraînés par le desir ardent de s'emparer des trésors du grand duc, profitant encore de l'aversion que les Alains restés dans la ville avaient conservée contre les Catalans, les Magnésiotes résolurent de prendre les armes et de se révolter. Ataléiote, à qui ils confièrent leur dessein, oubliant toutes ses protestations au grand duc, s'empressa d'y consentir, et aussitôt ils s'occupèrent de son exécution. Comme ils étaient accoutumés à vivre à la manière des villes libres, ils redoutaient d'autant plus de tomber dans l'asservissement. Mais si déjà cette considération importante les poussait à la révolte, tout ce qu'ils voyaient autour d'eux précipitait encore leur détermination : des citoyens nombreux et bien armés, les Alains prêts à les soutenir, et, de plus, les magasins de la ville abondamment pourvus de grains, d'armes, d'argent et de toutes espèces de munitions. Tant d'avantages ne les laissèrent pas long-temps indécis. Après avoir reçu leur foi mutuelle, et s'être engagés par serment à la défense commune, ils passèrent au fil de l'épée une partie des Catalans, et s'assurèrent des autres en les jetant dans les fers. Cette exécution consolida la révolte, parce que rien ne réussit mieux, dans de semblables entreprises, qu'une action violente dont l'atrocité enlève aux coupables tout espoir de pardon. Pachimère, loin de blâmer une telle barbarie, l'approuve, et va jusqu'à lui donner des éloges : preuve évidente que son ouvrage est moins une histoire qu'une apologie.

A peine Roger eut appris le soulèvement des Magnésiotes, que, fermement résolu de tirer vengeance d'une trahison aussi atroce, il réunit une partie des Alains et des Impériaux qui suivaient l'armée, la totalité des Catalans, et alla mettre le siége devant la place. Rien ne fut négligé pour assurer le succès de l'entreprise. Des machines, des instrumens de guerre de toutes espèces, furent amenés avec une diligence que rien ne saurait égaler, et, au bout de peu de jours, on se vit en état de donner un assaut général. Il fut ordonné sans hésitation, et tenté avec audace; mais le courage des Catalans devait échouer pour la première fois. Desir de vengeance, animosité, acharnement, tout devint inutile; ils furent repoussés au milieu des huées et des plaisanteries insultantes qu'on leur prodiguait du haut des murs, tandis que le grand duc lui-même était outragé par les sarcasmes les plus injurieux. En vain il entreprit de rompre les conduits qui amenaient les eaux à la ville; ceux de Magnésie, avertis de son dessein, firent une sortie et l'en empêchèrent. Cependant tout espoir n'était pas perdu, et le siége se continuait encore, lorsqu'il arriva aux Catalans, de la part d'Andronic, l'ordre de l'abandonner, et de venir joindre son fils Michel, pour soutenir le prince de Bulgarie, beau-frère de Roger, qu'un de ses oncles menaçait vivement à la tête d'un parti de révoltés, et qui courait risque de succomber si l'on n'arrivait promptement à son secours. Nous tenons que ce soulèvement ne fut qu'un prétexte spécieux, inventé par Andronic pour attirer les nôtres hors des provinces de l'Asie, où il appréhendait toujours qu'éblouis par tant de triomphes, ils ne fussent tentés de se soustraire à son pouvoir, et de proclamer leur indépendance. Poursuivi par ces inquiétudes, mais craignant de trouver le grand duc peu disposé à lui obéir, il mit en avant les dangers du prince beau-frère de Roger, afin de lui présenter un motif d'autant plus entraînant. Ce qui nous confirme encore dans notre opiniou sur la fausseté des mouvemens de Bulgarie, c'est que Nicéphore lui-même n'en fait aucune mention, et qu'il parle, au contraire, de la crainte d'Andronic que nous venons de signaler. Cette appréhension fut donc la seule cause qui arrêta les Catalans dans le cours de leurs victoires, et les empêcha de reconquérir toutes les villes et les provinces de l'ancien empire romain. Tels sont les inconvéniens auxquels s'expose un grand capitaine, lorsqu'il consacre ses talens au service d'un tyran, ou d'un petit prince qui ne prend jamais conseil que de ses soupçons et de sa timidité. Heureux l'homme de mérite qui obéit à un grand monarque dont la puissance ne saurait s'offenser de l'accroissement d'un vassal!

Roger de Flor ayant rassemblé ses capitaines pour délibérer sur le message d'Andronic, l'on convint de répondre à l'empereur, et, sur ces entrefaites, de tenter un dernier effort contre Magnésie. Il ne pouvait être plus malheureux : le grand duc se vit repousser avec les mêmes insultes que la première fois. Ce fut en vain qu'il épuisa, sous les murs de cette place, toutes les ressources de l'art, tous les prodiges de la valeur; non-seulement il y perdit un assez grand nombre des siens, mais sa propre réputation eut à souffrir de tant d'efforts inutiles, s'il est vrai, comme le dit Nicéphore, que, réduit à traiter avec les rebelles pour la simple restitution de son argent, il ne put même réussir à le recouvrer. Le mauvais succès de cette dernière tentative, joint à la retraite des Alains qui l'abandonnèrent, détermina le général à lever le siége, donnant pour excuse les ordres qu'il avait reçus de l'empereur. Mais ce parti fut loin de satisfaire toute l'armée. Plusieurs des siens gardèrent un mécontentement secret de ce qu'on se retirait de ces provinces sans avoir châtié les Magnésiotes, et qu'on abandonnait leurs conquêtes à la fureur des Barbares, qui allaient inonder aussitôt ce malheureux pays. De simples soldats même cherchaient sourdement, par leurs discours, à échauffer les esprits : « Que nous importe d'avoir vaincu tant de fois, disaient-ils, » si l'on nous enlève ainsi le prix de nos triom- » phes? Sommes-nous sortis de notre terre natale, » avons-nous renoncé à la paix et aux douceurs

» de la patrie, pour venir chercher une misérable
» solde, en récompense des périls auxquels notre
» vie fut tant de fois exposée? Et pourquoi, lors-
» que nous sommes maîtres d'une province, nous
» arracher à notre conquête, et nous offrir, pour
» prix de nos services, une nouvelle guerre et
» de nouveaux dangers? » Si les capitaines et les
autres gens de distinction prenaient le parti de
dissimuler, et semblaient se laisser abuser par les
ordres de l'empereur, ils n'en étaient pas moins
affligés, et n'en avaient pas moins la conviction
que cet ordre de retraite provenait plutôt des
craintes d'Andronic que des mouvemens des
Bulgares.

Les nôtres arrivèrent bientôt à Ania, d'où ils
suivirent les provinces maritimes jusqu'à l'entrée
du détroit, la flotte s'avançant par mer à mesure
que l'armée gagnait du terrain. Parvenus au cap
qui se trouve sur le détroit en face de Gallipoli,
et que Muntaner appelle *Bouche-d'Aner*, ils
firent savoir à l'empereur qu'ils étaient prêts à
s'embarquer, et n'attendaient que de nouvelles
instructions. Andronic éprouva une joie véritable
de l'obéissance des Catalans, et, en leur donnant
par écrit de grands éloges sur cette soumission,
il leur apprit que les mouvemens de Bulgarie s'é-
taient apaisés au seul bruit de leur approche.
Mais, comme le dit Pachimère lui-même, cette

dernière nouvelle du rétablissement de la tranquillité parmi les Bulgares lui fut surtout suggérée par une lettre qu'il reçut alors de Michel son fils. Celui-ci, écoutant la jalousie des Grecs contre nous, et les craintes que nos armes inspiraient aux soldats étrangers qu'il avait sous ses ordres, écrivit à son père qu'il était loin de souhaiter la jonction de Roger avec ses troupes, non-seulement parce qu'il redoutait des divisions intestines, mais aussi parce que l'insolence des Catalans lui serait personnellement insupportable, s'ils continuaient de vivre et de se comporter sous ses yeux avec cette même licence dont les provinces d'Asie avaient été les victimes; et, pour appuyer encore les motifs de son refus, il ajoutait que Grégoire, chef des Alains, conservait un si profond ressentiment de la mort de son fils, qu'à la vue de Roger et des siens, l'éclat le plus alarmant devenait inévitable. Andronic, embarrassé du parti qu'il devait prendre, essaya alors de composer avec les circonstances, pour se tirer du mauvais pas où il s'était engagé. Après la nouvelle supposée que nous venons de dire, il envoya à Gallipoli sa nièce Marie et sa sœur Irène, chargées de négocier avec le grand duc, et de le déterminer à laisser la plus forte partie de son armée en Asie, et de passer seulement avec mille hommes d'élite, pour se joindre à son fils. Roger, instruit par les princesses, de l'objet de sa mission, le communiqua à ses premiers capitaines, qui tous le rejetèrent, en regardant comme très-dangereux de diviser ainsi leurs forces, et soupçonnèrent aussitôt que cette mesure était le principe de quelque grande trahison. Après le conseil, le grand duc répondit à sa belle-mère que ses capitaines ne voulaient nullement entendre à une proposition de cette nature, qu'il n'entreprendrait pas même de les faire changer de sentiment, et que tout projet de séparer les Catalans devait être abandonné sans retour. Alors Irène revint vers l'empereur, pour lui rendre compte de l'inutilité de ses efforts, et du malheureux succès de la négociation. Ainsi se termina cette guerre d'Asie, après avoir duré un peu moins de deux ans, espace de temps bien court pour des exploits si éclatans, qu'ils suffiraient à l'illustration d'un siècle entier.

LIVRE SECOND.

CHAPITRE PREMIER.

L'ARMÉE SE LOGE DANS LA CHERSONÈSE DE THRACE.

Andronic s'étant déterminé à transporter notre armée entière sur la côte d'Europe, lui envoya de nouveaux ordres, qu'elle exécuta en venant débarquer aussitôt dans la Chersonèse de Thrace. Là elle établit ses logemens, et prit pour place d'armes Gallipoli, ville de moyenne population, située presque à l'entrée du détroit vers le nord, et tenue à cette époque pour la plus importante de la province. Cet isthme, ou Chersonèse de Thrace, a soixante-dix milles de long, six de large, et dans quelques parties un peu moins de trois. Il est baigné à l'est par le détroit que les anciens appelaient Hellespont, et qui sépare l'Europe de l'Asie; à l'ouest et au sud, par la mer Égée, et au nord par la mer de Propontide, appelée aujourd'hui mer de Marmara. Les Croisés s'arrêtèrent autrefois sur son territoire; et, dans la partie qui le joint au continent, on voyait anciennement la ville de Lysimachie, célèbre par son fondateur Lysimaque, auquel elle doit son nom, et Sestos, lieu renommé par les amours de deux amans malheureux. Mais à peine restait-il quelques vestiges de leurs ruines à l'époque où cette province fut occupée par les Catalans : sur l'emplacement de l'ancienne Lysimachie, on voyait seulement un château appelé Examille, et beaucoup de hameaux et de villages, où les nôtres se dispersèrent pour laisser passer la saison la plus rigoureuse, et observèrent, quant aux logemens, le même ordre que, l'année précédente, on avait suivi au cap Artace. Tout paraissant tranquille dans l'armée, Roger passa à Constantinople avec quatre galères et un corps d'infanterie d'élite, pour offrir ses hommages à l'empereur Andronic, le féliciter sur la restauration de tant de provinces en Asie, et recevoir les récompenses et les honneurs dus à de pareils triomphes. Lorsqu'il entra dans la ville, escorté de ses troupes, tous les habitans, pénétrés d'admiration pour elles, accompagnèrent le cortége jusqu'au palais impérial, où Andronic reconnut les services de nos Catalans par des témoignages extraordinaires et des expressions de reconnaissance jusqu'alors inusités. Le général, après l'avoir instruit exactement de l'état des provinces qu'il venait de rendre à la liberté, demanda à l'empereur l'argent nécessaire pour effectuer une solde générale dans l'armée. Andronic répondit très-gracieusement que la valeur déployée par les troupes catalanes durant la dernière campagne, lui faisait à lui-même un devoir de ne pas différer plus long-temps le payement d'une solde aussi bien méritée, et qu'il allait donner des ordres pour qu'elle leur fût délivrée sur-le-champ. Cette réponse favorable semblait ne rien laisser à desirer, et cependant Andronic n'en fut pas moins mécontent de la réclamation; il regarda qu'après avoir fait un immense butin, après s'être enrichis des dépouilles de toutes les provinces conquises, la demande d'une simple solde était, de la part des Catalans, la preuve d'une cupidité insatiable, et que tout l'empire aurait peine à satisfaire : comme s'il eût ignoré que tout ce que le soldat victorieux remporte du champ de bataille, il l'emploie plutôt à ses plaisirs qu'à ses besoins, et que communément il le dissipe avec ses compagnons d'armes, en jeux et en festins, tandis que la solde est toujours, à ses yeux, le prix véritable de ses travaux et de son sang; c'est avec elle qu'il pourvoit aux choses nécessaires; et il ne peut voir sans un vif ressentiment qu'on la lui refuse, ou même qu'on la diffère, surtout lorsque le prince prodigue ses trésors à étaler avec une vaine ostentation toute la pompe de la majesté du trône, et qu'il néglige de satisfaire à une obligation sur laquelle se fondent l'appui et la véritable grandeur des rois.

CHAPITRE II.

BÉRENGER D'ENTENZA ARRIVE A CONSTANTINOPLE. COMBAT
DE GÉNÉROSITÉ ENTRE LUI ET ROGER DE FLOR.

Roger attendit quelques jours à Constantinople, qu'on remplit l'objet de sa demande, sollicitant l'empereur, pressant les ministres, qui exagéraient à dessein les difficultés et les embarras éprouvés par leurs agens dans le recouvrement des deniers publics, et déguisaient méchamment le montant véritable des sommes que le trésor pouvait renfermer; manège plus d'une fois mis en œuvre par les personnes que commettent les princes à l'administration de leurs finances, mais auquel Andronic participait alors pour prolonger le délai.

Tandis que Roger poursuivait ses sollicitations à Constantinople, Bérenger d'Entenza arriva à Gallipoli. Ce chevalier, d'une illustre extraction, n'était pas moins distingué par sa valeur que par l'éclat de sa naissance. Andronic, qui connaissait sa brillante réputation, lui avait envoyé depuis long-temps un nouveau message et une députation particulière pour hâter son départ, et l'attirer auprès de sa personne par les offres les plus avantageuses. Entenza, occupé jusqu'alors du rassemblement de ses troupes, et retenu malgré lui par d'autres soins indispensables, s'était enfin embarqué à Messine, et venait d'aborder dans la Chersonèse de Thrace, avec quelques galères et cinq bâtimens armés, portant mille Almogavares et trois cents cavaliers, tous excellens soldats. La joie de son apparition fut grande dans toute l'armée. Il s'arrêta pendant dix jours à Gallipoli, attendant les ordres de Roger de Flor, auprès duquel deux cavaliers furent détachés de sa part pour l'instruire de son arrivée. Roger éprouva la plus vive satisfaction de cette heureuse nouvelle; une étroite amitié les unissait l'un à l'autre, et des obligations personnelles attachaient le grand duc encore plus fortement à Bérenger. Il lui écrivit donc de partir aussitôt pour Constantinople, où il savait de science certaine que l'empereur lui réservait quelque grande distinction. Rien ne devait paraître à Entenza plus digne de croyance, puisqu'il reçut en même temps deux lettres écrites de la propre main d'Andronic, que Roger lui adressait avec la sienne, et auxquelles le sceau d'or était suspendu. Il obéit sans plus attendre, et se rendit à Constantinople, où il fut reçu de la manière la plus brillante, et conduit au palais impérial, accompagné non-seulement de tous ceux de notre nation, mais encore d'un grand nombre de Grecs de haute naissance, qui faisaient en public profession d'amitié pour nous. Andronic l'accueillit avec tous les dehors d'une joie sincère, mais en cachant sous de fausses apparences les craintes et les soupçons que lui causait chaque jour l'accroissement de notre renommée, et surtout de nos forces. Ce prince avait mis, il est vrai, une instance particulière à attirer Entenza sous ses drapeaux, mais c'était avant les grandes victoires des Catalans en Asie; et, depuis cette époque, à mesure qu'il nous devait plus d'estime, il éprouvait plus d'inquiétude sur la présence d'une force aussi imposante au milieu de ses états. Pachimère prétend même que, dans le premier moment, Andronic refusa de recevoir à sa solde Bérenger d'Entenza, parce qu'il lui amenait plus de monde qu'il n'en avait demandé. Quoi que l'on puisse croire d'une inquiétude aussi invraisemblable, après qu'il eut triomphé sans doute de cette appréhension, le prince l'attacha à sa personne par les grâces particulières dont il le combla.

Parmi les sentimens généreux qui animaient Roger de Flor, on doit surtout distinguer celui de la reconnaissance. Il en donna, le jour de cette réception, une preuve bien remarquable, lorsque, ayant pris la parole pour appuyer les droits de son ami, il avoua hautement les grandes obligations dont il était redevable à Bérenger d'Entenza, lorsqu'il rappela avec complaisance l'époque de son arrivée en Sicile, époque où, pauvre et délaissé, la protection de Bérenger l'avait mis sur le chemin de cette haute fortune à laquelle il se trouvait parvenu; enfin, lorsqu'il poussa la générosité jusqu'à demander à l'empereur l'agrément de renoncer à sa charge de grand duc en faveur d'Entenza. Ce fut alors qu'il exalta la valeur de son compagnon d'armes, et que, parlant de sa noblesse comme si elle eût égalé celle des rois, il représenta qu'un chevalier d'un sang aussi illustre devait naturellement tenir le premier rang dans l'armée. Bérenger d'Entenza, avec le même désintéressement, supplia l'empereur d'accorder à Roger de Flor le titre de César, auquel Sa Majesté daignait lui permettre de prétendre; il releva à son tour les grands services de Roger, fit valoir l'honneur de l'alliance par laquelle il était devenu membre adoptif de la famille impériale, et assura enfin qu'il se tiendrait honoré lui-même des distinctions qu'on accorderait à son ami. Doués l'un et l'autre des plus grands avantages, il semblait que les qualités mêmes qui auraient dû fournir le plus d'aliment à la rivalité de ces deux émules, ne servissent qu'à tempérer leurs prétentions; et chacun d'eux ne voyait dans son propre mérite qu'un motif de reconnaître la supériorité de son ami; rivalité bien rare, même parmi les anciens, chez qui l'on accordait cependant quelque estime à la modération et à la véritable modestie.

Le lendemain de l'arrivée de Bérenger d'Entenza, en présence de tous les grands de la cour et de toute la noblesse tant nationale qu'étrangère, Roger de Flor, qui avait enfin obtenu la permission réclamée par lui avec tant d'instance, quitta le bonnet ducal, marque distinctive de sa dignité, et le remit à Bérenger, ainsi que le sceau, le bâton et l'étendard. Bérenger les refusa, et aurait sans doute persisté dans cette résolution, s'il n'avait reçu d'Andronic l'ordre exprès d'accepter les insignes qui lui étaient offertes, et auxquelles il joignit encore la verge dorée, distinction nouvelle inventée par lui, et la robe de sénateur, qu'il lui fit revêtir sur-le-champ comme grand duc du sénat. Tant de faveurs ne purent l'éblouir au point d'oublier ce qu'il devait à son premier maître; et lorsqu'en jurant fidélité à l'empereur, il lui fallut promettre de devenir l'ami de ses amis et l'ennemi de ses ennemis, Bérenger excepta de cette dernière clause le roi Frédéric de Sicile, parce qu'il lui avait déjà engagé sa foi. Cette réticence fut interprétée diversement parmi les Grecs: les uns crurent y voir plus de choses qu'il ne voulait en laisser paraître, et même quelques desseins dangereux; les autres, l'expliquant d'une manière plus favorable à son honneur, dirent que, soumis à l'empereur aussi bien qu'il l'avait été au roi de Sicile, il serait fidèle à ses derniers comme à ses premiers sermens. Bérenger, revêtu de sa nouvelle dignité, alla loger à Saint-Côme avec ses Catalans, dont plusieurs reçurent aussi d'Andronic des titres honorables et d'autres marques de sa munificence. Lui-même obtint dès ce moment une grande importance parmi les favoris, et jusque dans les conseils du souverain. Cependant la délicate courtoisie avec laquelle Roger de Flor venait de témoigner sa reconnaissance à son ancien ami, avait rempli les Grecs d'admiration pour la générosité de son caractère; et l'empereur, qui la célébra lui-même par les éloges les plus flatteurs, voulut honorer ce noble sentiment, dans la personne du général, en lui offrant le titre de César, l'un des premiers de l'empire. Cette heureuse compensation de faveurs, objet, pour nos deux compagnons d'armes, d'une égale satisfaction, excita encore la jalousie des Grecs, qui en témoignèrent un vif mécontentement, et se tinrent surtout offensés de ce qu'Andronic donnait à un étranger le titre de César, tombé chez eux en désuétude, par cette seule raison qu'il avait paru suspect à leurs princes. Dans les siècles florissans de l'empire romain, celui qu'on nommait César devenait l'héritier présomptif du trône, comme l'est aujourd'hui, chez les empereurs d'Occident, le roi des Romains, en France le dauphin, et dans notre Espagne le prince. Mais après la décadence de l'empire et depuis son partage, les empereurs grecs donnaient simplement le titre de César, sans y attacher aucun droit de succession, ce qui n'empêcha pas cette dignité de demeurer en très-haute estime, quoique n'étant plus que l'ombre de ce qu'elle avait été. Elle continua ainsi d'occuper le premier rang, jusqu'à ce qu'on lui préféra la dignité de Sébastocrator, à l'époque où celle-ci fut donnée à Isaac par Alexis Comnène. Cette dernière perdit aussi sa prééminence, lorsque le même Alexis, se voyant sans enfans mâles, maria Irène, sa fille aînée, avec Alexis Paléologue, qu'il nomma despote, et qui serait, sans aucun doute, monté sur le trône, s'il n'était mort avant son beau-père; en sorte que, dans cet empire, la dignité de César était la troisième, celle de despote la première, et la seconde celle de sébastocrator. Ces trois dignités n'obligeaient à aucunes fonctions. Il est seulement à remarquer que le César était appelé *seigneur*, dénomination tenue, dans les temps anciens, pour superbe, et due uniquement à la Divinité; on le traitait aussi de majesté. Quant à ses insignes, le bonnet qu'il portait était écarlate et or, et terminé, à peu de chose près, comme celui du prince; son manteau écarlate, ses bas et sa chaussure bleu céleste; dans les entrées et les cérémonies publiques, il se plaçait immédiatement auprès de l'empereur; la selle de son cheval était la même que celle dont on parait le cheval du souverain, si ce n'est qu'elle n'avait point d'aigles; habituellement il vivait dans l'intérieur du palais.

CHAPITRE III.

MAUVAISES DISPOSITIONS DES GÉNOIS ET DE MICHEL PALÉOLOGUE CONTRE LES CATALANS. SÉDITION DES GENS DE GUERRE A GALLIPOLI.

Si les Grecs étaient envieux de nos succès et des grâces qu'ils attiraient sur nous, les Génois ne redoutaient pas moins l'influence qu'une telle position pouvait nous acquérir dans l'empire. Ces républicains avaient, peu auparavant, agrandi le faubourg de Péra, et fortifié son enceinte de murailles et de fossés. Inquiets de la prépondérance de nos forces, contre lesquelles ils semblaient vouloir se mettre en défense, ils furent les premiers qui jetèrent des soupçons sur nos armes, et cherchèrent à rendre douteuse notre fidélité. Il n'y eut pas alors de bruits si mensongers qu'ils ne semassent autour d'Andronic, dans l'intention de nous perdre auprès de lui. C'est ainsi qu'à les entendre, et d'après des nouvelles d'Occident venues de bonne source, on y équipait une flotte nombreuse, qui devait attaquer au printemps les provinces de l'empire. Non contens de lui inspirer des craintes sur cette agression étrangère, ils assuraient encore que les Catalans entrés à son service, de même que la troupe de Bérenger d'Entenza, réunis pour sa perte plutôt que pour sa défense, entretenaient une correspondance secrète avec ceux de Sicile; que le frère naturel du roi Frédéric ne se préparait à rien moins qu'à venir, suivi de douze vaisseaux, les joindre en Orient, et qu'ils n'attendaient que ce moment décisif pour faire éclater leur funeste projet. Après avoir cherché, par ces suppositions artificieuses, à s'insinuer dans les bonnes grâces de l'empereur, comme zélés partisans du bien public, et à ruiner à ses yeux notre grande réputation, ils allèrent jusqu'à lui conseiller sans détour de nous attaquer à force ouverte, offrant pour cela cinquante vaisseaux prêts à appareiller, et cinquante autres qu'ils promettaient de mettre en mer, pourvu qu'on s'engageât, même pour des termes éloignés, à leur rembourser les frais de l'armement. Aucun autre motif, selon eux, ne les engageait à cette proposition, que le spectacle des mauvais traitemens exercés sur les habitans d'une terre qu'ils regardaient comme leur seconde patrie, et cela par le peuple même appelé pour sa défense. L'empereur, dans le moment, n'ajouta aucune croyance au rapport des Génois, et le regarda bien plutôt comme une invention de leur méchanceté et de l'envie qu'ils avaient manifestée contre nous, dès le jour même où notre armée mit le pied dans la Grèce. Le serment solennel prêté par nos Catalans à sa personne, semblait le rassurer encore; et pourtant il ne laissa pas de témoigner à ces mêmes Génois toute sa reconnaissance pour l'intérêt particulier qu'ils prenaient aux malheurs de ses peuples, leur recommandant de garder le silence, et leur promettant de se consulter sur ce qu'il aurait à faire, avec l'assurance de l'exécuter aussitôt qu'il l'aurait résolu.

Cependant Michel Paléologue, irrité des grâces et des honneurs accordés à Bérenger d'Entenza, et entraîné par les suggestions perfides des Grecs qui entouraient sa personne, prépara dès-lors notre perte, sans rougir d'aucuns moyens pour y parvenir, et foulant aux pieds toutes les lois divines et humaines. Il n'est aucunes expressions capables de peindre la fureur de ces Grecs superbes et jaloux, qui ne tramaient, dans le mystère, que perfidies et trahisons. Paroles, actions, rien n'était épargné auprès de Michel, déjà si mal disposé contre nous. Attaquant le faible de leur maître, ils affectaient d'exalter en sa présence la grande réputation des Catalans, et lui rappelaient sans cesse qu'à la honte du trône et à son grand déshonneur, ces étrangers envahissaient, à la face de l'empire, les plus grandes dignités de l'état.

Les Grecs avaient toujours pensé que nos Catalans ressembleraient aux Alains et aux Turcopules, qui vivaient d'une triste et misérable solde, sans porter plus haut leurs prétentions. Mais lorsqu'ils les virent revêtus des dignités de César, de grand duc, de grand sénéchal, de grand amiral, et aspirant encore à celles qui restaient, il n'y eut point de dangers qu'ils ne redoutassent, et ils se sentirent profondément offensés de voir qu'on livrât entre des mains étrangères les forces de l'empire et ses plus nobles distinctions.

Au milieu de tant de craintes, de machinations et de jalousies, on n'avait point encore acquitté la solde de nos troupes, et les Catalans, persuadés qu'on prolongeait ce retard de dessein prémédité, devinrent furieux d'une telle injustice. Alors, sans que rien pût arrêter leur vengeance, ils se jetèrent sur tout ce qui se trouvait autour d'eux, et maltraitèrent ouvertement les habitans du pays : désordres inévitables de la guerre, et que, de tous les temps, la sévérité des grands capitaines put difficilement arrêter. Michel Paléologue, qui saisissait tous les prétextes de calomnier notre nation, profita de cette malheureuse circonstance pour persuader à son père que, du moment où les Catalans, loin de se contenter de leur solde exorbitante et de toutes les dépouilles de l'Asie, opprimaient encore ses peuples pour satisfaire leur cupidité, s'il tardait davantage à réprimer leur insolence, c'en était fait de son empire et de sa maison; qu'après tant de victoires remportées sur les Turcs, la Grèce ne pouvait pas se regarder comme affranchie de l'esclavage, si elle devait en attendre un plus cruel et plus insupportable de la part des Catalans, aux mains desquels la liberté commune se trouvait abandonnée; qu'en vain son aïeul, Michel Paléologue, avait reconquis cette liberté précieuse, en chassant les Latins de l'empire, puisqu'on voulait la sacrifier une seconde fois; que ce funeste événement était inévitable, si l'on usait plus long-temps d'indulgence envers ces étrangers; qu'en tout état de choses, il restait encore assez de forces aux Grecs pour les accabler de quelque manière que ce fût; que si les Catalans avaient obtenu des droits à la reconnaissance de l'empereur, en chassant les Turcs de ses provinces, leur arrogance et leur ingratitude les avaient tous effacés; qu'enfin leurs victoires méritaient moins le nom de services que celui de calamités pour la Grèce, puisqu'au lieu d'établir la paix dans l'empire, ces étrangers faisaient une nouvelle guerre aux habitans paisibles, par leurs contributions insupportables et leurs mauvais traitemens. Pressé entre les instances persuasives de son fils et les plaintes jalouses de ses favoris, qui l'obsédaient sans cesse par leurs doléances sur la misère des Grecs, misère, disaient-ils, si déshonorante pour lui, Andronic éprouva enfin l'effet de leurs dangereuses insinuations; et lorsque Roger de Flor et Bérenger d'Entenza lui demandèrent des fonds pour commencer la guerre, il leur déclara positivement qu'aucunes sommes ne leur seraient délivrées avant qu'ils eussent passé le détroit et ouvert la campagne. Un tel langage ne ressemblait guère aux paroles si bienveillantes de ce même Andronic, qui jusqu'alors avait été envers eux plus libéral de faveurs et d'argent, qu'ils ne s'étaient montrés ardens à les solliciter. Malheureusement cette réponse de l'empereur arriva bientôt à Gallipoli, où elle causa par tout le camp une surprise si extraordinaire, et amena une si violente sédition, que, dans leur premier emportement, les soldats forcèrent leurs chefs de prendre les armes pour attaquer le territoire de l'empire, et s'emparer d'un certain nombre de forteresses et de places de sûreté. Déjà, depuis les délais apportés au paiement de leur solde, ils avaient soupçonné la conduite des deux capitaines Roger de Flor et Bérenger d'Entenza, qu'ils accusaient de vouloir s'élever l'un et l'autre au prix de leurs travaux et de leur sang, et de ne pas solliciter l'empereur avec assez d'instance touchant leurs intérêts, dans la crainte d'indisposer un prince dont leur fortune attendait encore son dernier agrandissement. Ces soupçons allèrent si loin alors, qu'ils prirent le parti d'envoyer eux-mêmes à Andronic des députés, pour réclamer hautement ce qui leur était dû; mais en promettant, si on leur accordait satisfaction, de continuer leur service avec la plus scrupuleuse fidélité, et de punir les excès de quiconque aurait la hardiesse d'offenser ou de maltraiter les peuples de son empire : expressions mesurées, que l'on dut, selon Pachimère, à la crainte inspirée aux Catalans par une armée que Michel aurait réunie, sur ces entrefaites, pour réprimer leur insolence. L'empereur, dans l'impuissance de payer à la fois une solde aussi exorbitante, et craignant néanmoins d'en venir contre nous à une rupture ouverte et à une guerre déclarée, adressa les députés de Gallipoli à Bérenger d'Entenza, persuadé qu'il saurait mieux que tout autre les déterminer à accepter une partie seulement des sommes auxquelles ils prétendaient. En effet, ces envoyés se contentèrent de l'argent qui leur fut compté alors, et l'emportèrent à Gallipoli, où Roger de Flor avait déjà amené avec lui sa femme, sa belle-mère et son beau-frère, parceque tous avaient desiré de le suivre, ou peut-être aussi, comme nous serions portés à le croire, afin de garder comme ôtage, auprès de sa personne, Irène, sa belle-mère et sœur de l'empereur, dans le cas où l'on viendrait à le traiter en rebelle, si la sédition faisait de nouveaux progrès.

CHAPITRE IV.

Andronic fait payer les gens de guerre avec de la monnaie altérée, ce qui cause de nouvelles séditions.

Andronic, qui n'avait cédé qu'à la nécessité dans ce dernier arrangement, montra toute sa mauvaise foi lorsque, par une fraude et avec une astuce bien dignes d'un Grec, il paya la somme remise aux envoyés de Gallipoli en espèces de mauvais aloi, et altérées au moins pour un tiers de leur ancienne valeur. Cette fraude honteuse ne l'empêcha pas de déclarer que les gens de guerre devaient les recevoir pour leur prix nominal, et comme si elles n'eussent rien perdu. Les capitaines, peu experts en supercheries de cette nature, pressés, d'ailleurs, par l'impatience des troupes en quelque sorte mutinées, se laissèrent persuader aisément, et acceptèrent l'argent, qu'ils emportèrent à Gallipoli. Là, on ordonna une revue générale pour en faire la répartition. Les soldats, instruits de la fraude, ne le reçurent pas d'abord sans murmurer et sans se plaindre : mais ils s'apaisèrent bientôt au seul nom de ceux qui le leur délivraient. Telle ne fut pas, un peu plus tard, la conduite des Génois, qui, étant convenus avec l'empereur d'une somme déterminée pour employer leur flotte contre nous, n'eurent pas plutôt découvert qu'on se libérait envers eux en monnaie de cette nature, qu'ils la renvoyèrent sans plus attendre, et désarmèrent leurs vaisseaux. Cependant, lorsque les Catalans et les Arragonais, après s'être contentés de ces mauvaises espèces, voulurent donner entière satisfaction à leurs hôtes, et les payer de la même monnaie, ceux-ci refusèrent de l'accepter pour sa valeur primitive; et, comme le soldat ne saurait éprouver de retard dans sa subsistance, il força l'habitant de la lui fournir, et de recevoir son argent. Les Grecs s'irritèrent, les Catalans répondirent à leurs menaces, les esprits s'aigrirent de part et d'autre, et les nôtres, réduits à se procurer des vivres à main armée, répandirent l'effroi parmi les gens du pays, qui désertèrent leurs demeures, et laissèrent tout le territoire abandonné. Les plaintes sur les désordres de nos soldats arrivèrent alors de toutes parts aux oreilles d'Andronic, qui commença à incliner vers les conseils de son fils, et s'occupa de remédier, par des moyens plus violens et plus efficaces, aux excès dont ses peuples étaient la victime. Sans doute ces excès auraient pu trouver un terme, si les différens capitaines de notre armée avaient exercé sur les troupes une autorité entière, et si eux-mêmes eussent été constamment unis; mais Andronic n'en doit pas moins être accusé de tant de malheurs. Pouvait-il ignorer que toutes les fois qu'un souverain ne craindra pas de payer des troupes avec une monnaie fortement altérée, sans rendre un édit qui force ses sujets de la recevoir pour son ancienne valeur, cette mesure, indigne de son rang, produira entre les soldats et le peuple un éclat inévitable? Aussi regarda-t-on comme certain que cette fraude fut employée par les deux empereurs Andronic et Michel dans l'intention de porter les Catalans aux excès qu'ils commirent contre les Grecs, et ceux-ci à s'armer, dans leur ressentiment, pour leur propre vengeance: double résultat qui semblait aux deux princes devoir entraîner la ruine entière de notre armée, et les affranchir ainsi de toutes leurs obligations. Ce perfide calcul ne fut pas sans succès. Les Catalans, manquant d'argent, puisqu'il leur était inutile, se jetèrent sur les bourgs et les villages, qu'ils mirent à contribution, et, avec la licence militaire que les troupes sont habituées de se permettre, accablèrent d'insultes et de mauvais traitemens tout ce qui faisait résistance. Ces désordres même auraient été portés à leur comble, si l'on en croit Nicéphore, qui s'abandonne, sur les excès de nos soldats, aux déclamations les plus exagérées, et Pachimère, qui, tout entier à sa passion, déchire encore nos Catalans avec une plus odieuse méchanceté. Muntaner nie cependant qu'ils se soient montrés à ce point cruels et implacables envers les Grecs. Cet historien dit, au contraire, que, dans ces temps malheureux, tandis que les fidèles des provinces d'Asie, fuyant la barbarie des Turcs et leur affreux esclavage, se réfugiaient à Constantinople, où leurs frères les laissaient sans pitié mourir de faim et de misère dans les lieux les plus infects et les plus immondes, les Catalans accueillaient avec générosité et assistaient de tout leur pouvoir ces malheureuses victimes d'un commun désastre. Le crédit que l'on doit accorder ou refuser à ces divers écrivains sera facilement déterminé par leur caractère et leur position : d'un côté, Nicéphore et Pachimère, tous les deux Grecs de naissance, et appartenant ainsi au parti ennemi de notre nation, peu soigneux le plus souvent d'écrire la vérité, ayant à se plaindre des nôtres pour des injures ou communes ou particulières; et, de plus, éloignés du théâtre des événemens; de l'autre, Muntaner, Espagnol, témoin oculaire de tous les faits, et dont la simplicité du style, comme celle des temps où il vécut, semblent être de sûrs garans de sa véracité.

Cependant Andronic, toujours timide et toujours indécis, craignit que Roger de Flor, forcé de suivre la volonté de ses troupes, irritées plus que jamais par la fraude du dernier payement, ne prît les armes contre lui. Effrayé de toute rupture ouverte, il voulut que le prince Marule, chef des Impériaux qui avaient servi dans la guerre d'Orient, se transportât auprès du général, pour l'amener à Constantinople, après l'avoir assuré de la constante bienveillance de l'empereur, et de ses généreuses dispositions envers lui. Andronic le chargea également d'engager sa sœur Irène, alors à Gallipoli, à venir le rejoindre en même temps que Roger, dans l'espoir que cette princesse aurait assez de crédit sur son gendre pour lui persuader ce qui importerait le plus aux intérêts de l'empire. Marule, arrivé au lieu de sa destination, eut une entrevue avec Roger de Flor, qui se refusa positivement aux instances de l'empereur, en disant que la confiance de ses troupes était le seul fondement de son autorité, et qu'il lui serait impossible de sortir de Gallipoli pour se rendre à Constantinople, sans accroître encore les soupçons qu'elles entretenaient déjà contre lui. De son côté, Irène s'excusa sur la faiblesse de sa santé, et sur l'impossibilité de s'exposer aux fatigues du voyage. Il fallut donc que Marule retournât, avec ces deux réponses, vers Andronic, qu'il tâcha de tirer enfin de son erreur, en l'assurant que, si l'on ne payait à l'armée la totalité de sa solde, on ne pouvait songer à aucun accommodement. Un avis aussi positif n'empêcha pas l'empereur de penser encore à mettre les Catalans en campagne, et d'employer une seconde fois l'entremise de sa sœur, pour persuader au général de passer en Orient avec quelques secours qu'il promettait de lui envoyer. Le motif était pressant : la ville de Philadelphie, resserrée encore plus étroitement que l'année précédente, se trouvait réduite aux dernières extrémités : la famine y exerçait ses ravages sur les habitans réduits au désespoir, et, dans les horreurs de ce terrible fléau, la faim ayant vaincu toute répugnance pour les objets les plus dégoûtans, les cadavres mêmes n'étaient pas épargnés. Roger de Flor eût obéi de plein gré aux ordres d'Andronic, si les esprits, parmi les troupes, n'avaient pas été plus échauffés que jamais; mais la moindre démonstration qu'il eût faite alors pour les employer au service de l'empereur, aurait mis en péril son autorité et sa vie.

Au milieu de cette fermentation générale, Bérenger d'Entenza, entouré de craintes et de soupçons, s'aperçut que les Grecs commençaient à l'observer comme Catalan, et les Catalans à se défier de lui comme partisan des Grecs, parce qu'ils le voyaient occuper un poste trop éminent auprès de l'empereur, pour ne pas le soupçonner de soutenir les intérêts du prince, et de l'approuver dans le mal dont il les accablait. Jugeant donc que les choses en étaient venues à ce point entre les Catalans et Andronic, qu'on ne pouvait être neutre ou médiateur dans un pareil différend, sans se perdre auprès des deux partis, Bérenger résolut de n'écouter que ses premiers devoirs, et de préférer à l'accroissement de sa fortune l'honneur et la gloire de sa nation qu'il voyait prête à périr. S'il éprouva quelques combats, s'il montra quelque tristesse, comme dit Pachimère, au moment d'exécuter son projet, la loyauté ayant triomphé chez lui de tout autre sentiment, il demanda inopinément à Andronic la permission de retourner à Gallipoli. L'empereur, qui ne s'attendait à rien moins qu'à une pareille proposition, loin d'y consentir, n'épargna, pour l'arrêter, ni les prières, ni les présens. Insensible à ses instances comme à ses offres, Entenza, dès le jour même, alla rejoindre deux galères qu'il avait au port de Blaquerne, et s'embarqua. Il était près de mettre à la voile, lorsqu'il renvoya à Andronic trente vases d'or et d'argent qu'il tenait de sa munificence;

et, dans un dernier effort de son généreux dévouement, il jeta à la mer les insignes de grand duc, pour montrer que dès-lors il renonçait avec l'empire à toute liaison d'amitié. Cette action, condamnée par les Grecs comme vile et infâme, est le trait le plus digne de louanges qui ait distingué en Orient ce fameux chevalier : aucun, en effet, ne pouvait prouver plus victorieusement combien il préférait les voies de la justice au chemin de la fortune et des honneurs : grand exemple pour ceux qui, toujours prêts à s'élever aux dépens de la patrie qu'on opprime, la laissent maltraiter pour de méprisables intérêts, et le plus souvent ne remportent qu'infamie pour prix de leurs bassesses.

Lorsqu'Andronic apprit la retraite d'Entenza, il le fit solliciter par plusieurs messages de revenir auprès de lui. Un tel désintéressement lui semblait inconcevable, et, dans sa surprise extrême, il ne pouvait se persuader que ce chevalier, comblé de ses faveurs, se décidât à l'abandonner. Cette préoccupation alla si loin, que certains hommes de Malvoisie, qui se trouvaient alors à Constantinople, ayant offert à l'empereur d'attaquer avec des forces suffisantes les deux galères de Bérenger, et de le punir ainsi du peu d'estime qu'il faisait de son amitié, toujours poursuivi par l'espoir de le faire changer de dessein, le prince refusa leur proposition; mais il n'était plus temps: Bérenger partit dès la nuit même, et arriva à Gallipoli, où il trouva tous les esprits dans le trouble et dans la confusion.

CHAPITRE V.

ANDRONIC DONNE LES PROVINCES D'ASIE EN FIEFS AUX CAPITAINES CATALANS ET ARRAGONAIS.

ANDRONIC voulait diviser les Catalans entre eux, afin de les châtier ensuite plus à son aise et avec moins de dangers. Dans cette intention, il revint, auprès du grand duc, sur un projet de haute importance dont il lui avait déjà fait part. Plusieurs personnes furent employées à cette négociation, et surtout un certain Canavurio, ministre particulier d'Irène, homme actif et intelligent, qui ne cessa, par des courses fréquentes, de porter et reporter les propositions diverses de Constantinople à Gallipoli. Ce projet, si on l'eût exécuté ainsi qu'on l'avait offert, aurait amené la plus grande transaction que les Catalans pussent desirer pour l'accroissement de leur fortune; mais alors les dispositions personnelles d'Andronic l'éloignaient entièrement de tout ce qui pouvait servir nos intérêts comme notre gloire. L'insolence du soldat, la jalousie des Grecs, les instances et les malheureuses suggestions de Michel, avaient changé chez lui en véritable haine cette affection dont naguère tant de preuves étaient venues seconder nos efforts. Animés l'un et l'autre de sentimens également pernicieux pour nous, l'empereur et son fils résolurent de donner, en apparence, une satisfaction éclatante à notre armée, et de travailler sourdement et sans relâche à son entière destruction. En vain les historiens grecs se taisent sur cette odieuse trame, la suite des événemens ne permet pas d'en douter. Cependant, si le but principal de l'empereur était de semer la division parmi les Catalans, d'autres motifs purent aussi le déterminer à la transaction qu'il nous proposa : la crainte de nos armes, les secours qui, disait-on, devaient nous arriver de Sicile, et l'épuisement du fisc et de la chambre impériale, épuisement causé par les soldes excessives auxquelles on avait eu la faiblesse de consentir.

Andronic ne négligea auprès du grand duc aucuns moyens de persuasion pour le conduire à son but; il chercha même à intéresser son honneur et sa délicatesse, en lui représentant que, s'il lui appartenait, comme prince, de remédier aux maux de ses peuples, il était du devoir des capitaines catalans, comme alliés et amis des Grecs, de le seconder dans des intentions dont le succès serait pour tous d'un intérêt si important. Enfin, après de longues délibérations, après les démarches réitérées de Canavurio, le traité fut conclu entre Andronic et Roger de Flor : il portait que, dès ce moment, l'empereur donnait en fiefs les provinces d'Asie aux grands seigneurs et aux chevaliers catalans et arragonais, avec l'obligation de le servir à leurs frais, lui et ses successeurs, toutes les fois qu'ils en seraient requis. Du jour de sa conclusion, Andronic ne devait plus être tenu à aucune solde envers les troupes catalanes; seulement il s'engageait à leur donner annuellement trente mille sequins de subsides, cent vingt mille muids de blé, et à acquitter la paye courante jusqu'au jour de la convention. Elle fut jurée devant l'image de la Vierge, suivant l'ancien usage de cet empire. Aucune transaction ne saurait être plus authentique, puisque Pachimère et Muntaner s'accordent sur tous ses articles, si ce n'est que l'auteur grec prétend qu'Andronic excepta quelques villes de la donation.

Nos affaires parurent alors avoir atteint en Orient leur plus haut degré de prospérité. Les Catalans venaient de recevoir en fiefs toutes les provinces d'Asie, ou comme dons de l'empereur, en récompense de leurs services, ou comme conquêtes faites par leur valeur, et affranchies par leurs armes de la servitude des Barbares, titres glorieux dont un seul leur eût acquis des droits à la souveraineté de ces provinces. Ce fut, sans aucun doute, un des événemens les plus remarquables de cette expédition, et celui qui doit répandre sur la nation catalane et arragonaise un plus grand éclat. En effet, quand les Romains, vainqueurs de Mithridate, s'emparèrent de l'Asie, ils n'hésitèrent point à regarder cet agrandissement comme une de leurs plus belles gloires. Cependant ces mêmes pays que leurs fameuses légions et leurs plus grands capitaines mirent tant d'années à soumettre, nos Catalans en achevèrent la conquête en moins de deux ans. Si cet événement n'eut pas les grands résultats qu'on devait en attendre, c'est qu'une basse jalousie et de folles alarmes vinrent arracher notre armée victorieuse à ces vastes provinces, dont la possession devait devenir son glorieux apanage. Sans la perfidie et la trahison qui suspendirent le cours de leur brillante fortune, les Catalans seraient demeurés seigneurs absolus et princes de l'Asie; et de tels vainqueurs, en arrêtant la puissance des Turcs dans son principe, les eussent peut-être empêchés d'étendre leur domination, et de venir poser en Europe les bornes de l'empire immense qu'ils possèdent aujourd'hui.

CHAPITRE VI.

LES GENS DE GUERRE, DANS LEUR DÉFIANCE CONTRE ROGER DE FLOR, SE MUTINENT AVEC PLUS DE FUREUR QUE JAMAIS.

L'empereur Andronic, pour satisfaire à son serment, chargea un de ses agens, nommé Théodore Cuno, de porter à Roger de Flor le traité signé de sa main et scellé du sceau d'or, les trente mille sequins de subsides et les insignes de César qu'il n'avait pas encore reçues; il devait aussi annoncer au général que les grains, rassemblés d'avance, seraient livrés, sur sa demande, à la personne qu'il lui conviendrait de désigner. Théodore se mit en route et prit le chemin de Ripi. Arrivé dans cette ville, il apprit que les affaires des Catalans de Gallipoli prenaient chaque jour une tournure plus alarmante, et, en homme sage et avisé, il ne voulut pas aller plus loin, avant de connaître positivement l'état des choses. La prudence lui commandait d'autant plus cette circonspection, qu'il redoutait le ressentiment de Roger, parce qu'un de ses frères qui occupait Cancilio avec des troupes, avait fait plusieurs sorties de la place au désavantage des soldats mutinés. Ne voulant donc compromettre ni sa personne ni l'argent qu'il portait, il eut recours à Canavurio qui se trouvait auprès de lui, et l'envoya directement à la sœur d'Andronic, pour instruire cette princesse de sa mission, et revenir aussitôt lui rendre compte de l'état de la révolte et de la disposition des esprits. Tandis que Canavurio exécutait son message, Théodore continua sa route, mais en cheminant avec lenteur, afin de lui donner le temps de prendre ses informations, et de le rencontrer à son retour, avant qu'il courût encore aucun danger. Il poussa jusqu'à Brachialio, où ses inquiétudes redoublèrent, lorsqu'il apprit que Roger devait refuser les insignes de César, dans la crainte d'augmenter la défiance de ses troupes, défiance qu'elles commençaient à ne plus déguiser, en le voyant comblé de richesses et d'honneurs, tandis qu'on les privait frauduleusement de la solde qui leur était due. Trop alarmé de ces renseignemens pour ne pas songer à sa sûreté, Théodore retourna à Ripi, où il attendit encore quelques jours. Comme les derniers rapports qui lui parvinrent n'annonçaient en aucune manière que le désordre tendît à s'apaiser, il craignit que si les Catalans le savaient dans cette ville, porteur d'une somme de trente mille sequins, ils ne vinssent à main armée le dépouiller d'un dépôt qu'ils devaient convoiter avec tant d'ardeur. Pressé par le danger de sa situation, il prit le parti de la retraite, sortit secrètement de la place pendant la nuit avec tous les objets destinés au César, et retourna à Constantinople, où il rendit compte à l'empereur des motifs qui l'avaient retenu malgré lui, et le ramenaient sans avoir rempli sa mission.

Cependant Roger, pensant qu'il importait à sa sécurité comme à sa réputation de satisfaire les troupes sur les soupçons déshonorans qu'elles entretenaient contre lui, ordonna à tous les principaux capitaines de l'armée qu'ils eussent à quitter leurs postes pour se rendre à Gallipoli, après avoir pourvu à la sûreté des lieux dont ils avaient le commandement. Lorsqu'ils furent réunis, le général leur exprima en ces termes les sentimens dont il était pénétré :

« Les travaux, dit-il, et les périls auxquels
» je me suis exposé pour l'intérêt et la prospérité des Catalans et des Arragonais, ne méritaient pas qu'on y répondît par des doutes
» aussi injurieux et aussi pénibles sur ma loyauté
» et sur ma foi. Ma conduite, durant les guerres
» de Sicile, attesta, dès long-temps, la pureté
» de mes intentions ; j'y servis constamment
» le roi, à la tête de soldats catalans, et, malgré la difficulté de ces temps d'épreuve pour la
» fidélité, jamais on n'osa suspecter ma délica-

» tesse, ni porter la moindre atteinte à mon hon-
» neur. Dans la guerre d'Asie, j'ai satisfait à toutes
» mes obligations. L'empereur, il est vrai, m'a
» accordé de nombreuses faveurs; mais je ne re-
» garde pas encore qu'elles soient égales à mes
» services, et quand elles le seraient, il ne pour-
» rait jamais se promettre de trouver en moi un
» homme capable, pour y répondre, d'oublier ses
» premiers engagemens. En vain sa majesté m'a-
» dresse aujourd'hui les insignes de César, je n'ac-
» cepterai aucun honneur, que vous n'ayez ob-
» tenu pleine et entière satisfaction. Ce n'est que
» pour vous secourir et animer vos courages que
» je suis sorti de Constantinople, et que j'ai aban-
» donné l'empereur, malgré l'instance de ses
» prières et la séduction de ses offres. Rien n'é-
» branlera ma résolution de suivre à jamais et
» votre fortune et vos dangers. Si l'empereur nous
» attaque, je n'épargnerai aucun effort pour flé-
» chir sa rigueur et rester fidèle à mes sermens;
» mais s'il est sourd à mes représentations, s'il faut
» enfin en venir aux armes, cette épée ne servira
» jamais qu'à la défense commune, et dès ce
» moment tous les Grecs seront mes ennemis. »

Ce discours, en dissipant toute défiance, raffermit l'autorité du général auprès de l'armée, qui reprit pour Roger de Flor ses premiers sentimens, et le disculpa, sans réserve, des soupçons que quelques mal-intentionnés avaient suscités contre lui.

Dans ce même temps, notre mauvaise fortune voulut que, pour jeter encore plus de défaveur sur nos armes, les Turcs s'emparassent de l'île de Chio, confiée à la défense de Roger et des siens. Tout ce qu'elle renfermait tomba en leur pouvoir. Il n'échappa qu'un certain nombre d'habitans qui, retirés dans la citadelle, réussirent à se sauver, au moyen d'une quarantaine de barques qu'ils avaient réunies. Mais ces malheureux, assaillis par une affreuse tourmente, périrent misérablement près de l'île de Scyros. La perte de Chio ne fit qu'accroître l'animosité dans les deux partis : les Grecs murmurèrent de voir que les Catalans, assez forts pour les accabler de contributions journalières, fussent trop faibles pour les défendre du joug et de la cruauté des Infidèles. Les Catalans, de leur côté, prétendaient que ce dernier malheur ne devait être attribué qu'au retard mis par Andronic à l'accomplissement de promesses tant de fois réitérées ; que si le prince eût acquitté exactement la solde stipulée par les conventions, ils auraient rempli leurs engagemens, et défendu les pays placés sous la protection de leurs armes ; qu'enfin le manque seul d'argent avait attiré sur la Thrace les désordres qu'on leur reprochait.

CHAPITRE VII.

ON CONVIENT QUE L'ARMÉE PASSERA EN ORIENT. ROGER REÇOIT LES INSIGNES DE CÉSAR.

LE discours que Roger de Flor avait prononcé publiquement, en présence des capitaines réunis, ne resta pas long-temps inconnu aux empereurs Andronic et Michel, qui en furent offensés l'un et l'autre, au point de vouloir, dans le premier moment, prendre l'armée qu'ils tenaient rassemblée à Andrinople, et marcher contre nous. Mais Andronic, à la persuasion d'Azan son neveu, défendit à Michel d'exécuter leur projet. Il espérait toujours que Roger, ramené par l'entremise de son beau-frère, reviendrait à lui: Azan l'instruisit en effet de la juste indignation de l'empereur, et lui manda que la meilleure manière de se disculper et de prouver son innocence, serait de passer en Asie, et d'ouvrir la campagne. Roger répondit à son beau-frère, et écrivit dans le même sens à Andronic, que la nécessité seule l'avait forcé de satisfaire ses troupes par le discours qu'on lui reprochait; que de toute autre manière, il aurait confirmé les soupçons de ses soldats, qui l'eussent infailliblement tué de leurs mains; que toujours il demeurerait fidèle à sa majesté, et reconnaissant des grâces multipliées qu'il en avait reçues; que s'il l'avait offensée en paroles, c'était pour empêcher les Catalans de l'offenser d'une manière plus positive et plus dangereuse, en nommant à sa place un autre chef qui les laisserait se livrer sans contrainte à toute l'impétuosité de leur caractère; qu'il la suppliait néanmoins de lui accorder quelques secours en argent; parce que, sans cette condition indispensable, il n'entreprendrait jamais de réduire des troupes qui, toutes réunies, renfermaient à peine mille hommes dont il pût garantir la soumission. Rassuré encore par cette lettre du général, Andronic écrivit de nouveau à son fils qu'il n'eût à faire aucune offense aux Catalans, et se contentât de les arrêter dans les courses auxquelles ils se livraient.

Azan, qui desirait de sauver l'existence et la fortune de son beau-frère, profita des bonnes dispositions d'Andronic, pour lui persuader que, si l'on renvoyait à Roger de Flor tout ce que Théodore Cuno avait dû lui remettre, rien n'empêcherait alors qu'il ne passât en Asie. L'empereur, décidé par ses représentations, fit porter au général les trente mille sequins, les cent vingt mille muids de blé, et les insignes de César, qu'il revêtit le jour de la résurrection du Lazare, jour auquel il fut solennellement proclamé; mais il lui ordonna en même temps, et avec autorité, de faire partir aussitôt toutes ses troupes, et de ne garder que mille hommes auprès de lui. C'était le faible nombre dont on avait déjà voulu qu'il demeurât accompagné, lorsqu'on l'engagea à passer sur les côtes d'Europe, à son retour de la campagne d'Asie. Roger fit quelques démonstrations d'obéissance, et se prépara, en secret, à tout événement : il envoya à Bérenger d'Entenza celles des troupes de son armée qui s'étaient ouvertement déclarées rebelles et ennemies de l'empire, et les autres à Cizique Mettelin, où il y avait déjà garnison catalane; en outre, il se procura de nouvelles provisions de bouche, et, aux cent vingt mille muids de grains qu'il avait reçus d'Andronic, il en ajouta une quantité encore plus considérable, provenant des contributions levées par les soldats sur les habitans du pays.

CHAPITRE VIII.

ROGER PART POUR AVOIR UNE ENTREVUE AVEC MICHEL PALÉOLOGUE, CONTRE L'AVIS DE MARIE, SA FEMME, ET DES CAPITAINES DE L'ARMÉE.

TANDIS que nos Catalans, au milieu de tant d'agitations, étaient, les uns tourmentés par la crainte, les autres soutenus par l'espérance, Andronic et Michel, toujours occupés de leur plan, cherchaient de quelle manière ils pourraient exercer sur eux une punition éclatante, et châtier leur audace par le traitement le plus rigoureux : détestable perfidie que, malgré le silence des historiens grecs, nous persistons à ne pas révoquer en doute. La fin malheureuse de Roger de Flor ouvrit bientôt les voies à l'exécution de leur lâche dessein. Jamais attentat aussi funeste ne fut consommé par les coupables avec plus de sécurité pour eux. Le temps de quitter la Grèce et de recommencer la guerre contre les Turcs était arrivé. Roger qui, en gardant fidélité aux siens, voulait entretenir la bonne intelligence avec les empereurs, résolut d'aller offrir ses hommages à Michel Paléologue, pour l'instruire du plan de campagne qu'Andronic et lui avaient arrêté. Mais Marie, femme du César, la mère et les frères de cette princesse, accoutumés à l'intérieur du palais, et connaissant d'autant mieux toute la fourbe domestique, auguraient très-mal de ce départ. Marie surtout, comme la plus intéressée à la conservation du César, ne négligea rien, dans l'intimité de leurs conversations, pour le détourner de ce voyage, et le dissuader de se livrer volontairement entre les mains de Michel Paléologue, qui trouverait ainsi sans effort l'occasion que sa vengeance recherchait déjà avec tant d'ardeur; elle le supplia de ne pas écouter assez aveuglément sa confiance et son courage pour refuser de croire à des paroles qui lui étaient inspirées, non-seulement par ses craintes trop légitimes, mais encore par des données certaines sur les projets désastreux que Michel Paléologue entretenait contre lui. En vain, ajoutait-elle, les deux princes mettaient tous leurs soins à lui dérober le secret de leurs machinations; comme Grecque et membre intime de la famille impériale, ils ne pouvaient éviter qu'une foule de circonstances particulières ne parvinssent à sa connaissance, et que sa prudente sollicitude n'employât ses découvertes à garantir la sûreté de son mari; enfin, cherchant à porter l'intérêt du général sur sa propre famille, elle lui représenta, les yeux baignés de larmes, qu'il allait la laisser seule au monde, et tous les siens dans un entier abandon, si son pouvoir venait à leur manquer. Roger, qui ne croyait point à la réalité de ces périls, fit peu de cas des conseils de sa femme, et ne changea rien à sa résolution. Mais cette persévérance ne faisait qu'ajouter aux craintes de Marie : moins elle le voyait concevoir de défiance, plus elle sentait le besoin de faire de nouvelles tentatives pour le tirer de sa sécurité. Celle qui lui sembla devoir être la plus efficace, fut d'appeler auprès d'elle les principaux chefs de l'armée, et, en leur communiquant ses justes alarmes, de les engager à réunir leurs efforts pour détourner le César de cette visite à Michel Paléologue, qu'elle n'envisageait que sous les auspices les plus malheureux. Les capitaines, empressés d'obéir aux vœux de la princesse, se rendirent aussitôt chez Roger de Flor, qu'ils prièrent d'abandonner, ou du moins de suspendre son voyage auprès de Michel, jusqu'à ce qu'il eût obtenu des informations plus rassurantes sur ses véritables intentions. Le général répondit d'un ton ferme et résolu, que, de quelques frayeurs qu'on voulût l'entourer, rien ne pourrait l'empêcher de remplir une obligation qu'il tenait pour indispensable envers Michel Paléologue, à qui il devait le même respect qu'à l'empereur son père;

que si, avant d'ouvrir la campagne, il négligeait de lui communiquer son plan et ses projets sur la prochaine expédition d'Asie, ce manque d'égards deviendrait bientôt un nouveau sujet de mésintelligence, et que le salut de tous pourrait être compromis par un oubli si facile à éviter; qu'enfin les soupçons de Marie ne lui étaient inspirés que par sa tendresse et ses alarmes, et que, n'ayant point d'autres fondemens, il ne voyait aucune justice à les écouter.

Roger, entraîné par son fatal destin, ne voulut ni prévoir le danger, ni le craindre après l'avoir vu. Quelque nombreux avertissemens qu'un homme puisse recevoir, il arrive souvent que rien ne réussisse à le sauver d'une fin déplorable, et qu'aux signes manifestes que Dieu lui envoie, il réponde par une folle confiance dont l'aveuglement l'empêche de reconnaître l'instant décisif marqué pour son châtiment et le terme de sa vie. Ce fut ainsi que, ni le juste discernement de Roger, ni sa grande connaissance du caractère des Grecs, ni les avis de sa femme, ni les prières des siens, ne purent l'empêcher de se livrer volontairement à la mort. Le départ du général une fois résolu, la princesse Marie voulut quitter à l'instant Gallipoli avec tous ceux de sa maison, parce que notre perte lui paraissait inévitable; elle ne jugea pas à propos de s'exposer encore dans cette place, où l'absence de son mari lui ôtait toute obligation de demeurer plus longtemps. Roger ordonna donc à Ferdinand d'Aonès de transporter la princesse à Constantinople avec quatre galères; et, ayant laissé le commandement à Bérenger d'Entenza, il partit accompagné de mille hommes de pied, et de trois cents chevaux, pour Andrinople, autrement appelée Orestiade, ville principale de la Thrace, ancien séjour de plusieurs empereurs et rois, où Michel Paléologue avait alors établi sa résidence.

Le 22 avril, Roger approchait de sa destination, lorsque Michel apprit la marche du César, par Azan, son beau-frère, qui eut soin de l'en instruire. Malgré cette précaution, singulièrement troublé d'une telle visite, l'empereur expédia, à une journée de distance, un chevalier de sa maison, pour savoir de Roger s'il agissait par ordre d'Andronic, ou de son propre mouvement. Le César répondit avec des expressions pleines d'humilité, qu'il venait uniquement pour rendre ses devoirs au prince, auquel il voulait témoigner, par ses respectueux hommages, la soumission dont il se reconnaissait redevable envers lui, et en même temps pour conférer l'un et l'autre sur l'expédition qu'il projetait en Orient. Michel, tranquillisé par cette réponse, ne témoigna plus aucun mécontentement de son approche, et donna au contraire l'ordre qu'on allât le recevoir avec tout ce qui lui était dû d'égards et de courtoisie. C'était le mercredi de la seconde semaine de Pâques, que les Grecs appellent de Saint-Thomas; et, dès la même nuit, le César eut une entrevue avec l'empereur, qui le combla de caresses et de toutes les marques de son affection.

CHAPITRE IX.

MEURTRE DE ROGER DE FLOR ET DE SES CATALANS.

Les nôtres, trompés et entièrement rassurés par le bon accueil de Michel, se persuadèrent que les soupçons de Marie n'avaient aucuns fondemens, et, ne prévoyant en rien le danger menaçant qui les touchait de si près, ils parcouraient les rues d'Andrinople, isolément et sans armes, comme s'ils n'eussent vu autour d'eux que des alliés et des amis. Parmi les troupes diverses, réunies alors dans cette ville, se trouvaient les Alains avec George, leur chef, le même qui, durant la campagne d'Asie, avait perdu son fils par la main des Catalans; les Turcopules, dont une partie reconnaissait l'autorité du Bulgare Basile, tandis que l'autre obéissait à Mélec; le corps des Impériaux sous les ordres du grand primicier Casiau et du duc et grand prince des compagnies qu'on appelait l'Hétriarque. Tous regardaient comme suspect ce voyage de Roger, et pensaient ou affectaient de penser que, sous le prétexte de faire sa cour à l'empereur, il était venu pour reconnaître ses forces, et agir d'après ce qu'il aurait vu. Celui qui travaillait le plus à envenimer les esprits et à les aigrir contre Roger et les Catalans, était George, chef des Alains. Poursuivi par le souvenir d'une perte aussi douloureuse, et brûlant de tirer satisfaction de la mort de son fils, il tentait tous les moyens de parvenir à son but. Enfin, pressé par le temps et par la vengeance, il se résolut au plus horrible attentat. La veille du jour fixé pour le départ de Roger, soit du consentement ou par l'ordre de Michel, tandis que le César était à table avec l'empereur et l'impératrice Marie, tandis qu'il jouissait paisiblement de l'honneur que lui faisaient ses seigneurs et maîtres, George Alain, Mélec Turcopule et Grégoire, suivis d'un grand nombre des leurs, pénètrent tout à coup dans la salle du banquet. George, qui était l'âme du complot et dirigeait les assaillans, se précipite sur Roger de Flor, le frappe à coups redoublés, le terrasse avec le secours des siens, et, après l'avoir mutilé de blessures, il lui coupe la tête, et laisse le corps mis en pièces au milieu de la table du prince et des débris du festin : spectacle digne d'exécration, si l'on considère surtout le lieu qui devint le théâtre de cette scène ensanglantée. Quel asile, en effet, plus sacré que celui d'un prince! Quel gage d'amitié plus sûr que sa présence, et quelle garantie plus inviolable contre un attentat aussi atroce, exécuté sur un capitaine ami, distingué par ses services et par ses triomphes, son hôte, son parent, honoré comme tel, en son palais, à sa table, et sous les yeux de sa femme et les siens ! Nulle circonstance plus aggravante ne saurait accroître l'infamie d'une pareille action, indigne de tout homme qui porte le nom de prince, et qui, sentant les devoirs de la souveraine puissance, doit surtout avoir en horreur l'ingratitude et la cruauté. Sans doute il est rare que les rois veuillent se croire obligés envers le sujet qui les a servis; ou, s'ils reconnaissent ces obligations, trop souvent ils prennent en haine celui-là même dont le mérite les leur impose; sans doute un faible mécontentement a plus de pouvoir sur un prince pour lui faire punir, que de grands services pour lui faire pardonner la plus légère offense; mais quelle tête couronnée porta jamais l'oubli de sa propre réputation jusqu'à sacrifier à force ouverte l'homme de mérite, le guerrier, le héros qui a bien mérité de l'état? Il faut donc croire ici qu'aucune action si perverse qu'elle soit ne répugne à un prince injuste, lorsqu'il lui plaît de supposer qu'elle importe à sa conservation. Alors, comme il tient son pouvoir de Dieu seul, et qu'il ne craint que lui, la justice divine lui apparaît de trop loin, et il ne pense pas que l'instrument le plus faible, l'homme le plus obscur, s'il est résolu, peut lui ravir et l'empire et la vie.

Ainsi périt Roger de Flor, à l'âge de trente-sept ans : homme d'une grande valeur et d'une plus grande fortune; heureux avec ses ennemis et malheureux avec ses amis, devant aux uns sa haute réputation, aux autres sa fin déplorable. Il avait l'extérieur austère, le caractère ardent; il était prompt dans l'exécution de ses projets, magnifique, libéral, habile à distribuer des présens qui, en lui gagnant de nombreux amis, contribuèrent surtout à le faire nommer général et chef suprême de notre armée, l'un des postes les plus éminens de cette époque, après l'auguste dignité d'empereur et de roi. Il laissa sa femme enceinte; elle accoucha plus tard d'un fils qui, au rapport de Muntaner, vivait encore lorsqu'il commença d'écrire l'histoire de cette expédition.

Pachimère s'accorde avec lui sur le fond de cet événement; mais il en diffère en quelques points dans ses détails : selon cet écrivain, Roger, sortant de l'appartement de l'empereur après avoir eu l'honneur de manger avec leurs majestés, fut assailli tout à coup par George et une troupe de ses Alains. Forcé de se dérober à leur fureur, il fut poursuivi l'épée dans les reins, jusqu'à l'endroit même où se trouvait l'impératrice Augusta, et renversé mort à ses pieds, d'une estocade à travers les épaules. Michel était alors dans une autre partie du palais. Là, il apprit bientôt la mort de Roger, et en même temps l'alarme universelle répandue par les Alains, qui massacraient de tous côtés les Catalans sans défense. Paléologue, saisi de frayeur et près de s'évanouir, demanda aussitôt si l'impératrice n'avait reçu aucun mal, et si elle était en sûreté. Dans cet instant, il entendit nommer les meurtriers du César; et, ayant appelé George en sa présence, il le somma de lui dire pourquoi il avait commis un pareil attentat sur la personne de Roger de Flor. George lui répondit froidement *que c'était pour que l'empire eût un ennemi de moins*. Et c'est ainsi que Pachimère disculpe Michel Paléologue de cette atrocité. Mais si l'on ne peut dire expressément qu'il fut l'auteur du meurtre, il y donna au moins son consentement, et, en laissant les coupables impunis, il est devenu leur complice.

La mort de Roger ne put assouvir la fureur des Alains, qui firent main basse sur tous les Catalans et les Arragonais venus avec leur général, et les massacrèrent, après avoir exercé sur eux des cruautés inouïes. Comme les autres nations réunies aux Alains, et également acharnées à notre perte, étaient sorties en foule d'Andrinople pour aller égorger les Catalans dans les villages où ils se trouvaient dispersés, Michel, qui connaissait le courage de nos troupes, effrayé de ce mouvement, craignit que ses soldats ne se perdissent par leur imprudence même, et ordonna à son oncle Théodore de se porter au milieu d'eux pour suspendre leur fureur. Si, de l'aveu même de Pachimère, dont nous empruntons cette dernière circonstance, la seule crainte de nos armes arracha à Michel l'ordre qu'il venait de donner; s'il n'éprouva, dans cette occasion, ni sentiment de justice, ni sentiment d'humanité, il nous semble clairement démontré que ses perfides intentions ne tendirent, en ce jour fatal, qu'à nous exterminer. Toute la cavalerie rassemblée sur le territoire d'Andrinople, attaquait alors nos Catalans dans l'intérieur de la ville comme hors de son enceinte, et égorgeait sans péril des soldats surpris sans défense par une aussi détestable trahison. Cependant plusieurs des nôtres, quoique déjà couverts de blessures, eurent encore la force de saisir leurs armes, et, faisant payer cher ce qui leur restait de vie, ne succombèrent sous les coups de leurs adversaires qu'en expirant avec eux. Trois chevaliers seulement se sauvèrent de cette déplorable tragédie : l'un se nommait Raimond Alquer, fils de Gilbert Alquer, natif de Castellon d'Ampurias; le second Guillaume de Tous, et le troisième Bérenger de Rondor de Lobrégat. Les autres, s'ils ne succombèrent pas durant cette journée, furent chargés de fers au nombre de soixante, et périrent dans les flammes d'une manière encore plus horrible, comme nous le verrons bientôt. Ces trois chevaliers, après avoir fait des prodiges de valeur contre la foule qui les assaillait, se retirèrent dans une église, où, poursuivis par une troupe furieuse, ils furent contraints de gagner le sommet d'une tour, et là se battirent en désespérés et avec un tel acharnement, qu'on ne put ni les tuer, ni les forcer à se rendre. Michel, après avoir donné un libre cours à sa cruauté, voulant se faire une réputation de clémence, défendit qu'on les maltraitât en aucune manière, et ordonna qu'un sauf-conduit leur fût délivré pour retourner à Gallipoli.

Ce massacre d'Andrinople fut une exécution des plus sanglantes, puisque nous avons vu que l'escorte de Roger de Flor se montait à treize cents hommes. Nicéphore cependant la réduit à deux cents, et prétend qu'avec un détachement aussi faible, le César se transporta auprès de Michel Paléologue, non-seulement pour lui rendre compte de son plan de campagne, comme le dit Muntaner, mais encore pour lui demander de l'argent, et l'obtenir par la force en cas de refus. Il oubliait sans doute, en parlant ainsi, l'existence d'une armée nombreuse à Andrinople, existence réelle qu'il avait signalée lui-même ; et dès-lors comment un capitaine tel que Roger, l'homme prudent par excellence, ainsi que les Grecs le nommaient en toute occasion, aurait-il commis l'extravagance d'aller, à la tête de deux cents hommes seulement, défier un empereur au milieu d'une grande ville et d'une puissante armée ?

CHAPITRE X.

LES GENS DE GUERRE PRENNENT OUVERTEMENT LES ARMES CONTRE LES GRECS. MEURTRE DES CATALANS DANS DIVERSES PARTIES DE L'EMPIRE.

Pendant l'absence du César, les gens de guerre qui étaient restés avec Bérenger d'Entenza et Rocafort, crurent qu'il fallait tenter auprès d'Andronic le dernier moyen d'obtenir le payement de leur solde. Trois nouveaux ambassadeurs furent donc envoyés à Constantinople, chargés de déclarer formellement que si, dans le délai de quinze jours, l'empereur n'acquittait pas une partie des sommes considérables qui leur étaient dues, ils se verraient forcés d'abandonner son service, et d'obtenir par la force des armes ce que ni la raison ni la justice ne pouvaient leur procurer. Ces trois ambassadeurs étaient Rodrigue Perez de Santa-Cruz, Arnaud de Moncortes, et Ferrer de Torrellas. Andronic, qui les reçut en présence d'une grande partie de ses ministres et de ses conseillers, leur répondit sèchement, et même avec rudesse, que l'empire des Grecs n'était pas encore si faible et si épuisé, qu'il pût rassembler des forces capables de châtier leur audace et leur rébellion; que, s'ils avaient rendu de grands services dans la guerre d'Orient, ces services étaient effacés par l'excès de leurs désordres, de leur insubordination, et par le peu de respect qu'ils témoignaient pour sa couronne; que lui, de sa personne, ferait ce qui le concernait et qu'il croirait raisonnable, mais qu'il ne leur conseillait pas de se jeter en désespérés dans des chances aussi périlleuses, et d'exiger avec violence ce qu'on pourrait leur refuser par les mêmes moyens; qu'au surplus, leur fidélité, dont ils faisaient un si grand étalage, perdait tout son mérite, et cessait même de mériter ce nom, dès l'instant qu'ils employaient la force pour en obtenir la récompense. A ces mots, et sans vouloir écouter de réplique, ni accorder d'autre satisfaction, il les congédia, en leur recommandant d'agir et de s'exprimer désormais d'une manière plus convenable.

Cependant, au bout de quelques jours, la nouvelle du meurtre de Roger parvint à Constantinople, et en même temps on y reçut l'avis de quelques cruautés commises par les nôtres sur le territoire de Gallipoli. Ces deux événemens furent pour le peuple le signal du soulèvement le plus affreux contre nous. On le vit attaquer en foule tous les quartiers où il espérait trouver des Catalans, et les égorger dans leurs demeures, tandis que des bandes furieuses parcouraient la ville en les poursuivant et les tuant, comme si elles eussent été à la chasse des bêtes féroces. Après en avoir massacré un grand nombre, ces forcenés se portèrent contre la maison de Raoul Pequeo, parent d'Andronic, beau-père du grand amiral Ferdinand d'Aones, et demandèrent, avec d'horribles vociférations, qu'on leur livrât sans plus tarder les Catalans qui s'y trouvaient. Comme la chose ne s'exécutait pas assez promptement à leur gré, ils mirent le feu à la maison, brûlèrent tout ce qu'elle renfermait; et nous tenons pour certain que les trois ambassadeurs, ainsi que le grand amiral, périrent dans l'embrasement. En vain le patriarche sortit en personne pour réprimer cette multitude; sa présence fut inutile, et il courut les plus grands dangers pour parvenir à se sauver lui-même. C'était cependant par les ordres des empereurs Andronic et Michel, que les Grecs, selon Muntaner, faisaient alors main basse sur les Catalans, non-seulement à Constantinople, mais dans toutes les villes de leur domination. En supposant même que Muntaner ait mis quelque passion en accusant les deux empereurs de ces atrocités, il n'en est pas moins certain que le peuple s'en rendit coupable, et qu'ils ne cherchèrent point à l'en empêcher. Si les Grecs ne réussirent pas à écraser les Catalans d'un seul coup, ce fut donc uniquement parce que Gallipoli se trouvait pourvue de troupes pour sa défense, et que ceux de notre nation, dispersés, mais en armes, dans les villages environnans, étaient moins faciles à surprendre que les autres Catalans établis sur les divers points de l'empire.

Au milieu des exécutions dont il était environné, Michel, effrayé de la mort du César, et craignant qu'à la nouvelle de cet attentat les Catalans de Gallipoli ne vinssent l'attaquer jusque dans son camp, ordonna au grand primicier,[1] de marcher contre la place avec le gros de l'armée. Cet ordre reçut aussitôt son exécution, et la cavalerie la plus légère fut détachée en avant avec quelques capitaines, pour tomber sur les nôtres, avant qu'ils pussent être prévenus. Ces Impériaux, arrivés durant la nuit, les surprirent pour la plupart dispersés dans leurs logemens, tranquilles, et livrés au sommeil, parce que, ne connaissant point encore d'ennemis déclarés, ils ne voyaient aucune nécessité de se tenir sur leurs gardes. Les premières fermes isolées que les coureurs rencon-

---

[1] La charge de grand primicier devait répondre à celle de *primicerius notariorum*, créée par Auguste, et alors celui qui l'occupait était le premier secrétaire d'état, tenant le registre général de tout l'empire. On voit cependant ici qu'on l'employait aussi militairement.

trèrent, furent investies et fouillées par cette milice, qui passa impitoyablement au fil de l'épée tous les Catalans et les Arragonais qu'elles pouvaient renfermer. Bientôt d'autres habitations ayant éprouvé le même sort, les cris et les gémissemens de ceux qu'on blessait ou qu'on égorgeait d'une manière si barbare, donnèrent l'éveil à un grand nombre de leurs compagnons d'armes, et les avertirent de se mettre en sûreté. La cupidité même des Impériaux, qui cessèrent de tuer pour se livrer au pillage, procura encore à beaucoup d'autres le loisir d'échapper. Déjà ces cris confus, cette rumeur inexprimable étaient parvenus, malgré l'éloignement, jusqu'à Gallipoli, où les nôtres prirent aussitôt les armes, et demandèrent à se porter en reconnaissance pour s'assurer du péril qui les menaçait. Mais Bérenger d'Entenza et les autres capitaines arrêtèrent l'impétuosité du soldat, qui insistait pour sortir à tout événement. Comme la subordination des troupes n'était pas telle qu'on aurait pu le desirer, Bérenger craignit que, s'il envoyait quelques détachemens pour prendre langue et battre les chemins, le reste des gens de guerre ne sortît avec eux, et ne laissât la ville sans défense, ce qui aurait compromis le salut de l'armée.

Cependant les nôtres discouraient diversement sur la cause du tumulte extraordinaire qui régnait dans la campagne. Les uns pensaient que les Grecs, supportant avec impatience l'oppression des gens de guerre, avaient formé un complot, et pris les armes pour secouer le joug et recouvrer leur liberté; les autres, que les Turcs avaient passé le détroit, et qu'ils attaquaient leurs cantonnemens. Mais personne ne put élever des soupçons contre la vérité d'une action si atroce. Ce fut même inutilement que quelques-uns des nôtres, s'étant sauvés à la faveur de l'obscurité et de la confusion, arrivèrent à Gallipoli : ils ne purent fournir d'autres renseignemens, sinon qu'ils avaient été attaqués dans leurs propres logemens, dans l'intérieur même de leurs maisons, par des gens de guerre et des soldats armés.

CHAPITRE XI.

VENGEANCE TERRIBLE DE BÉRENGER D'ENTENZA ET DE TOUS CEUX DE GALLIPOLI A LA NOUVELLE DE LA MORT DU CÉSAR. ILS SONT ASSIÉGÉS PAR LES IMPÉRIAUX.

Les choses étaient dans cette situation effrayante, lorsque les Catalans de Gallipoli apprirent d'une manière positive l'assassinat de Roger, le massacre d'Andrinople, et celui qui s'exécutait alors, par ordre de Michel, sur le territoire environnant. Leur fureur en ce moment ne connut point de bornes : altérés de vengeance, ils portèrent leur rage à ce point que, si, malgré le silence de Muntaner, on en croit Pachimère et Nicéphore, ils égorgèrent, sans épargner ni le sexe ni l'âge, tous les habitans de Gallipoli; et Pachimère, qui enchérit encore sur son compatriote, prétend qu'ils poussèrent l'inhumanité jusqu'à empaler des enfans : action horrible, abominable, mais qu'il est permis de révoquer en doute, lorsque l'on considère que cette particularité révoltante n'a d'autre source que le récit d'un historien grec et ennemi déclaré de notre nation. D'ailleurs, si jamais excès quelconques portèrent avec eux leur excuse, ne doit-on pas mettre de ce nombre ceux qui furent commis dans le premier emportement de la colère, et cela en représailles de cruautés encore plus inouïes, exercées sans motifs, et avec une véritable préméditation? Dès ce moment, on ne vit plus des deux côtés qu'atrocités, que fureurs et que rage; la guerre ne semblait plus se faire entre des hommes, mais entre des bêtes sauvages. Au milieu de tant d'horreurs, cependant, on doit à la vérité de dire que les cruautés des Grecs surpassèrent de beaucoup celles des Catalans, et furent d'autant plus impardonnables, que jamais les nôtres ne violèrent envers eux le droit des gens; jamais ils ne les offensèrent, et ne leur firent le moindre mal contre la foi jurée. Sans doute ils montrèrent, en plusieurs occasions, trop d'arrogance envers les peuples, ils n'observèrent pas toujours les lois sévères d'une guerre juste et légitime; mais les Grecs leur en donnèrent constamment l'exemple, et les ont suffisamment disculpés, en les forçant, pour combattre à armes égales, d'employer les mêmes moyens. Nos capitaines, non moins inquiets qu'affligés de tout ce qui se passait autour d'eux, se réunirent à la hâte, pour chercher un remède à leur triste situation. Elle était en effet si déplorable, que des ennemis mêmes auraient pu compatir à leur misère:

ils avaient perdu le fruit de tous les services qui leur promettaient pour l'avenir l'aisance et le repos; ils avaient perdu jusqu'à leur bonne réputation, puisqu'à la vue du châtiment qu'ils recevaient alors, le monde entier pouvait refuser son estime à ces mêmes Catalans qui, après tant de victoires, méritaient une pareille récompense; enfin, et pour comble de douleur, un grand nombre de leurs amis avaient été massacrés, et jusque sous leurs yeux.

Gallipoli se trouvait sans approvisionnemens et sans aucunes fortifications, lorsque trente mille hommes de pied et quatorze mille chevaux, Turcopules, Alains et Grecs, parurent en quelque sorte sous les murs de la place, et menacèrent notre armée d'une fin déplorable. Michel Paléologue avait réuni toutes les forces de la Thrace et de la Macédoine aux troupes que l'empire avait coutume de solder; et, dans l'espoir d'animer encore l'ardeur des Impériaux, il sortit en personne d'Andrinople, et se rendit à Pamphilie, d'où il envoya le grand duc hétriarque à Basilie, et le grand Bausi, Imbert Palor, à Brachialo, auprès de Gallipoli, afin de resserrer davantage les assiégés, et de les rejeter dans leurs murs. La première résolution de nos Catalans fut de fortifier les faubourgs, pour empêcher l'ennemi de les occuper, et d'arriver impunément jusqu'au pied des murailles, en gagnant du terrain à l'abri des maisons; entreprise qui ne laissait pas d'offrir de grandes difficultés, parce que ces faubourgs occupaient un espace fort étendu, et que le petit nombre de nos gens n'était nullement proportionné aux moyens de défense qu'exigeait une aussi vaste enceinte. Cette opération terminée, ils arrêtèrent, avec une confiance digne de leur courage, qu'ils enverraient des ambassadeurs à l'empereur Andronic, pour renoncer ouvertement à son service, et le défier au nom de tous, en demandant, suivant l'usage du temps, le combat de cent contre cent, ou de dix contre dix, et cela en réparation de leur propre outrage, ainsi que du meurtre de Roger, traîtreusement commis par ses sujets, et par son fils lui-même. On choisit pour cette mission un chevalier nommé Siscar, Pierre Lopez Adalid, deux Almogavares et deux marins : ce qui représentait toutes les espèces de milices appartenant à notre armée. Cela se passait avant que les Catalans eussent appris la mort des trois premiers ambassadeurs partis d'après les ordres de Bérenger d'Entenza. Tandis qu'ils attendaient la dernière résolution d'Andronic, les Impériaux qui couvraient la campagne, pressaient de tout leur pouvoir le siége de Gallipoli; et nos troupes, avec leur valeur accoutumée, à force de sorties et d'escarmouches, fatiguaient l'ennemi, et arrêtaient ses progrès.

CHAPITRE XII.

LES NÔTRES TIENNENT UN CONSEIL OÙ BÉRENGER D'ENTENZA FAIT PRÉVALOIR SON AVIS.

Dans des circonstances aussi extraordinaires, on devait chercher hors des routes communes les moyens de salut; et comme nos capitaines étaient divisés d'opinion sur la manière de faire la guerre, ils se réunirent pour en délibérer. Le conseil une fois rassemblé, Bérenger d'Entenza prit la parole et s'exprima ainsi :

« Compagnons et amis, s'il était une disgrâce,
» une infortune où le courage pût manquer à des
» hommes tels que nous, ce serait, sans doute,
» celle qui nous éprouve aujourd'hui. Parmi les
» cruelles vicissitudes dont les mortels sont si
» souvent affligés dans leur sort, aucune ne
» fut jamais comparable au malheur de se voir
» poursuivi, maltraité, mis à mort par ceux mêmes
» qui devraient vous protéger et vous défendre.
» A quoi nous ont servi tant de triomphes, tant
» de provinces conquises, tant de sang répandu,
» si, au moment de recevoir la récompense de

» services aussi éclatans, on exécute contre nous,
» avec une barbarie sans exemple, ce que nous
» voyons de nos propres yeux, et que nous avons
» peine à croire? Heureux nos compagnons qui
» trouvèrent la mort avant d'avoir ressenti cet
» outrage! Ils n'ont pas éprouvé du moins
» tout ce qu'il nous faut souffrir d'une pareille
» humiliation. Mais notre honneur sera vengé!
» Retourner dans notre pays sans avoir tiré
» satisfaction de tant d'offenses, sans avoir lavé
» notre honte dans le sang de nos ennemis, serait
» indigne de notre nom et de la vieille renommée
» qui nous environne : parens, amis, refuseraient
» de nous recevoir, et la patrie nous méconnaîtrait
» pour ses enfans. Songez qu'il n'est pas de puis-
» sance à laquelle ne résistent encore le peu de
» forces qui nous restent, animés, comme nous le
» sommes, sur le souvenir de nos outrages, et
» appuyés sur le bon droit qui est évidemment
» pour nous. Vos âmes inébranlables s'enflamment
» par les difficultés, et le plus grand danger inspira
» toujours votre plus grand courage. Les Turcs
» opprimaient l'Asie, l'Asie demeura libre par nos
» armes; elles seules conquirent notre renommée,
» cette renommée se soutiendra par elles; et
» si la Grèce s'étonna de tant de triomphes,
» elle sentira les coups de ces mêmes épées
» victorieuses qu'elle ne sût pas conserver pour

» sa défense. L'ennemi doit nous croire perdus,
» ou du moins fuyant sur nos vaisseaux vers la
» Sicile; mais il sera détrompé par ses malheurs :
» il apprendra que rien ne peut amollir nos âmes,
» et que notre affront ne nous permettra jamais
» de nous retirer sans vengeance. Défendre la
» ville de Gallipoli, est ce qui nous importe
» le plus en ce moment : sa position à l'entrée
» du détroit la rendra toujours maîtresse du
» commerce et de la navigation de ces mers, tant
» qu'elles ne verront pas de flottes supérieures à
» la nôtre. Il est donc indispensable de se procurer
» des vivres et de l'argent pour alimenter la place.
» Mais les secours sont éloignés, ils seront tardifs
» et peut-être incertains, parce que nos rois
» ont des soins plus pressans que ceux de nos
» malheurs. Et cependant toutes les nations qui
» nous environnent sont nos ennemies; aucun
» allié, aucun protecteur ne nous tend les bras,
» et nous n'avons d'autre ressource que le pillage
» de ces mêmes provinces, dont, à l'aide de
» nos vaisseaux, nous pourrons rapporter les
» dépouilles. Par-là, nous obtiendrons deux
» résultats importans : procurer à Gallipoli les
» vivres qui commencent à lui manquer, et
» forcer à une diversion l'ennemi qui nous presse.
» Fermement résolus à poursuivre la guerre, il
» est essentiel de la porter sur un point où nos

» adversaires n'aient pas la même supériorité, et
» nous offrent du moins l'occasion de remporter
» quelques-uns de ces avantages qui rendent à
» nos armes leur gloire et leur éclat. Sur toutes
» les côtes des provinces voisines, les habitans
» vivent sans alarmes; ils nous croient au moment
» d'une ruine inévitable, et sont loin de soupçonner
» que, pendant toute la durée du siége de Gallipoli,
» nous songions à abandonner des murs que nos
» forces semblent déjà incapables de défendre.
» Cette sécurité présente, selon moi, l'occasion
» assurée de faire le plus grand mal à notre
» ennemi, si, en sortant avec nos vaisseaux et nos
» galères, nous ravageons les îles et les côtes
» de cette partie de son empire. C'est donc la
» résolution que je vous propose; et puisque je
» suis l'auteur du projet, je me charge de son
» exécution. »

À ces dernières paroles de Bérenger d'Entenza, Rocafort se lève, et, d'une voix non moins altérée que ses traits par la colère et la vengeance, il dit :

« Le meurtre de Roger et de nos braves amis
» me pénètre d'une indignation et d'un ressen-
» timent dont la violence altère, malgré moi, ces
» traits que vous contemplez, et la voix qui vous
» parle. Je brûle comme vous d'en tirer une juste
» et entière satisfaction. Mais pour l'obtenir, cette

» satisfaction indispensable à notre honneur, je
» pense que le moyen doit être moins dicté par
» les règles de la raison que par l'horreur de notre
» outrage. Il est des conjonctures (et nous y sommes
» réduits) où la célérité, les courtes délibérations
» produisent des effets salutaires, tandis que trop
» de réflexions n'amènent que difficultés de plus.
» Ce serait, et nous le sentons tous, imprimer à
» notre nom une tache ineffaçable, que de re-
» tourner dans notre patrie avant d'avoir exercé
» sur les Grecs une vengeance aussi signalée et
» aussi atroce que le furent leur perfidie et leur
» trahison : ainsi, sur ce point, je suis du même
» sentiment que Bérenger d'Entenza. Mais, quant
» à la manière de faire la guerre, je dois contre-
» dire sa proposition, et je m'y oppose ouverte-
» ment, parce que l'on ne saurait, à mon avis,
» commettre une faute plus avérée que de diviser
» nos forces au moment où elles sont déjà trop
» faibles contre l'ennemi qui nous assiége. J'ac-
» corde même que Bérenger pille, saccage, incen-
» die toutes les côtes voisines, comme il offre de le
» faire : qui peut nous garantir que, pendant qu'il
» courra les mers, le petit nombre des nôtres,
» abandonné dans Gallipoli, ne sera pas perdu
» sans ressource ? Alors, où Bérenger conduira-t-il
» sa flotte ? Où déposera-t-il les dépouilles des
» vaincus ? Il ne lui reste pas un port, pas un lieu de

» sûreté jusqu'en Sicile. Je regarde donc comme
» beaucoup moins sûr le succès de Bérenger que la
» perte de Gallipoli, si, pour monter la flotte, on tire
» de cette place les troupes destinées à la défendre.
» Tandis que les plus fameux capitaines mettent
» tous leurs soins, toute leur diligence à secourir
» une ville assiégée ; tandis qu'ils emploient pour
» cela non-seulement les meilleures troupes de
» leurs armées, mais souvent même leurs armées
» entières, Bérenger, qui est dans la place, de-
» mande à en sortir! Et qui répondra au soldat
» qu'en quittant ces murs, il ait la ferme résolu-
» tion de revenir à son poste? Sans doute un sang
» illustre, de brillans exploits doivent être de
» sûres garanties, lorsqu'elles sont offertes par un
» homme né comme Bérenger d'Entenza; mais
» on ne saurait guérir la multitude de ses craintes
» et de ses soupçons. Notre vengeance, croyez-
» moi, ne demande pas des moyens aussi circons-
» pects, des voies aussi incertaines ; et jamais on
» ne me persuadera qu'il nous faille différer la
» guerre, parce que nous sommes peu, pour at-
» tendre que nous soyons encore moins. Exécu-
» tons-la cette vengeance; livrons-nous à notre
» juste fureur, et qu'une dernière action, qu'un
» dernier péril décide de notre vie! C'est vous dire
» assez que mon avis, et le seul parti qui nous
» reste, est de sortir en rase campagne, et de li-

» vrer bataille à ceux que nous avons devant nous.
» Si la multitude de nos ennemis semble pro-
» mettre à notre armée moins la victoire que la
» mort, la justice de la cause qui nous arme au-
» jourd'hui, la même valeur qui triompha des
» Turcs vainqueurs des Grecs, peuvent aussi nous
» donner cette confiance, que nous abattrons
» leurs aigles comme nous abattîmes le croissant;
» et quand le terme de nos exploits devrait être
» marqué dans cette bataille, il sera au moins
» digne de notre gloire que la mort nous ait sur-
» pris les armes à la main, et que, victimes de tant
» de trahisons, notre dernière pensée ait été la
» vengeance. »

Cet avis prévalut dans le conseil, comme le plus hardi et le plus expéditif, quoique le plus dangereux. Mais Bérenger d'Entenza ayant alors plus d'autorité que Rocafort, sa prépondérance l'emporta, pour l'exécution, sur le sentiment de la majorité : en vain plusieurs de ses amis employèrent auprès de lui les raisonnemens et les prières, rien ne put lui faire retirer sa proposition.

Sur ces entrefaites, on reçut avis que l'infant don Sanche d'Arragon était arrivé avec dix galères du roi de Sicile, à Métélin, île de l'Archipel, l'une des plus voisines de Gallipoli. Bérenger d'Entenza et les autres capitaines dépêchèrent sur-le-champ auprès du prince, pour le supplier de venir parmi eux recevoir, au nom du roi de Sicile, leur hommage et leur serment de fidélité. Les envoyés lui exposèrent toute la grandeur du péril qui menaçait leur existence et l'honneur du nom d'Arragon, s'il ne secourait des sujets fidèles dont les services avaient tant contribué à son illustration et à son éclat. Don Sanche montra, par la promptitude de sa résolution, l'intérêt que lui inspirait leur sort, et le desir qu'il avait de les sauver. Sans différer un seul instant, le prince partit de Métclin avec ses dix galères, et arriva à Gallipoli, où il fut reçu aux acclamations universelles. Les nôtres, persuadés qu'il allait employer ses forces à leur procurer une entière satisfaction de leurs outrages, l'aidèrent du peu de vivres et d'argent qu'ils possédaient encore; et, sans contracter l'obligation positive de lui obéir, tous le reconnurent pour le chef de l'armée.

CHAPITRE XIII.

SORT CRUEL QU'ÉPROUVENT NOS AMBASSADEURS A LEUR RETOUR DE CONSTANTINOPLE.

Les ambassadeurs de notre nation, envoyés pour rompre nos traités avec Andronic, et le défier après cette rupture, étaient arrivés à Constantinople au milieu des plus grands dangers. Parvenus enfin à leur destination, ils se présentèrent devant le bayle de Venise, le podestat de Gênes, et les consuls d'Ancône et de Pise, magistrats et chefs de ces différens peuples, qui avaient avec les provinces de l'empire des relations de commerce et d'amitié. Ce fut à ces personnes réunies que, conformément à leurs instructions, ils remirent le manifeste dont on les avait rendus porteurs, et qui était ainsi conçu :

« Les Catalans et Arragonais de Gallipoli ayant
» appris que, par ordre de l'empereur Andronic
» et de Michel son fils, à Andrinople comme dans
» le reste de l'empire, on avait massacré inhumai-
» nement ceux de leurs nations, négocians et sol-
» dats, qui vivaient sous la protection du souve-

» rain, lesdits Catalans et Arragonais déclarent
» qu'ils sont résolus de mourir pour tirer satisfac-
» tion de cet outrage. Néanmoins, par respect
» pour leur parole et pour la foi jurée, ils veu-
» lent, avant de commencer la guerre, qu'il soit
» constaté d'une manière authentique et solen-
» nelle que dès ce moment ils renoncent à tous
» traités et alliance avec l'empereur, et qu'ainsi
» les titres et documens relatifs à ces transactions
» demeurent invalides et sans effet. Ils déclarent,
» en outre, l'empereur traître à sa parole, et of-
» frent de soutenir l'accusation en champ clos,
» cent contre cent ou dix contre dix, espérant de
» Dieu que leurs épées seront l'instrument choisi
» par sa justice, pour punir l'indigne déloyauté
» d'une nation qui, non contente de violer la foi
» publique en égorgeant des étrangers, de paisi-
» bles négocians établis en toute confiance sur
» son territoire, n'a pas craint de donner une mort
» cruelle et ignominieuse aux braves qui l'avaient
» sauvée elle-même de sa ruine, qui avaient défendu
» ses provinces, abattu ses ennemis, et agrandi
» les limites de son empire. L'insolence des soldats
» n'était pas un motif suffisant pour exécuter con-
» tre eux une résolution aussi barbare : on pou-
» vait les châtier selon leurs fautes, sans égard
» même pour leurs services passés; on pouvait les
» renvoyer dans leur patrie comme ils en étaient

» venus, et ils eussent été suffisamment punis de
» quitter la Grèce sans avoir reçu d'elle aucune
» récompense. Mais égorger indistinctement tout
» un peuple, ne pardonner ni au sexe ni à l'âge,
» confondre l'innocent et le coupable, les bons et
» les méchans, est une cruauté inouïe, dont, à
» quelque prix que ce soit, ils veulent tirer ven-
» geance. »

Après la remise du manifeste, le bayle de Venise, ainsi que les magistrats des autres nations, le communiquèrent à l'empereur, et firent, mais en vain, plusieurs tentatives pour ménager un accommodement. Les esprits étaient tellement animés, et, de quelque côté que les médiateurs jetassent les yeux, toute parole, toute promesse paraissait si douteuse, qu'une guerre ouverte leur sembla préférable, pour les deux partis, à une paix mal assurée. Et, en effet, sans le respect dû à la sainteté des sermens, la paix n'est plus qu'un vain nom qui devient trop souvent le prétexte et même le sujet de trahisons encore plus funestes. L'empereur, après avoir lu le manifeste, se contenta de répondre que tout ce qui s'était passé contre les Catalans et les Arragonais ayant été fait sans son ordre, il ne devait aucune réparation. Et cependant il était notoire que peu auparavant Andronic avait ordonné le meurtre du grand amiral Ferdinand d'Aones et de tous les Catalans et les Arragonais venus avec lui sur les quatre galères, pour accompagner à Constantinople Marie, femme du César, la mère et les frères de cette Princesse. Muntaner va même jusqu'à dire que, dès le jour de leur arrivée, on consomma ces horribles exécutions.

Nos ambassadeurs, après la réponse d'Andronic, croyant n'avoir plus rien à craindre d'un prince tel que lui, demandèrent un sauf-conduit pour retourner à Gallipoli : ce qui leur fut accordé sur-le-champ. On les fit même accompagner par un commissaire, avec lequel ils arrivèrent paisiblement à Rodosto, ville située à trente milles de Constantinople. Tout semblait répondre de leur sûreté; et ils voyageaient en pleine confiance, n'aspirant qu'au moment de se retrouver au milieu de leurs compagnons. Mais les Grecs devaient encore donner au monde un spectacle nouveau par son atrocité. Dans cete ville de Rodosto, au nom et par l'ordre du commissaire de l'empereur, de celui-là même qui était leur sauve-garde, qui répondait de leur vie, nos malheureux compagnons, au nombre de vingt-sept, en y comprenant les gens de mer et les valets, furent saisis, traînés comme de vils animaux aux boucheries de la ville, égorgés et coupés en morceaux. La trahison et la haine eurent alors atteint le dernier terme de la férocité; et il nous semble que, dès ce moment, toutes les cruautés commises en représailles d'une telle horreur ont trouvé leur excuse. Il n'en est point qui puisse égaler l'action infâme de violer avec tant de barbarie le droit universel des nations, défendu par les lois divines et humaines, tenu pour inviolable par les peuples policés, et respecté par les Barbares. Ce fut à un résultat si déplorable qu'aboutirent, en cette circonstance, l'extrême délicatesse et les scrupules d'un honneur mal entendu. Cette délicatesse est sans doute digne d'éloge, si on l'emploie avec un prince ennemi dont on estime le caractère et la loyauté; mais elle n'est qu'une faute et une imprudence dangereuse envers celui qui laisse soupçonner sa parole et sa foi. Lorsque notre roi, l'empereur Charles-Quint, passa par Paris, et se livra entre les mains de son rival, on célébra alors et sa confiance et la loyauté de François Ier. Néanmoins, si la reine Éléonore n'eût averti son frère Charles de ce qui se tramait contre lui, cette confiance n'aurait plus été, au jugement des hommes, que témérité, et cette loyauté que dissimulation; ce qui prouve, il est vrai, que, dans les événemens de la vie, le bon ou mauvais succès dirige plutôt notre louange ou notre blâme que les lumières de la raison. Mais ici, il est permis de penser que Bérenger d'Entenza commit une faute notable en envoyant une ambassade auprès de celui qui, ayant fait massacrer Roger et les siens avec une perfidie aussi barbare, ne pouvait, en toute autre occasion, que manquer de foi. D'ailleurs, ces ambassadeurs étaient illégitimes à ses yeux, puisqu'ils venaient de la part de gens qu'il tenait pour des traîtres; et les Catalans, après les cruautés qu'on les accusait d'avoir exercées sur les habitans de Gallipoli, devaient craindre des représailles encore plus horribles, toutes les fois que l'occasion s'en présenterait.

CHAPITRE XIV.

ON ENVOIE DES AMBASSADEURS EN SICILE. BÉRENGER SORT AVEC SA FLOTTE.

Les Impériaux continuaient le siége de Gallipoli. Chaque jour des troupes fraîches s'amassaient autour de la place, et la pressaient à la vérité moins par des attaques de vive force que par leur surveillance à empêcher l'arrivage des vivres du côté du continent. Les nôtres étaient occupés à se défendre, lorsqu'ils apprirent, avec une fureur difficile à peindre, le massacre horrible de leurs ambassadeurs. Bérenger d'Entenza et les autres capitaines, déjà décidés à ne pas sortir de la Grèce sans en avoir tiré vengeance, furent affermis plus que jamais dans cette généreuse résolution. Mais s'ils ne voulaient profiter d'aucun des moyens d'évasion que leur flotte pouvait leur offrir, ils n'en sentaient pas moins le besoin de se ménager un appui, s'ils voulaient résister au malheureux sort qui les avait jetés, seuls et sans secours, sur un coin de terre où le monde semblait les avoir abandonnés. Frappés de cette nécessité, leurs regards se portèrent sur le roi Frédéric de Sicile qu'ils avaient naguère si bien servi. Tous pensèrent qu'aucun expédient ne leur serait plus profitable que de lui soumettre leurs armes, et de lui jurer fidélité, afin qu'il contractât plus positivement l'obligation de les défendre. Ce fut là le but principal de leur résolution, malgré les motifs plus puissans qu'ils firent valoir auprès du roi, et qu'ils présentèrent à sa majesté, comme d'une grande utilité pour elle. Le serment de fidélité fut reçu, au nom de Frédéric, par un chevalier de sa maison, appelé Garcilopes de Lobéra, soldat qui suivait les étendards de Bérenger, et qu'ils choisirent pour cette ambassade avec Raimond Marquet de Barcelone, fils de Raimond Marquet, fameux marin, qui commandait sous le grand roi Pierre d'Arragon, et Raimond de Copons. Ces deux derniers devaient témoigner du serment de fidélité prêté entre les mains de Garcilopes de Lobéra, et faire ensuite au roi un rapport détaillé de leur situation. On les chargea aussi de demander humblement à Frédéric que, s'il n'avait pas oublié entièrement leurs services, il daignât leur accorder des secours qui, très-importans sans doute pour leurs propres intérêts, n'en seraient pas moins favorables à sa puissance et à son agrandissement, puisque le chemin au trône d'Orient lui était ouvert par leurs armes, et que le sort en étant jeté pour eux, il n'avait qu'à profiter de leur désespoir. L'ambassade partit pour la Sicile, laissant à l'armée cette lueur d'espérance qui anime et soutient encore dans sa détresse le courage de l'homme le plus abandonné. Au départ des ambassadeurs, l'infant don Sanche offrit à Bérenger d'Entenza, non-seulement de l'accompagner dans l'expédition qu'il projetait, mais encore de l'appuyer activement avec ses dix galères, jusqu'au moment où l'on connaîtrait les intentions et la volonté du roi. Entenza accepta cette offre au nom de tous, et, en le remerciant de sa générosité, il le félicita d'avoir pris un parti si honorable et si digne d'un fils d'Arragon. Assuré d'un pareil renfort, Bérenger hâta ses préparatifs, et embarqua ses troupes. Mais, au moment de mettre à la voile, l'infant, sans respect pour sa parole et pour son honneur, changea tout à coup de résolution. L'armée entière, frappée d'étonnement, eut peine à croire à une variation aussi étrange, et d'autant plus inexplicable, que la brièveté du temps ne permettait pas qu'elle eût été produite par aucun événement nouveau. On ne saurait trouver dans les anciennes relations le moindre renseignement sur le vrai motif qui put amener le prince à une détermination si peu généreuse, et à un tel oubli de ses engagemens. Cependant comme, en répondant à Bérenger d'Entenza qui réclamait auprès de lui l'accomplissement de sa parole, l'infant se contenta de dire qu'il servait fidèlement le roi son frère par la conduite même qu'on lui reprochait, il est à présumer qu'ayant réfléchi plus sérieusement sur la paix qui existait entre l'empereur des Grecs et Frédéric de Sicile, don Sanche ne jugea pas que, sans un ordre exprès du roi, il dût employer ses galères au préjudice d'un prince ami. Cette raison pourrait en effet justifier don Sanche d'avoir abandonné notre armée, s'il ne lui eût offert d'avance de demeurer auprès d'elle. Mais, après avoir engagé sa parole, après avoir vu maltraiter si indignement les plus braves sujets et vassaux du roi son frère, c'était manquer à l'honneur et à la reconnaissance que de leur refuser son appui, surtout lorsqu'Andronic, en faisant massacrer les Catalans et les Arragonais sur le territoire de l'empire, avait été le premier à rompre les traités.

Don Sanche, fermement résolu d'abandonner notre armée, résista à toutes les représentations d'Entenza, qui ne put en dissimuler son mécontentement. Aussi voyons-nous, dans une relation adressée par ce chevalier au roi Jaymes II d'Arragon, que, fatigué d'employer sans aucun fruit les remontrances et les prières, il dit en propres termes à don Sanche, prêt à s'éloigner; *qu'il n'était pas le fils, mais le fléau de son père.* Le départ du prince n'affaiblit en rien le courage de nos Catalans, qui n'en restèrent que plus fermes dans leur résolution d'obtenir vengeance.

Bérenger d'Entenza mit à la voile, avec cinq galères, deux bâtimens à rames, et seize barques portant huit cents hommes de pied et cinquante chevaux. Après être sorti de Gallipoli, il se dirigea vers l'ancienne Propontide, où, à peine abordé, il débarqua ses troupes, et courut le pays, mettant tout à feu et à sang, saccageant les bourgs et les villages, égorgeant les habitans, sans pardonner ni au sexe ni à l'âge, détruisant, brûlant les objets mêmes de quelqu'utilité, parce que, cette expédition étant la première que les nôtres eussent entreprise depuis leurs nombreux outrages, ils écoutèrent, dans le principe, moins leur cupidité que leur vengeance. Bérenger tourna avec la même rapidité vers les côtes de Thrace, s'empara de quelques bâtimens qu'il trouva sur son passage, et, poursuivant ses succès, attaqua Récréa, ville opulente et considérable, dans laquelle il entra de vive force, n'ayant perdu qu'un petit nombre des siens. Les Catalans y traitèrent les vaincus avec leur rigueur accoutumée, et à peine ils eurent recueilli sur leurs vaisseaux tout ce qu'il y avait de plus riche et de plus précieux dans le butin, que les édifices furent livrés aux flammes, afin que, jusqu'aux choses muettes et inanimées, tout put attester leur vengeance, et en perpétuer le souvenir. Andronic eut avis de la perte de Récréa, à l'époque même où il croyait les faibles restes de nos Catalans fuyant vers la Sicile. Frappé d'une nouvelle aussi étonnante, mais voulant mettre un terme à ces dévastations, il ordonna au despote Jean, son fils, de prendre quatre cents chevaux, toute l'infanterie qu'il pourrait réunir, et d'aller, sans perdre un instant, s'opposer aux débarquemens multipliés d'Entenza. Celui-ci, qui, après le sac de Récréa, avait remis en mer, et porté l'épouvante sur divers points de la côte, se trouvait à la vue de Pont-Royal, lorsqu'il apprit la marche du despote, ainsi que le nombre et l'espèce des troupes qu'il commandait. La grande inégalité des forces lui causa un instant d'hésitation; mais, sentant bientôt qu'il possédait, par le choix de ses troupes, la véritable supériorité, Entenza mit son monde à terre, et se prépara à recevoir le despote et son armée. De son côté, Jean n'eut pas plutôt découvert, par ses coureurs, la position de Bérenger, qu'il pressa encore sa marche, dans la crainte de donner aux nôtres le temps de regagner leurs vaisseaux, personne ne pouvant croire que, riches et chargés de dépouilles, ils voulussent se compromettre sans y être forcés. L'action s'engagea, et l'événement prouva bientôt que c'est le courage, et non la multitude, qui donne la victoire.

Les Grecs, malgré leur grand nombre, furent enfoncés de toutes parts, battus et mis en déroute. Le despote échappa avec la vie sauve, et fuit à Constantinople, où Andronic, dans son premier effroi, fit prendre les armes au peuple, et craignit déjà que, tous les gens de guerre se trouvant employés contre Gallipoli, Bérenger ne vînt l'attaquer jusque dans la capitale de son empire. Cette défaite arriva le dernier jour de mai, en l'année 1307. Nos succès furent si rapides, obtenus si à propos, et sur tant de points différens, que les Grecs, ne pouvant plus croire au petit nombre de nos troupes, s'imaginèrent que ce n'était pas un seul, mais plusieurs Bérengers qui exerçaient tous ces ravages.

CHAPITRE XV.

RENCONTRE DE BÉRENGER D'ENTENZA. TRAHISON DES GÉNOIS.

Après l'heureux début de l'expédition d'Entenza, après un enchaînement de succès, où la fin d'une victoire n'était que le prélude d'un nouveau triomphe, les nôtres résolurent de suivre le cours d'une fortune qui jusqu'alors les avait si bien servis.

Le premier projet auquel ils s'arrêtèrent alors fut d'attaquer les vaisseaux ennemis mouillés dans les ports ou sur les côtes de Constantinople, et de brûler les arsenaux des Grecs ainsi que leurs chantiers : entreprise plus brillante que difficile à exécuter. Ils étaient partis pour cette opération, et traversaient, par un beau temps, la plage qui est entre Pactia et le cap de Gano, lorsqu'au point du jour ils découvrirent des voiles du côté de Gallipoli. Comme la direction des vaisseaux étrangers coupait aux Catalans le retour vers cette place, ils délibérèrent sur la conduite qu'ils avaient à tenir, et ne furent pas long-temps à prendre un parti : tous, d'un commun accord, s'embossèrent à la côte, serrant le plus possible la terre avec les proues, et présentant les poupes à la mer, parce qu'à cette époque les proues n'étant pas garnies d'artillerie, la hauteur des poupes offrait la meilleure défense en cas d'attaque. Dans cette position, ils prirent les armes, et attendirent, en faisant bonne contenance, ce que tenteraient les dix-huit galères qui arrivaient droit sur eux. Elles appartenaient aux Génois, nation qui, entraînée par son courage ou sa cupidité, fréquentait alors ces parages, et naviguait, ainsi que les Catalans, jusque dans les régions les plus éloignées. Après s'être reconnus des deux côtés, les Génois firent le premier salut; et aussitôt nos gens, délivrés de toutes inquiétudes, posèrent les armes et mirent leurs galères en mouvement, ce qui fit qu'on se mêla; on communiqua mutuellement comme entre alliés et amis. Ceux de la république, en conversant avec les nôtres, eurent bientôt appris les brillans succès d'Entenza, et le pillage si abondant des côtes qu'il avait saccagées. La première idée que fit naître chez eux cette découverte, fut l'énorme capture qu'ils pouvaient faire à leur bénéfice, et la nouvelle faveur qu'ils obtiendraient auprès d'Andronic et des Grecs, s'ils enlevaient les galères catalanes et s'emparaient de la personne d'Entenza. Laisser échapper une proie aussi riche et aussi importante, leur paraissant une plus grande faute que celle de trahir sa parole et sa foi, ils envoyèrent inviter Bérenger d'Entenza à honorer leur capitane de sa présence, sous prétexte qu'on devait y traiter quelques affaires intéressantes pour les deux nations. L'invitation fut accompagnée de l'assurance formelle, de la part de la seigneurie, qu'il ne lui serait fait aucun tort ni aucune injure. Entenza, sans réfléchir au passé et aux malheurs que déjà l'excès de sa confiance lui avait attirés, se rendit sur la capitane, où André Doria, accompagné de beaucoup d'autres chevaliers, le reçut en le comblant de caresses et des démonstrations les plus bienveillantes. Ils dînèrent, passèrent la journée ensemble, et soupèrent aussi amicalement qu'on pouvait l'attendre en pleine paix. Bérenger même, s'étant oublié trop tard dans la conversation, coucha tranquillement sur la capitane. Mais le lendemain matin, au moment où il voulut rejoindre ses galères, André Doria, trahissant tous les devoirs de l'hospitalité, se saisit subitement de sa personne, et le désarma; d'autres Génois en firent autant de ceux qui l'avaient suivi, et, au même signal, leurs dix-huit galères fondirent sur les nôtres, qu'elles surprirent en pleine sécurité. Quatre d'entre elles tombèrent bientôt au pouvoir des Génois, quoiqu'il leur en coûtât deux cents hommes pour s'en emparer. Mais la galère de Bérenger de Villamarin ayant eu un peu plus de temps pour se préparer à la résistance, se battit de telle manière, que, malgré les dix-huit proues tournées contre elle, l'ennemi ne put y entrer qu'après avoir détruit l'équipage entier et tué jusqu'au dernier homme : tant les nôtres étaient devenus furieux par leur désespoir! Dans le combat contre cette seule galère, il périt trois cents Génois, et le nombre de leurs blessés fut encore plus considérable. Pachimère rapporte, à propos de cet événement, que les Génois, dans la nuit même de leur jonction avec la flotte d'Entenza, dépêchèrent une galère au faubourg de Péra, pour avertir secrètement leurs compatriotes qu'ils se trouvaient avec les Catalans; que ceux-ci leur parlaient beaucoup de la colère d'Andronic contre eux, de son dessein de les châtier, et que, dans leur ressentiment, ils ne les engageaient à rien moins qu'à combiner leurs forces et à marcher sur Constantinople après leur réunion. L'empereur, instruit par ceux de Péra des détails de cette rencontre, fit aux Génois les promesses les plus magnifiques pour les déterminer à attaquer les Catalans. Pachimère prétend même qu'il leur en donna l'ordre, auquel ils se conformèrent, dès le lendemain, par l'odieuse exécution que nous avons rapportée. Telle fut l'issue malheureuse de l'expédition de Bérenger, expédition mal résolue, bien dirigée ;

et digne d'un meilleur sort. Mais quelle prudence humaine pourrait prévenir de pareils événemens? Lorsqu'on agita le projet de cette expédition, les capitaines discutèrent long-temps sur les dangers auxquels elle pourrait être soumise, et, parmi tous ceux qui se présentèrent à l'esprit, un tel malheur ne fut ni imaginé ni prévu : ce qui prouve évidemment que toute la raison de l'homme est impuissante à prévenir les jugemens de Dieu. Don Sanche, néanmoins, peut être accusé comme la cause la plus immédiate de cette catastrophe. S'il eût accompagné, ainsi qu'il le devait, Bérenger d'Entenza, les succès que l'on obtint eussent encore été plus importans. Les Génois n'auraient pas eu l'audace d'attaquer nos galères; on eût augmenté les ressources et les forces de Gallipoli, et la guerre se fût continuée avec plus d'avantages et plus de gloire.

Bérenger, chargé de fers comme un vil esclave, et quelques chevaliers de sa suite, furent conduits à Péra, où les Génois amenèrent leur flotte et leur butin. L'empereur, qui, dans la joie d'un triomphe si cher à sa vengeance, conçut l'espoir de nous porter le dernier coup, ne laissa pas un instant refroidir leur zèle, et négocia aussitôt avec eux pour obtenir qu'ils profitassent de ce premier succès, en nous chassant de Gallipoli. Les Génois, prêts à le servir encore, lui demandèrent six mille sequins pour les frais de l'expédition. Andronic y consentit, et les leur fit compter sur-le-champ. Mais ceux de la république, nation surveillante en matière d'intérêt, pesèrent l'argent, et, l'ayant trouvé défectueux, le renvoyèrent. En vain l'empereur proposa de réparer la perte des espèces, et leur promit un entier dédommagement : les Génois, mieux instruits de ce qu'ils allaient entreprendre, ne jugèrent pas que le prix fût proportionné à la grandeur du service, et retirèrent leur proposition. Pendant ces pourparlers, Andronic découvrit qu'ils tenaient Bérenger d'Entenza prisonnier dans leurs galères. Dès ce moment, il n'y eut ni prières ni menaces qu'il n'employât pour le tirer de leurs mains, et, dans le desir de le voir en sa puissance, il leur offrit jusqu'à vingt-cinq mille sequins de la personne de Bérenger. Quelque séduisante que fût cette proposition, les Génois la refusèrent, et cela, à notre avis, parce qu'ils craignirent que le roi d'Arragon ne fît éprouver à leur république tout son ressentiment, si, par leur entremise, Entenza, l'un de ses plus grands vassaux, périssait d'une mort ignominieuse entre les mains de l'empereur. Ce refus, sans décourager Andronic, le fit seulement recourir à un autre expédient : il promit à certains patrons de ces mêmes galères génoises huit mille sequins et seize paires de robes de brocard, s'ils lui livraient le chef des Catalans par quelque artifice que ce fût. Mais les Génois, ayant découvert le secret de ses manœuvres, et redoutant quelque violence de la part d'Andronic, mirent à la voile, et transportèrent leur prisonnier à Trébisonde, ville située sur la mer de Pont, où ils avaient un comptoir, et dans laquelle ils le gardèrent jusqu'à leur retour. Ces républicains firent une bonne action en refusant de livrer aux Grecs aucuns prisonniers, et de rien vendre de leur prise, malgré les caresses et les honneurs dont Andronic les combla pour l'obtenir.

Comme les Génois, voguant vers Trébisonde, se trouvaient à l'entrée du détroit, ils virent arriver Muntaner sur un bâtiment armé. Celui-ci venait, au nom des Catalans de Gallipoli, réclamer auprès d'André Doria la personne de Bérenger, et lui offrir pour sa rançon tout l'argent qu'ils avaient pu réunir, et qui se montait à environ cinq mille sequins. Les Génois le refusèrent, ou parce qu'ils trouvèrent la somme trop modique, ce qui est vraisemblable, ou dans la crainte d'indisposer Andronic contre eux, en rendant à la liberté un de ses plus grands ennemis, qui pourrait recommencer ses ravages, saccager ses villes, désoler ses campagnes, et lui faire encore plus de mal que la première fois. Muntaner, après d'inutiles instances, désespérant d'obtenir la liberté d'Entenza, lui remit à lui-même une partie de la somme dont il était porteur, et lui donna la ferme espérance que l'armée enverrait des ambassadeurs aux rois d'Arragon et de Sicile, pour les engager à tirer satisfaction d'un outrage aussi sanglant que celui de faire prisonnier, contre le respect dû à une sauve-garde, un capitaine sujet et vassal d'un prince ami.

CHAPITRE XVI.

RÉSOLUTION MÉMORABLE DU PETIT NOMBRE DE CATALANS RESTÉS A GALLIPOLI.

Après la prise de Bérenger et la mort des plus distingués parmi les braves qui l'avaient suivi; après les massacres et les trahisons qui avaient précédé cette dernière catastrophe; après la campagne d'Orient, qui devait nécessairement avoir affaibli le nombre de nos troupes, il ne resta plus à Gallipoli, sous la conduite de Rocafort, leur sénéchal, que douze cents hommes de pied et deux cents chevaux, auxquels on doit joindre quatre chevaliers, bons soldats : Guillen Siscar et Jean Perez de Caldes, Catalans; Ferdinand Gori et Ximenès d'Albaro, Arragonais, et Muntaner, gouverneur de la place. C'étaient là toutes nos ressources et toute la défense de Gallipoli. Cependant, lorsqu'ils apprirent la perte d'Entenza et de sa flotte, lorsqu'il leur fallut renoncer à l'espoir des secours si nécessaires qu'ils attendaient de ce côté, la certitude du danger fut loin d'abattre leur courage, et, puisant de nouvelles forces dans l'adversité même, ils donnèrent à la postérité le rare exemple du parti que l'on doit prendre au moment où une fausse résolution peut à elle seule ternir la pureté d'un honneur jusqu'alors sans tache, et soutenu pendant longues années avec autant de gloire. Dans le conseil qui fut tenu à cette occasion, quelques-uns, à la vérité, plus timides que les autres, déclarèrent qu'ils regardaient comme forcé l'abandon de Gallipoli, et traitèrent d'extravagant le projet de tenir dans ses murs. Il fallait, à les en croire, s'embarquer sur les vaisseaux qui restaient de la flotte, se diriger vers l'île de Métélin, que l'on pourrait gagner aisément, ainsi que la défendre, et de là courir les mers environnantes, où ils trouveraient plus de sécurité pour eux et feraient plus de mal à leur ennemi : seule et dernière satisfaction à laquelle l'extrême affaiblissement de l'armée permit de prétendre. Mais cet avis fut repoussé avec indignation par la majorité du conseil, qui accompagna ce rejet des menaces les plus violentes, arrêta que l'on défendrait Gallipoli, et déclara traître et infâme le premier qui s'opposerait à cette résolution. Les nôtres y attachèrent même un si haut prix, que, pour se mettre dans l'impossibilité d'y apporter aucun changement, ils coulèrent bas le reste de leurs vaisseaux, et, perdant ainsi tout espoir de retraite par mer, ne conservèrent d'autre ressource que de s'ouvrir un passage l'épée à la main. Les Catalans suivirent alors l'exemple d'Agathocle en Afrique, et le donnèrent à Fernand Cortez dans le Nouveau-Monde : exemples admirés jusqu'à nous comme les plus étonnans que le courage humain ait pu jamais enfanter. Mais lorsqu'Agathocle, roi de Sicile, passa sur les côtes africaines, et qu'ayant fait disparaître dans les eaux sa flotte entière, il lui fallut vaincre ou mourir, ce prince pouvait conserver quelque espoir de triomphe, en voyant trente mille combattans sous ses ordres et les seuls Carthaginois pour ennemis ; tandis que nos Catalans, abandonnés et loin de leur patrie, réduits à quelques centaines d'hommes, avaient contre eux tous les peuples de l'Orient. La détermination de Fernand Cortez est au-dessus de tout éloge : quel homme, jeté au bout du monde, dans des régions inconnues, pouvait, en détruisant ses vaisseaux, se vouer à une mort presque certaine pour une victoire impossible, si ce n'est le héros que Dieu destinait, dans son admirable providence, à ramener à son vrai culte la plus grande partie de la terre ? Nous ne prononcerons pas entre l'action des Catalans et celle de ce grand homme : chercher dans l'un ou dans l'autre quelque côté moins brillant, quelque motif d'infériorité, serait évidemment faire une double injure. Ce furent des Espagnols qui les exécutèrent : que la gloire reste commune entre eux.

CHAPITRE XVII.

ORGANISATION INTÉRIEURE DES CATALANS. ILS SORTENT DE GALLIPOLI, ET VONT LIVRER BATAILLE AUX GRECS.

Après la destruction de leur flotte, heureux de s'être mis hors du danger de perdre leur réputation par la honte d'une retraite, les nôtres arrêtèrent le plan d'une organisation intérieure, qui fixait la manière de se gouverner entre eux. On donna à Rocafort douze conseillers dont il devait prendre les avis; leur pouvoir était égal à celui du sénéchal, qui exécutait les décisions prises par le conseil réuni. On grava pour les dépêches et les patentes un sceau portant l'effigie de saint Georges avec cette légende : *Sceau de l'armée des Francs qui règnent en Thrace et en Macédoine.* Ce fut, à notre avis, une mesure sage et prudente que de prendre le nom de Francs au lieu de celui de Catalans, parce qu'il était plus universel et moins abhorré dans la Grèce; qu'il ne les isolait pas des Espagnols des autres provinces, non plus que des Italiens et des Français, et que tous ces peuples, se trouvant compris sous la même dénomination, pouvaient se regarder comme engagés à embrasser leur défense.

Cependant les assiégés se voyaient chaque jour resserrés davantage par les approches de l'ennemi; et comme, dans les escarmouches journalières, où les Grecs, il est vrai, avaient constamment le désavantage, les nôtres ne laissaient pas d'éprouver quelques pertes, ils résolurent de sortir avec tout ce qui leur restait de force, et de livrer au sort d'une bataille leur liberté et leur vie : conseil que devraient toujours prendre ceux à qui leur position défend aussi impérieusement de traîner la guerre en longueur. En réunissant tout ce qui pouvait porter les armes, il ne se trouva pas à Gallipoli plus de quinze cents hommes, tant cavaliers que fantassins. Nicéphore porte leur nombre à trois mille; mais il écrivait sur le rapport des Grecs, et la peur avait pu facilement les abuser, en doublant à leurs yeux le nombre des ennemis. La veille du jour où ils devaient sortir de Gallipoli, il déployèrent une bannière à l'image de saint Pierre, qu'ils plantèrent religieusement sur la principale tour de la ville. Pendant toute la cérémonie, ils donnèrent les plus grandes marques de dévotion, se mirent à genoux, adressèrent une prière au saint apôtre, et, après cette courte oraison, ils invoquèrent la Vierge. Au moment où leurs voix pieuses, quoique confuses, entonnaient le *Salve*, le ciel étant serein, les couvrit d'un léger nuage, qui laissa tomber sur eux une pluie rafraîchissante, et les mouilla de cette douce rosée jusqu'au moment où l'hymne saint étant achevé, le nuage se dissipa tout à coup, et disparut à leurs yeux. Un si grand prodige les frappa d'admiration; de nouveaux sentimens de religion et de piété, en enflammant leurs cœurs, accrurent encore leur courage, et ils regardèrent la victoire comme certaine, parce que des signes aussi manifestes leur annonçaient la protection de Dieu. Le lendemain matin, samedi 21 juin 1307, notre petite armée sortit de la place. L'ennemi, après avoir laissé une bonne partie de ses forces à Brachialio, à deux milles de Gallipoli, pour la garde de ses quartiers, marcha contre nous avec huit mille chevaux, et une infanterie plus nombreuse encore. Les Catalans placèrent leur cavalerie sur le flanc gauche de l'infanterie, défendant leur droite par un terrain inégal et rompu. Jean Pérès de Caldes, ancien chevalier de Catalogne, portait l'étendard du roi d'Arragon, et Ferdinand Gori celui de Frédéric de Sicile (car nos malheureux Espagnols, abandonnés de leurs princes, n'en perdirent jamais le souvenir); on remit l'étendard de Saint-Georges à Ximénès d'Albaro, et Rocafort confia le sien à Guillen Siscar. Bientôt les vedettes postées sur les tours de Gallipoli, s'apercevant que l'ennemi se renforçait à la faveur des collines qui dérobaient sa marche, donnèrent le signal du combat. On s'aborda franchement des deux côtés; et le premier choc, selon Muntaner, fut même si furieux, que, pour ceux qui restèrent dans la ville, il semblait que la terre tremblât, et que les maisons en fussent ébranlées. Mais les Grecs, malgré l'étonnante supériorité de leur nombre, ne pouvaient tenir contre la valeur et l'expérience de nos soldats. Frappés d'une résistance qu'ils avaient peine à concevoir, saisis de frayeur, parce que leur vaine confiance se voyait trompée, ils tournèrent le dos à un ennemi dont le courage merveilleux leur semblait un prodige, et, dans leur épouvante, s'enfuirent jusqu'à leurs quartiers. Là cependant ils furent sur le point de se rallier, et de reprendre courage. Le corps placé à la garde du camp, voyant la déroute des siens, sortit pour arrêter la furie de nos Catalans, qui en faisaient un carnage affreux; et cette résistance de troupes fraîches, et les meilleures de l'armée, suspendit quelque temps la marche du vainqueur. Mais les nôtres, ayant répété le nom de Saint-George, chargèrent avec une nouvelle fureur, enfoncèrent tout ce qui se présentait devant eux, et, en s'emparant des quartiers de l'ennemi, en triomphèrent une seconde fois. La déroute alors devint universelle : Umbert Paul Basile et le grand hétriarque y furent entraînés. Les Catalans poursuivirent les vaincus pendant l'espace de vingt-quatre milles, jusqu'à Monocostano, les massacrant sans la moindre résistance, parce que ces Grecs fuyaient en jetant leurs armes, au lieu de les employer à se défendre contre une poignée de soldats éparpillés et accablés de fatigue. Leur lâcheté était telle, que, n'ayant pour se sauver d'autre ressource que de faire volte-face, ces malheureux n'osaient pas se retourner de peur d'être blessés au visage ; ils en étaient à craindre une blessure plus que l'infamie ; dernier degré de misère auquel l'homme puisse descendre. Comme l'action se passait sur les bords de la mer, la plus grande partie des Grecs périt dans les flots. Ne pouvant espérer que les nôtres leur fissent bonne guerre, et n'attendant de nos soldats furieux que l'insulte et la mort, les fuyards se précipitaient en foule dans de frêles embarcations, qui se trouvaient le long du rivage, et, en les chargeant outre mesure, ils s'engloutissaient avec elles. On vit de nos soldats acharnés à les poursuivre, qui, ajoutant encore à l'horreur de leur situation, entraient dans l'eau, tout armés, et saisissant l'extrémité des barques, forçaient les Grecs à se jeter dans la mer, ou à périr de leurs mains. L'obscurité de la nuit put seule mettre fin au carnage. Vers minuit, les Catalans se décidèrent à reprendre le chemin de Gallipoli, sans s'occuper de recueillir les dépouilles semées de toutes parts sur leur route, et croyant avoir assez gagné en répandant le sang des traîtres qui avaient massacré avec tant d'impiété leurs compagnons et leurs amis. Le lendemain, ils sortirent pour ramasser le butin, qui fut si considérable que huit jours suffirent à peine à le transporter dans la place. On trouva une grande quantité de vêtemens d'or et de soie, plus estimés que de nos jours, parce qu'ils étaient beaucoup moins communs; des armes brillantes, des joyaux d'un grand prix; trois mille chevaux en état de service, et une quantité de vivres assez abondante pour que Gallipoli fût long-temps à l'abri du besoin. Il périt, du côté des vaincus, six mille hommes de cavalerie et vingt mille hommes de pied, et de notre côté un cavalier et deux fantassins : particularité que nous n'oserions rapporter, malgré les sources où nous la puisons, si l'histoire n'offrait de pareils exemples, même chez les anciens [1].

[1] Moncada cite à ce sujet Paul Orose, qui rapporte qu'Agathocle, avec deux mille hommes seulement, passa au fil de l'épée trente mille Carthaginois, et ne perdit que deux hommes du faible corps qu'il commandait.

CHAPITRE XVIII.

MICHEL SE DISPOSE A MARCHER CONTRE GALLIPOLI. LES NÔTRES S'AVANCENT A TROIS JOURNÉES DE DISTANCE POUR LE COMBATTRE. BATAILLE D'APROS.

Le succès inespéré de nos armes causa les plus vives inquiétudes aux empereurs Andronic et Michel. Jamais ils n'auraient pensé que quelques étrangers jetés sur leur territoire pussent les contraindre à mettre en mouvement toutes les forces de l'empire; et pourtant, après l'événement de Gallipoli, ils résolurent de les réunir et de marcher contre les Catalans, avant qu'aucuns secours de Catalogne ou de Sicile eussent le temps de parvenir jusqu'à eux. Les nôtres furent instruits de leurs préparatifs par un espion grec, que Muntaner expédia, non sans la crainte de ne plus le revoir, comme plusieurs autres de cette nation qui, chargés par lui de commissions semblables, n'avaient jamais reparu. Malheureusement les Catalans ne pouvaient lui être d'aucune utilité dans cet emploi, parce que, malgré leur attention scrupuleuse à prendre le costume et à parler la langue du pays, ils étaient toujours reconnus. A la nouvelle de ce grand armement, les Catalans résolurent de sortir de la place, d'emmener jusqu'au dernier homme, de pénétrer dans l'intérieur des terres et d'y chercher l'ennemi : projet aussi audacieux qu'aucun de ceux qu'ils aient jamais formés. Nous ne pensons pas que nulle autre histoire offre d'exemples d'une pareille vigueur de courage, jointe à une telle exaltation d'honneur : aussi craignons-nous sans cesse qu'on ne soupçonne notre véracité. Mais lorsqu'on considère que Pachimère et Nicéphore, historiens grecs, nos ennemis, s'accordent avec Muntaner sur les faits mêmes auxquels il semble le plus difficile d'ajouter foi, on est obligé de croire à la fidélité de leurs récits. Le soin que nos Catalans prenaient de leur renommée était tel, que, selon Muntaner, le principal motif de cette détermination fut la crainte qu'après l'état d'aisance et de prospérité où les avait mis leur dernier triomphe, l'amour des richesses qu'ils y avaient acquises, et la crainte de s'en voir dépouillés, n'amollissent leurs âmes, et ne leur fissent perdre quelque chose de leur ancienne réputation. Après un peu de réflexion néanmoins, les nôtres adoptèrent un parti moins extrême, mais aussi moins brillant. Au lieu de sortir jusqu'au dernier homme, ils laissèrent cent Almogavares de garnison à Gallipoli, où devaient rester leurs femmes, leurs enfans et leurs effets; et, fermement déterminés à combattre Michel, quoiqu'il fût appuyé par la meilleure partie des forces de l'empire, ils prirent le chemin d'Andrinople, rendez-vous des troupes qui se réunissaient contre eux. Après avoir marché trois jours à travers la Thrace, en ravageant et saccageant les campagnes, ils arrivèrent sur le penchant d'un monticule, où ils établirent leurs quartiers pour la nuit. Les sentinelles placées sur les hauteurs ayant découvert de grands feux de l'autre côté, des éclaireurs furent détachés pour reconnaître le pays. Bientôt ils revinrent avec deux Grecs qu'ils avaient faits prisonniers, et dont on apprit la raison de ces feux : c'était l'empereur Michel qui, avec six mille chevaux et un nombre beaucoup plus considérable de gens de pied, avait assis son camp dans un lieu situé entre deux petits villages, Apros et Cipsela, où il attendait le reste de l'armée. Quelques-uns des nôtres voulaient que dès la nuit même on franchît le monticule, et qu'en tombant tout à coup sur les Grecs, on les surprît dans leur sécurité. Il serait difficile d'expliquer pourquoi ce conseil n'obtint pas l'assentiment qu'il méritait; car, puisqu'on devait nécessairement en venir aux mains, il était plus avantageux d'engager l'action au milieu de l'obscurité et de la confusion ordinaire dans les attaques de nuit, que d'attendre le jour, où l'ennemi reconnaîtrait d'autant mieux l'extrême faiblesse de notre armée. Il en fut décidé autrement, et le lendemain, à la pointe du jour, après que les nôtres se furent confessés et eurent reçu le sacrement de l'Eucharistie, ils formèrent leur ordre de bataille. L'infanterie fut réunie en un seul corps, ayant la cavalerie sur ses ailes, et en arrière un bataillon de réserve qui devait se porter partout où le besoin l'appellerait. Ces dispositions faites, ils se mirent en mouvement, et au lever du soleil se trouvèrent de l'autre côté du monticule en présence de l'ennemi. Toutes ses forces se déployèrent en ce moment à leurs regards, mais plus considérables que l'espion ne l'avait déclaré, parce que la majeure partie des troupes attendues par l'empereur était arrivée deux heures auparavant. Les Grecs qui contemplaient avec complaisance la multitude de leurs soldats, virent, à leur grande surprise, une petite armée, forte à peine de trois mille hommes, s'avancer dans la plaine [1]; et

[1] Moncada, après n'avoir parlé que de quinze cents hommes à la bataille de Gallipoli, ne donne aucun motif de cette augmentation. On pourrait peut-être l'expliquer, en supposant que des Espagnols répandus dans l'empire, après avoir échappé au massacre, et encouragés par le succès de leurs compatriotes, accoururent dès ce moment sous leurs drapeaux, comme nous les verrons plus tard s'y réunir; puis, comme les Catalans avaient pris trois mille chevaux dans la dernière bataille, ils purent en fournir à ceux qui vinrent renforcer leur petite armée.

ne croyant autre chose sinon qu'elle venait se remettre à la clémence de l'empereur, pas un d'eux ne songeait ni à s'armer ni à sortir de leur camp. Mais Michel, qui avait payé trop cher l'expérience de notre valeur, s'arma lui-même, monta à cheval, rassembla ses troupes et pourvut à ses dispositions. Il fit cinq divisions de son infanterie, commandées par Théodore son oncle, général de toute la milice, et le même qui était venu d'Orient; la cavalerie des Alains et des Turcopules, sous les ordres de Bazile, fut placée à l'aile gauche, et à l'aile droite la cavalerie d'élite des Thraces et des Macédoniens avec les Valaques et les aventuriers, sous le commandement du grand tétriarque. Michel resta à l'arrière-garde avec ses gardes ordinaires et une partie de la noblesse qui veillait à sa défense. Il avait encore auprès de lui le despote son frère et Senacherim l'Ange. Celui-ci ne voulut point avoir de commandement dans cette journée, pour ne s'occuper que de l'empereur et de la sûreté de sa personne. Avant d'engager l'action, Michel passa devant le front de bataille, et, après avoir animé le courage de ses troupes par une courte harangue, il donna le signal du combat. Notre infanterie, au moment de s'ébranler, s'était formée en quatre bataillons. Elle eut d'abord à soutenir l'attaque de la cavalerie des Alains et des Turcopules qui firent une charge furieuse sur le premier bataillon de nos Almogavares. Mais cette bande invincible, résistant à toute leur impétuosité, les rompit et les mit en fuite. Ainsi le rapporte Pachimère lui-même, tandis que Nicéphore, flatteur encore plus déterminé de la famille impériale, prétend que cette cavalerie, en sonnant la charge, tourna le dos et disparut du champ de bataille, parce que les Alains ne voulaient plus servir l'empereur, et que les Turcopules avaient un traité secret avec les Catalans. De quelque manière que la chose ait eu lieu avant ou après l'attaque, le fait est qu'elle prit la fuite, et que l'infanterie ennemie, dégarnie sur son flanc gauche de la cavalerie qui la soutenait, commença à se mettre en désordre. Aussitôt elle fut attaquée sur ce point par un certain nombre de nos marins et de nos Almogavares qui, depuis la dernière bataille, s'étaient procuré des chevaux et mêlés dans la cavalerie, mais qui venaient de mettre pied à terre, par la seule raison qu'inhabiles à ce genre de service nouveau pour eux, ils n'auraient pu être d'aucune utilité [1]. Sur ces entrefaites, les autres bataillons,

[1] En expliquant ainsi ce passage assez obscur du texte, on trouverait déjà l'emploi d'une partie des chevaux pris à la bataille de Gallipoli ; d'autres auraient pu être fournis aux étrangers et Espagnols qui, selon beaucoup d'apparence, vinrent se réunir aux Catalans.

de notre infanterie, délivrés, après la déroute des Alains et des Turcoples, d'une bonne partie de la cavalerie qui aurait pu les inquiéter, chargèrent l'ennemi de front, et avec une telle fureur, qu'ayant renversé les premiers rangs composés des soldats les plus distingués par la beauté comme par la bravoure, le reste de l'infanterie impériale perdit courage et se mit en déroute. Cependant les cavaliers de Thrace et de Macédoine, les meilleurs et les plus renommés de ces provinces, se défendirent pendant long-temps contre notre cavalerie, soutinrent même un corps de leur infanterie qui n'avait point encore perdu de terrain, et se distingua par sa belle résistance, jusqu'à ce que nos Almogavares, l'ayant pris à la fois de front et à revers, finirent par l'enfoncer. Alors la cavalerie elle-même abandonna son poste et fuit vers Cipsela, après avoir éprouvé une perte considérable. Michel, qui voyait ses bataillons rompus, sa cavalerie en qui il avait placé son plus grand espoir, détruite ou dispersée, se conduisit alors en prince et en soldat : il poussa contre l'ennemi. Mais le mors de son cheval s'étant brisé, l'animal, abandonné à lui-même, l'emporta en le dirigeant vers nous. Arrêté par ceux de sa garde qui retinrent son coursier, l'empereur sauta sur un autre cheval, et, loin de tenir cet accident à mauvais augure, il se jeta partout où il crut reconnaître le plus grand danger, animant les uns, secourant les autres, employant tour à tour les prières et les menaces, appelant ses capitaines, ses premiers officiers, par leurs noms, les suppliant, les sommant de faire volte-face, d'arrêter l'ennemi, et de ne pas perdre si honteusement dans cette journée la gloire de l'empire romain. Mais les chefs et les soldats, ayant une fois bravé toute honte, et commis la lâcheté révoltante d'abandonner la personne de leur prince, devaient mépriser également ses reproches et ses prières : car plus grande est l'infamie, plus difficile est le repentir. Alors ce que Michel n'avait pu obtenir par ses paroles, il voulut l'emporter par son exemple. Hasarder sa vie pour les siens lui parut un devoir, l'oubli de ce devoir un déshonneur. Résolu de vaincre ou de mourir : « Amis et compagnons, dit-il, en se retournant vers ceux qui le suivaient encore, le moment est venu où la mort est préférable à la vie, et la vie plus cruelle que la mort même; mourons avec honneur, puisqu'il faut vivre avec infamie! » Et levant les yeux vers le ciel, après avoir imploré son secours, il se précipite au milieu de nos bataillons. Cent de ses plus fidèles serviteurs le suivent dans la mêlée, et avec ce faible secours il fait long-temps balancer la victoire : tant est puissant en de pareilles occasions l'exemple d'un prince qui sait exposer sa personne et sa vie! Il blessa un grand nombre des nôtres et en tua deux de sa main. Pendant l'action, un marin catalan, nommé Bérenger, qui dans cette journée avait un superbe cheval et des armes magnifiques, dépouilles de la victoire précédente, se battait avec une telle bravoure, que Michel, par ce double motif, le prenant pour quelque fameux capitaine de notre armée, et voulant signaler sa valeur, fond sur lui, et l'atteint au bras gauche du tranchant de son épée. Le marin se retourne contre l'empereur, et, sans lui donner le temps de l'éviter par aucun mouvement, il le blesse au visage, après avoir à coups de masse fait sauter son écu. Dans le même instant, Michel a son cheval tué sous lui, et déjà les Catalans le croient en leur puissance; mais plusieurs des siens l'assistent de tout leur courage, et l'un d'eux, se sacrifiant pour son prince, lui donne son cheval, et meurt en le sauvant. Après s'être tiré par sa valeur et sa fortune d'un aussi grand danger, après avoir perdu la plus grande partie de ses fidèles et derniers défenseurs, Michel abandonna le champ de bataille, ou plutôt il en fut arraché par les siens. En vain il voulut, à plusieurs reprises, revenir sur ses pas, et reconquérir l'honneur de cette journée; le malheureux prince, toujours retenu malgré ses efforts, rougissant à la fois de fureur et de honte, exhalant enfin son désespoir par ses larmes, se retira au château d'Apros, et la victoire fut à nous. Les Catalans ne poursuivirent pas plus long-temps l'ennemi en déroute, craignant toujours qu'il n'eût encore assez de forces pour retourner au combat, ou ne les attendît dans quelque embuscade. Cette crainte fut regardée, et Pachimère l'avoue lui-même, comme un coup particulier de la Providence, qui arrêta un plus grand carnage, et empêcha l'empereur de tomber infailliblement entre nos mains. Maîtres du champ de bataille, les nôtres se contentèrent de veiller à sa garde, attendant que le jour vînt dissiper leurs soupçons. La nuit entière se passa sous les armes. Le lendemain, libres d'inquiétudes, ils attaquèrent aussitôt le château d'Apros, qui se rendit sans difficulté, parce que les habitans étaient demeurés seuls chargés de le défendre. Les Catalans s'y arrêtèrent pendant huit jours pour panser les blessés, et laisser reposer les autres des travaux et des fatigues du combat. On apprit bientôt que les troupes attendues par Michel l'avaient rejoint avant l'action, et qu'ainsi l'armée entière était battue. Il périt, selon Muntaner, du côté de l'ennemi, dix mille hommes de cavalerie et quinze mille hommes de pied, et de notre côté vingt-sept fantassins et neuf cavaliers. Michel, retiré à Apros, et ne s'y croyant pas en sûreté, était sorti de la place dans la nuit même pour se rendre à Pamphilie, et de là à Didimotique où se trouvait son père. Celui-ci le reprit sévèrement d'avoir trop écouté son courage, et exposé sa personne à de trop grands dangers, lui représentant qu'une telle conduite, digne d'éloges dans un soldat, et même dans un capitaine, était blâmable dans un empereur : paroles inspirées plutôt par l'affection d'un père que par les sentimens d'un roi. Michel pouvait-il ménager son existence après avoir vu ses soldats tués ou mis en fuite, sa réputation en péril, ses états perdus? et parmi les princes dignes de quelque mémoire, en fut-il jamais un seul qui craignît d'exposer, dans d'aussi grandes circonstances, sa personne et sa vie?

Après cette bataille, la plus grande partie de la province de Thrace devint la proie du vainqueur. Les villes fortes et populeuses furent les seules qui n'eurent point à souffrir dans ce commun désastre : les Catalans étaient en trop petit nombre pour s'attaquer à des murailles contre lesquelles ils auraient nécessairement encore affaibli leur armée, et s'ils s'emparèrent de quelques places fortifiées, ce fut uniquement par la négligence de leurs défenseurs. Dans toutes les campagnes de cette malheureuse province, les Grecs, épouvantés, abandonnaient leurs maisons, leurs effets, les blés prêts à cueillir, et se sauvaient sur les états voisins, où ils accroissaient encore l'effroi de notre vengeance. Constantinople surtout, ce grand refuge des nombreux fuyards qui y entraient de tous côtés, était encombré de monde, et ne présentait que le spectacle confus du désordre et de la désolation.

Notre victoire devint, à Andrinople, l'occasion d'un événement déplorable pour les Catalans, qui, au nombre de soixante, y étaient restés prisonniers depuis l'assassinat de Roger de Flor. Le succès étonnant de la bataille d'Apros étant parvenu jusqu'à eux, cette nouvelle, en échauffant leurs têtes, leur inspira la résolution de tenter un coup de main pour recouvrer leur liberté. Ils étaient enfermés dans une forte tour, où, après avoir réussi à rompre leurs fers, ils essayent d'enfoncer une porte dont la solidité résiste à tous leurs efforts. Trompés sur ce point, ils gagnent le haut de l'édifice pour y reconnaître quelque moyen d'évasion. Aucun ne se présente. Cependant leur entreprise est découverte; le bruit s'en est répandu dans la ville, et les Grecs, accourus de toutes parts, ont cerné la prison, contre laquelle ils s'élancent aussitôt, avec la résolution de tenter l'escalade. Mais les nôtres, ne voyant autour d'eux que des adversaires impitoyables, s'arment à la hâte de tout ce qui tombe sous leurs mains, et, du haut de l'édifice, se battent en furieux contre la foule des assaillans, qu'ils repoussent, qu'ils renversent, et dont ils blessent un grand nombre, sans qu'il leur soit possible de leur porter un seul coup. Alors la multitude, désespérant de réduire ainsi une troupe qui lui semblait invulnérable, prend le parti d'incendier la tour, l'environne de matières combustibles, et y met le feu. La flamme se communique avec la rapidité d'un torrent; déjà les murs éclatent et commencent à s'écrouler; entourés de feu, les Catalans lancent sur les Grecs des pierres, des dards, tout ce qui peut armer leur vengeance : à demi-brûlés, ils combattent encore. Enfin, poussés par le désespoir et l'horreur de leur sort, ils se donnent les derniers adieux, s'embrassent, font le signe de la croix, et se précipitent dans le feu qui les engloutit. On vit deux frères tendrement unis, jeunes gens d'une haute naissance et d'un grand courage, se presser étroitement dans les bras l'un de l'autre, et s'élancer au sein des flammes, en se tenant embrassés. Le feu les épargna; mais les Grecs, plus cruels que tous les élémens ensemble, se jetèrent sur eux et les mirent en pièces. De ces soixante Catalans, un seul fit quelque démonstration de se rendre; il fut précipité.

Après avoir ravagé la plus grande partie de la province, les nôtres revinrent à Gallipoli, plus riches de gloire et d'argent, et même plus nombreux qu'auparavant, parce qu'ils furent joints par des Espagnols, des Français et des Italiens, qui avaient été assez heureux pour échapper à la cruauté et à la furie des Grecs.

CHAPITRE XIX.

COUP-D'OEIL SUR LES AFFAIRES D'ANDRONIC ET DES GRECS.

En réfléchissant ici sur la situation déplorable de l'empire d'Orient, on reconnaîtra que, si toujours les effets de la justice divine se font sentir parmi les hommes, il est des temps extraordinaires où cette justice redoutable se manifeste d'une manière encore plus frappante. Alors des fléaux ravagent le monde, et la guerre, la peste ou la famine, viennent y porter leurs désolations. A cette époque, ce fut la guerre qu'elle employa pour châtier les Grecs et leur maître. Séparés de l'Eglise romaine, mère commune de tous ceux qui militent sur la terre, tombés dans mille erreurs, chargés de tous les crimes qu'ils avaient depuis long-temps accumulés sur leurs têtes, Dieu permit que les Catalans devinssent contre eux les instrumens de sa vengeance. Aux désastres de la guerre, vinrent encore se joindre les malheurs et les querelles domestiques, dernière affliction pour les princes, et par laquelle les conseils se confondent, les forces s'affaiblissent, et la voie dangereuse où ils courent à leur perte est encore abrégée pour eux.

L'impératrice Irène, épouse d'Andronic, regardait comme un oubli indigne de sa naissance et de son rang, que ses trois fils, Jean, Théodore et Démétrius, n'eussent aucune part à l'empire. Andronic ayant été marié deux fois, Michel, déjà proclamé empereur, et Constantin despote, tous les deux issus du premier lit, se trouvaient aussi les premiers appelés à sa succession. Irène ne négligea rien pour obtenir de lui l'abandon de quelques provinces en faveur de ses trois enfans. Déçue dans cette espérance, mais voulant les favoriser à quelque prix que ce fût, elle tenta un autre expédient encore plus préjudiciable à l'état: ce fut de demander à l'empereur qu'il les associât à Michel, et les déclarât successeurs de leur frère. Elle éprouva le même refus. Alors, connaissant l'amour extrême de son mari pour elle, Irène pensa qu'en s'éloignant elle l'augmenterait encore, et que le besoin de la revoir serait plus puissant que ses prières sur un homme tel que lui. Cette femme artificieuse se retira donc à Thessalonique, au grand déplaisir de l'empereur, qui, craignant néanmoins de rendre le public confident de malheurs aussi intimes et aussi secrets, feignit extérieurement que ce départ ne lui déplaisait point. L'absence ne dut jamais être employée comme un moyen d'accroître l'amour, et le plus souvent elle ne servit qu'à l'éteindre : ce fut ce qui arriva. La passion d'Andronic diminua peu à peu, et finit par se perdre. Alors sa femme, désespérée, voyant tout chemin fermé à l'accomplissement de ses vœux, passa des prières aux menaces. Elle écouta les propositions secrètes de souverains étrangers, ennemis d'Andronic ; elle fit appeler le Crâlè, son gendre, prince des Tribales et des Serviens, marié avec sa fille Simonide, et lui donna tous les joyaux qu'elle avait emportés, et une somme d'argent si considérable, que, suivant l'assertion, sans doute exagérée, de Nicéphore, on aurait fondé avec elle une rente suffisante pour l'entretien de cent galères qui auraient protégé les mers et les côtes de l'empire. Avec de pareilles divisions, quel pouvoir ne serait ébranlé ! quel état ne pencherait vers sa chute, surtout lorsqu'au milieu de tant de malheurs survient une armée ennemie qui, pour satisfaire sa vengeance, s'est mise dans la nécessité de vaincre ou de mourir !

CHAPITRE XX.

LES NÔTRES COURENT LE PAYS, ET S'EMPARENT DES VILLES DE RODOSTO ET PACTIA.

Rentrés à Gallipoli après leur victoire, les nôtres demeurèrent maîtres absolus de la campagne, sans que les empereurs Andronic et Michel, l'un à Constantinople et l'autre à Andrinople, osassent sortir de leurs remparts. Humilié sous le poids de nos armes, Andronic répondait, par sa résignation, aux plaintes qui lui arrivaient de tous côtés contre les Catalans. Il attribuait humblement à ses péchés ce châtiment de Dieu, et confessait qu'il n'était pas en son pouvoir de résister à sa rigueur. Les nôtres, libres de satisfaire leur vengeance, poussaient leurs courses dans l'intérieur des terres jusqu'à Maronée, Rodope et Bizie, à cent soixante-dix milles de Gallipoli, répandant la terreur dans toutes les provinces, et ne trouvant pas un seul lieu assez écarté ou d'un accès assez difficile pour échapper à leur furie. Les villes que la force de leurs murailles ne permettait pas d'attaquer, éprouvaient d'horribles dévastations sur leurs territoires : les faubourgs, les jardins étaient détruits, et tout ce qui avait le plus de valeur dans les campagnes, ravagé ou réduit en cendres. Si des prisonniers tombaient en leur pouvoir, ils les mettaient à rançon, et arrachaient aux plus riches des sommes exorbitantes. Et ce n'étaient pas seulement des compagnies entières, mais de petites bandes de quatre, six, huit soldats, dont l'audace exécutait des coups aussi hardis. Pierre de Maclara, Almogavare qui servait dans la cavalerie, ayant passé la nuit à jouer avec ses camarades, perdit tout ce qu'il possédait. Désespéré de son malheur, il forme la résolution de s'en dédommager avec usure aux dépens de l'ennemi. Sans tarder davantage, il monte à cheval, accompagné de ses deux fils, et, marchant toujours à travers le territoire impérial, il arrive jusqu'aux jardins mêmes qui touchaient aux murs de Constantinople. Là, le hasard livre bientôt entre ses mains un père et son fils, négocians génois, qu'il fait prisonniers et emmène à Gallipoli, sans que personne tente de s'y opposer, quoiqu'il y eût vingt-cinq lieues de retraite. Quinze cents sequins furent le prix de leur rançon, et l'Almogavare, en réparant sa perte, acquit encore la réputation de militaire habile et de brave soldat. D'autres courses non moins étonnantes furent exécutées en très-grand nombre et avec le même bonheur. Rien ne saurait exprimer l'audace avec laquelle nos Catalans bravaient alors cet empire humilié. Il semblait que les Grecs dussent subir le même abaissement que jadis les Romains avaient éprouvé. Rome, capitale du monde, qu'elle remplissait du bruit de sa grandeur et de sa gloire, avait pris, dans l'ivresse de ses triomphes, le nom de ville éternelle, et cependant les Goths et les Vandales lui montrèrent un jour toute la vanité de sa gloire et la fausseté de son nom. Constantinople vit ensuite le grand Constantin faire briller sur le trône l'éclat de sa puissance et les mérites de sa piété; mais ses successeurs ne se maintinrent après lui que jusqu'au moment où, au milieu des vices dont elle fut infectée, la colère de Dieu, armant sa justice, rendit aussi cette capitale la proie des nations étrangères; et, celle qui avait dicté la loi à tant d'autres nations était, en ce moment, forcée par une poignée de Catalans et d'Arragonais, de la subir en quelque sorte à son tour.

Cependant les Catalans brûlaient de venger la mort ignominieuse de leurs ambassadeurs sur la ville de Rodosto, théâtre odieux d'une barbarie aussi atroce. Cette exécution était trop ardemment desirée pour n'être pas résolue; et, au moment de marcher contre la malheureuse ville, l'armée entière se montra tellement possédée de la même indignation, que tout sortit, jusqu'aux enfans, chez qui la faiblesse de l'âge eut moins de pouvoir que la fureur de la vengeance. Rodosto était une ville maritime, située à soixante milles de Gallipoli par terre : distance considérable, que les nôtres ne pouvaient franchir sans laisser des postes ennemis sur leurs derrières. Ce motif de sécurité perdit les habitans de Rodosto. Ils ne présumaient pas qu'une armée s'aventurât aussi loin dans les terres, avant d'être assurée de sa retraite. Mais, pour les Catalans, il n'existait point de difficulté si insurmontable qui ne disparût devant le souvenir de leur outrage. Ils se mirent donc en marche; et, après avoir traversé tout le pays sans rencontrer aucun obstacle, l'armée arriva pendant la nuit sous les murs de Rodosto, où elle s'établit. Au point du jour, lorsqu'aucun mouvement ne se faisait encore entendre dans la ville, les nôtres escaladèrent les remparts en silence, et surprirent tous les habitans, dont ils commencèrent l'épouvantable massacre. Non-seulement tous les Grecs capables de quelque résistance furent passés au fil de l'épée, mais aucun être, quels que fussent ses droits à la clémence, ne sut toucher leur pitié; on les vit égorger des créatures innocentes, trop jeunes pour connaître le mal, et trop faibles pour l'exécuter. Les enfans, les femmes, les vieillards, furent confondus dans le massacre, et ils tuèrent jusqu'aux animaux, afin que, dans la ville, il ne restât rien de vivant. Muntaner, qui s'étend ici en longs détails sur les excès de la soldatesque, dit que les chevaliers et les capitaines s'efforcèrent en vain de mettre un terme aux horribles cruautés qu'exerçaient les vainqueurs sur les vaincus, parce que les soldats, livrés à leur furie, et ivres de carnage, avaient perdu la crainte de Dieu, et le respect qu'ils devaient à leurs chefs et à eux-mêmes. Enfin, cette exécution, et d'autres qui la suivirent, donnèrent alors naissance à ce proverbe encore en usage parmi les Grecs : *que la vengeance des Catalans tombe sur toi!* C'est la plus forte imprécation que puissent trouver chez eux la colère et la haine, tant le souvenir de ces massacres est encore vivant dans leur mémoire! De Rodosto, on marcha contre Pactia, ville voisine, dont les nôtres s'emparèrent avec la même facilité, et qu'ils traitèrent avec la même rigueur. Nos capitaines crurent devoir occuper ces différens postes, parce que le nombre de leurs troupes croissant de jour en jour, était déjà suffisant pour qu'on pût se diviser, et s'approcher de Constantinople, dont ils regardaient la ruine comme le terme de leurs travaux et de leurs dangers. On se contenta de laisser Muntaner à Gallipoli, avec quelques marins, cent Almogavares et trente chevaux (1308).

CHAPITRE XXI.

FERDINAND XIMÉNÈS D'ARÉNOS REVIENT A GALLIPOLI.

Bientôt un renfort inattendu arriva dans la place. Nous avons déjà dit que Ferdinand Ximénès d'Arénos, l'un des principaux capitaines arragonais venus en Grèce avec Roger de Flor, s'était séparé de lui pour quelques mécontentemens particuliers. Accompagné du petit nombre de ceux qui le suivirent alors, il passa auprès du duc d'Athènes, et le servit quelque temps dans les guerres nombreuses qu'il eut à soutenir contre ses voisins : guerres inévitables pour les petits princes dont les faibles possessions touchent à de puissans états. Arénos avait acquis chez le duc de la réputation et des emplois honorables, lorsque le danger de ses amis le fit renoncer à un avancement et à des avantages certains, pour voler à leur secours.

Après en avoir obtenu la permission de son nouveau maître, il s'embarqua sur une galère avec quatre-vingts hommes de vieilles troupes, et arriva à Gallipoli. Tous ses compagnons, joyeux de le revoir, le comblèrent de témoignages de reconnaissance et d'amitié. On lui donna des chevaux et des armes pour équiper sa troupe, et, comme quelques amis et d'autres gens de bonne volonté vinrent se joindre à lui, il parvint à réunir trois cents hommes d'infanterie et soixante chevaux, à la tête desquels il s'avança vers l'intérieur du pays. Arrivé à Rodosto et à Pactia, il visita les autres capitaines, et, après leur avoir fait part de la course qu'il projetait, il prit le chemin de Constantinople, passa la rivière que les anciens appelaient Batinia, et poussa assez près de la ville pour brûler un grand nombre de villages à la vue même de la capitale de l'empire. Andronic, du haut des murs, contemplait ces incendies. Persuadé que toutes nos forces se trouvaient réunies sous ses remparts, et que le jour était venu où nous allions les employer à ruiner entièrement sa puissance, il défendit à aucune troupe de sortir, et s'occupa bien plutôt de les distribuer sur les murailles pour la garde de la ville et sa propre sûreté. Ces craintes d'Andronic pouvaient se justifier, car le peuple, oisif par habitude, et, dans ce moment, saisi d'effroi, ne songeait pas même à prendre les armes; tandis que les Turcopules et les Alains, soldats mercenaires, qui, nés sur un territoire étranger, n'étaient attachés à l'empereur ni par devoir ni par reconnaissance, craignaient le danger, refusaient le service, et se laissaient même soupçonner d'entretenir avec nous quelque secrète intelligence [1]. Tout semblait donc offrir au prince de justes sujets d'alarmes, lorsqu'il apprit qu'Arénos, à la tête de trois cents hommes seulement, exerçait tous ces ravages, et que Rocafort se portait sur Rodope avec le gros de l'armée. Cette découverte, en le tirant de sa stupeur, lui ayant rendu quelque courage, il choisit huit cents hommes de cavalerie, auxquels il joignit deux mille fantassins, et leur ordonna de marcher aussitôt contre l'ennemi qui se retirait, chargé d'un énorme butin. Ces troupes, comptant sur un succès facile, sortirent avec ardeur, et, après avoir passé la rivière dès la nuit même, elles tournèrent les Catalans, et s'embusquèrent dans un pas avantageux que les nôtres ne pouvaient éviter. Les coureurs d'Arénos eurent bientôt découvert l'embuscade; mais, comme aucune retraite n'était possible sur ce point, l'Arragonais, fort de son courage, fit halte, et dit à ses soldats :

« Compagnons, vous voyez que l'ennemi nous » ferme le passage, et que nos épées seules peuvent » nous frayer un chemin. Il ne s'agit de rien moins » que de notre existence. Un grand péril semble

[1] Si les Alains eussent trahi les Grecs à la bataille d'Apros aussi ouvertement que Nicéphore les en accuse, on ne les retrouverait pas au service de l'empereur.

» la menacer ; mais les hommes que vous avez en
» présence sont les mêmes qu'avec des forces
» plus inégales encore vous avez vaincus tant de
» fois. Leur multitude ne servit jamais qu'à aug-
» menter l'éclat de nos triomphes ; et, puisqu'ils
» nous attendent, puisqu'ils osent combattre, au-
» jourd'hui comme toujours la victoire est à nous.
» L'avantage de leur position leur inspire quelque
» confiance ; mais ces Grecs ont oublié sans
» doute qu'il n'est point pour nos armes de rem-
» parts inexpugnables. Montrons à cette vile na-
» tion que nos coups sauront l'atteindre partout
» où la poursuivra notre juste vengeance. »

A ces mots, il ordonna aux Almogavares d'attaquer l'infanterie impériale ; et lui-même, à la
tête de sa petite troupe de cavalerie, chargea
en personne toute la cavalerie ennemie. Celle-ci
combattit d'abord avec courage ; mais les deux
mille fantassins grecs ne montrèrent pas la même
résolution. Incapables de tenir contre nos trois
cents Almogavares, ils furent enfoncés, battus,
et presqu'entièrement détruits, avec une telle
promptitude, que les Almogavares, n'ayant plus
d'ennemis à combattre, accoururent au secours
d'Arénos, qui était encore engagé avec la cavalerie impériale. Leur mouvement fut décisif :
cette cavalerie, effrayée des coups qu'ils lui portaient, abandonna aussitôt le passage, avec perte

de six cents hommes tués ou prisonniers. Les nôtres, après s'être tirés si glorieusement d'un si mauvais pas, continuèrent leur route, chargés de dépouilles, et arrivèrent à Pactia, où Rocafort était revenu depuis peu de la course qu'il avait faite à Rodope.

CHAPITRE XXII.

SIÉGE DE MODICO PAR FERDINAND XIMÉNÈS D'ARÉNOS.

Arénos, après avoir rejoint l'armée, sentit bientôt qu'il lui serait impossible de vivre avec un homme d'un caractère tel que celui de Rocafort, et qu'ainsi il devait songer à se procurer un quartier séparé de lui. La haute naissance de Ferdinand, l'affabilité de ses manières auraient attiré auprès de sa personne un grand nombre de gens de guerre qui suivaient Rocafort; mais celui-ci, plus puissant, les retenait par la crainte, et aucun n'osait le quitter ouvertement, avant d'avoir pour retraite quelque place de sûreté. Modico, ville la plus voisine, située sur le détroit au midi de Gallipoli, se présenta à Ferdinand comme le lieu le plus susceptible d'être enlevé par un coup de main. Il ne tarda pas à le tenter. Ayant échoué dans son entreprise, l'Arragonais établit sa troupe presque au pied des murailles, et ouvrit la tranchée. Les militaires les plus habiles condamnaient la résolution d'Arénos, et ne voyaient aucune vraisemblance à ce que deux cents fantassins et quatre-vingts cavaliers qui lui restaient, pussent s'emparer d'une place entourée de hautes murailles, et défendue par sept cents hommes bien armés. Il arriva cependant qu'avec la lâcheté des Grecs et la persévérance de nos soldats l'impossible cessa de l'être. Une nation manquant de courage pour attaquer, et d'habileté pour se défendre, doit nécessairement être assujétie par l'ennemi qui voudra s'en rendre maître; ni le nombre de ses troupes, ni la force de ses remparts, ne sauraient la sauver. Ces misérables Grecs, au nombre de sept cents hommes contre trois cents au plus, s'enfermèrent dans leurs murailles, comme si toute une armée en eût formé le siége, sans hasarder une sortie, ni faire la moindre tentative pour détruire les ouvrages qu'on élevait contre eux. Ferdinand dressa une catapulte, avec laquelle il battit la partie du mur qui lui sembla la plus faible; mais cette machine lançait des pierres d'un poids si léger qu'elles ne purent endommager des murailles fortes et d'une grande élévation. On essaya à plusieurs reprises d'appliquer les échelles : ce fut aussi inutilement. Alors il fallut changer le plan d'attaque. Tandis que Muntaner envoyait exactement de Gallipoli des approvisionnemens de toute espèce, Arénos ralentit l'activité de ses tentatives, s'assura dans ses retranchemens, et se contenta de quelques démonstrations suffisantes pour inquiéter l'ennemi, mais assez insignifiantes pour encourager son imprévoyance. Cette mesure fut lente dans ses résultats; mais la patience infatigable de nos troupes finit par triompher. Au bout de sept grands mois de siége, les Grecs ayant conçu plus de mépris pour nous, leur négligence dans le service s'accrut avec lui: les sentinelles, déjà peu nombreuses, manquèrent le plus souvent à leurs postes; et une circonstance particulière vint encore ajouter au relâchement qui était devenu général. Le 1er juillet, les assiégés célébrèrent une de leurs fêtes dans l'intérieur de la ville avec beaucoup de pompe et de solennité. Les festins ne manquèrent pas en ce jour de réjouissance; et comme le vin est leur passion favorite, celle qui, de tous les temps, déshonora cette nation, ils burent à tel excès, qu'oubliant l'ennemi qui veillait à leurs portes, les uns dansant, les autres dormant à l'ombre, négligèrent de garnir leurs remparts des sentinelles accoutumées. Arénos, dont l'activité n'avait encore pu réussir à surprendre la place, commençait à désespérer de l'entreprise, et hésitait sur le parti auquel il devait se résoudre, lorsque le bruit confus des danses et des cris de joie le tira de sa tente. Il s'avance peu à peu vers les murailles, s'approche avec précaution, et les trouve entièrement dégarnies. Sans perdre un instant, il commande à cent des siens de donner l'escalade, tandis qu'il conduira contre la porte de la ville le reste de ses soldats. Cet ordre est exécuté avec une diligence incroyable. Sur les cent hommes qui appliquent les échelles, soixante-dix sont assez heureux pour escalader sans être entendus, et s'emparent de trois grosses tours où ils s'établissent. Les Grecs, tirés tout à coup de leur sommeil, ou arrachés à leurs plaisirs, prennent les armes, animés plutôt par la chaleur du vin que par l'ardeur du courage, et se précipitent contre les tours que les nôtres viennent d'occuper. Réunis en tumulte sur ce point, ils ont oublié la porte menacée par Arénos. Celui-ci, n'éprouvant aucune opposition, l'a bientôt renversée, et entre librement dans la place, où il charge par derrière la foule des Grecs occupés à reprendre les trois tours que leur imprudence a laissé emporter. Surpris et effrayés, ils fuient par les rues de la ville, où ils essaient encore de se défendre dans les petites tours qui y étaient disséminées. Mais, chassés de leurs derniers asiles, ils ne cherchent plus qu'à sauver leur vie, et laissent Arénos paisible possesseur du château, de la ville et de la plus grande partie de leurs effets : glorieux résultat de l'heureuse opiniâtreté de nos Arragonais.

Pendant les sept mois que dura le siége de Modico, ceux des nôtres qui occupaient les autres garnisons n'exécutèrent rien de remarquable, et continuèrent seulement leurs courses habituelles pour se procurer les vivres dont ils pouvaient se passer.

CHAPITRE XXIII.

LES NÔTRES SE PARTAGENT DANS QUATRE PLACES DIFFÉRENTES. COMBAT DE MUNTANER AVEC GEORGE DE CHRISTOPOLE.

Après la prise de Modico, Ferdinand fit du château et de la ville sa place d'armes et sa garnison; Rocafort distribua ses troupes à Rodosto et à Pactia, et Muntaner, commissaire général, demeura gouverneur de Gallipoli. C'est là que l'on préparait et rassemblait les armes et les approvisionnemens de toute espèce. Si les soldats des autres garnisons manquaient de chevaux, d'armes ou de vêtemens, ils s'adressaient à Gallipoli. Les marchands des différentes nations y faisaient leur résidence, et l'on y déposait aussi les blessés, les vieillards et autres gens inutiles, comme dans le lieu le plus sûr et le plus éloigné de l'ennemi. Les nôtres se maintinrent pendant cinq ans avec ce genre d'existence, sans que, dans tout le territoire occupé par eux, on cultivât ni champs ni vignes, et que la terre leur fournit autre chose que les sauvages productions de la nature. Cette manière de faire la guerre a été changée et améliorée avec le temps. Le but principal d'une armée n'est plus de désoler les campagnes et de les changer en déserts, mais plutôt de les garantir pour sa propre utilité. On est parvenu à se convaincre qu'occuper une province pour la dévaster et y anéantir toute espèce de culture, ce n'est pas la posséder, surtout si ses productions deviennent de première nécessité à ceux qui veulent s'y maintenir. Les nôtres, pour n'avoir ni senti cette vérité, ni mis un terme aux cruels traitemens qui forçaient les habitans des campagnes à déserter leurs demeures, se virent, au milieu de leurs triomphes, réduits à toutes les extrémités de la disette, et contraints d'évacuer la province de Thrace, dont ils ne sortirent qu'avec pertes et dangers.

Cependant Muntaner, qui, en sa qualité de commissaire général, était chargé surtout des affaires administratives, trouva bientôt l'occasion de prouver que son courage n'en était pas ralenti. George de Christopole, l'un des premiers et des plus riches chevaliers de la Macédoine, était parti de Salonique avec quatre-vingts chevaux, et se dirigeait vers Constantinople, où il devait avoir une entrevue avec l'empereur. Chemin faisant, il apprit que Gallipoli avait peu de monde pour sa défense, et, séduit par l'espoir de quelque heureux coup de main, il quitta sa route, et arriva, à l'aide d'espions sûrs, jusque dans les environs de la

place, où il rencontra quelques chariots et des
mulets sortis pour faire du bois. Le chef de ces
fourrageurs était un vieux cavalier nommé Marc.
Se voyant inopinément attaqué par cette cavalerie, il dit à ses gens de pied de se retirer dans
un moulin situé à quelque distance, et de sa personne il piqua vers Gallipoli. George et sa troupe,
sans perdre de temps à s'emparer du moulin,
suivirent le vieux soldat, afin d'arriver dans la
place aussitôt que la nouvelle de leur apparition ;
mais Marc, qui connaissait mieux le pays, gagna
assez d'avance pour faire son rapport à Muntaner.
A l'instant même, tout ce qui était dans Gallipoli
prit les armes, et se porta à la défense des murailles, tandis que Muntaner, avec quatorze chevaux
et quelques Almogavares, sortit pour reconnaître
l'ennemi, et l'occuper de manière à donner le
temps aux gens épars de rentrer dans la place. Sur
ces entrefaites, George avait gagné du terrain, et
l'on se rencontra sur-le-champ sans pouvoir l'é-
viter. Mais Muntaner, bravant l'inégalité du nombre, forma un petit peloton de ses quatorze cavaliers, et chargea si vigoureusement les quatre-
vingts chevaux de Christopole, que celui-ci prit
la fuite avec perte de trente-six des siens, tués ou
prisonniers. Muntaner, occupé du salut de ses
fourrageurs, continua de poursuivre les fuyards
jusqu'au moulin, où il sauva tous ses gens et reprit

les mulets. De retour à Gallipoli, les prisonniers furent mis en liberté, et l'on partagea le butin, dont il revint vingt-huit pièces d'or à chaque homme d'armes, quatorze aux chevau-légers et sept aux fantassins.

CHAPITRE XXIV.

ROCAFORT ET XIMÉNÈS D'ARÉNOS ATTAQUENT LA VILLE MARITIME D'ESTAGNARA.

Tandis que Muntaner se tirait aussi heureusement de sa rencontre avec George de Christopole, Ferdinand et Rocafort réunissaient leurs troupes distribuées à Pactia, Rodosto et Modico, et pénétraient en Thrace jusqu'à la Mer-Supérieure, exerçant dans cette marche leurs ravages accoutumés, saccageant les villages, ravageant, incendiant les moissons, tuant ou chargeant de fers tous les habitans de ces malheureuses contrées, ne donnant enfin aucun relâche à la fureur de leur vengeance. Ce fut alors qu'ils convinrent de tenter l'attaque d'Estagnara, ville d'un grand commerce, située sur la mer de Pont, et dans laquelle se construisait la plus grande partie des vaisseaux de Thrace. Ce projet hardi eut un plein succès. Après avoir traversé plus de quarante lieues de pays, ils parurent tout à coup sous les murs de la place, où ils entrèrent sans coup férir, parce que les habitans croyaient encore nos Catalans établis dans leurs garnisons, et trop éloignés d'eux pour qu'ils eussent à se tenir sur leurs gardes. Maîtres de la ville, les nôtres attaquèrent aussitôt les galères et les navires du port, lesquels, selon Muntaner, se montaient au nombre de cent cinquante bâtimens. Tout leur réussit sur mer comme sur terre. Ils firent un butin immense, et eurent encore la satisfaction de reprendre les quatre galères tombées au pouvoir des Grecs, lorsque le peuple massacra à Constantinople le grand amiral Ferdinand d'Aones. Mais ce n'était pas assez pour eux de se voir maîtres de la flotte, ils l'incendièrent; et comme ils rompirent en même temps plusieurs des grandes digues qui retenaient les eaux dans les canaux nombreux dont le terrain était entrecoupé; tandis que l'incendie des vaisseaux répandait sur la mer des torrens de feu, la rupture des digues produisit sur la terre une vaste inondation. Le spectacle était épouvantable: la nature semblait bouleversée; on eût dit que les élémens, sortis de leurs limites pour servir notre vengeance, retombaient dans leur confusion primitive, et l'on vit des Grecs en grand nombre périr noyés sur la terre, ou brûlés sur les eaux. Nos quatre galères, seuls bâtimens enlevés à l'incendie, furent chargées des dépouilles, renforcées dans leurs équipages, et envoyées à Gallipoli. Elles y arrivèrent sans aucun obstacle. Il semblait que les Grecs craignissent de troubler le calme de leur navigation, et elles passèrent le canal de Constantinople avec moins de danger pour elles que d'effroi pour l'ennemi. Arénos et Rocafort reprirent alors, et à très-petites journées, le chemin de leurs garnisons, courant des deux côtés dans l'intérieur des terres pour y chercher leur subsistance, et arracher les vivres aux malheureux habitans dont la foule désertait les villages, et fuyait dans les montagnes les plus escarpées. Andronic, qui, à la nouvelle de cette catastrophe, aurait pu couper la retraite à nos troupes, et se dédommager ainsi de la perte qu'il venait d'essuyer, désespéra de ses forces, et livra ses provinces à toute la fureur de nos armes. L'empereur, à la vérité se défiait, encore moins du courage que de la fidélité des siens : malheur qu'éprouvera toujours le prince qui, joignant la cruauté à la tyrannie, aliène ainsi le cœur de ses peuples, et fait du serviteur fidèle un sujet déloyal. Comme le vœu de l'armée, plus que le droit de succession, portait les empereurs grecs sur le trône, ces princes craignaient à chaque instant de le perdre par les mêmes artifices qui le leur avaient acquis. Dévorés de soupçons, ils les faisaient tomber aussi bien sur les personnages les plus distingués par leur sagesse et leur courage, les plus éminens par leurs richesses et leur considération, que sur les entreprenans et les séditieux, redoutant également les vertus des uns et les vices des autres. De là naquirent les cruautés si communes chez cette nation, les proscriptions, les bannissemens, les meurtres, la coutume barbare d'arracher les oreilles, les narines et les yeux : le tout ordonné le plus souvent pour des soupçons simulés ou imaginaires, dès l'instant qu'il s'agissait d'écarter un rival. Et cependant ces empereurs furent plus d'une fois renversés par ceux mêmes qu'ils redoutaient le moins. Andronic, regardé chez les Grecs comme un monarque d'une rare prudence, se vit détrôner, sur la fin de ses jours, par Andronic, son petit-fils; et l'audace du jeune homme déjoua les conseils du vieillard. Ainsi finit toute puissance élevée par les seuls calculs politiques, et soutenue uniquement par les mêmes moyens.

CHAPITRE XXV.

LES CATALANS ET LES ARRAGONAIS POURSUIVENT ET ATTEIGNENT LES MASSAGÈTES AU PIED DU MONT HÉMUS.

Les Catalans et les Arragonais ne croyaient pas leur vengeance entièrement satisfaite, si les Massagètes et Grégoire, leur chef, agent le plus actif dans l'assassinat de Roger de Flor, se retiraient paisiblement au sein de leur patrie, sans avoir reçu la juste récompense d'un aussi sanglant outrage. Cependant ceux-ci, lassés des travaux et des fatigues de la guerre, allaient, avec la permission d'Andronic, reprendre le chemin de leur pays. Ces peuples préféraient encore la domination des Scythes, leurs anciens maîtres, à la liberté dont ils jouissaient chez les Grecs : tant a de pouvoir sur l'homme l'amour de la patrie, cet amour qui rend toute condition insupportable sur une terre étrangère, et prête des douceurs à l'esclavage comme à la liberté! L'avis en étant parvenu à nos Catalans, un cri unanime s'éleva pour aller les combattre, et l'on résolut de partir dans le plus bref délai, parce que, de toute nécessité, on devait les atteindre avant le passage du mont Hémus, limite et séparation de l'empire grec et du royaume de Bulgarie. Il eût été trop dangereux de les suivre dans un pays allié d'Andronic, habité par un peuple belliqueux, et coupé par des montagnes dont les gorges et les nombreux défilés multiplieraient pour eux les difficultés de la retraite. Les chefs, rassemblés à Pactia, arrêtèrent que, devant faire les derniers efforts pour cette expédition, et afin d'emmener plus de monde avec eux, on évacuerait Rodosto, Modico et Pactia. Gallipoli, où se retirèrent toutes les femmes, resta seule occupée, sous le commandement de Muntaner, qui garda deux cents hommes d'infanterie et vingt chevaux. En vain ce brave capitaine représenta qu'il serait peu honorable pour lui de manquer à une expédition dont ses compagnons allaient courir tous les hasards; en vain il demanda à plusieurs reprises de marcher avec eux : il lui fallut céder aux instances de l'armée, et reconnaître, par cette soumission, la confiance que ses frères d'armes témoignaient à sa personne, en lui remettant la défense de leurs femmes, de leurs enfans, et de tout ce qu'ils possédaient. On lui offrit un tiers dans le cinquième du butin, et un autre pour sa troupe : profit sûr et sans danger, mais auquel néanmoins beaucoup de ses soldats se montrèrent si peu sensibles, que, préférant suivre l'armée, ils sortirent pendant la nuit pour se joindre à Rocafort. Muntaner donna la même permission à plusieurs autres, persuadé qu'ils le quitteraient également sans l'avoir obtenue, et cédant peut-être à un mouvement d'intérêt, lorsqu'ils lui proposèrent de partager avec lui leur part dans le butin. Ses deux cents fantassins se trouvèrent par-là réduits à cent trente-quatre; et ses vingt cavaliers à sept. Les femmes, au contraire, étaient au nombre de plus de deux mille, rassemblées autour de Muntaner; ce qui lui fait dire dans son histoire : *Je restai mal accompagné d'hommes, et bien accompagné de femmes*[1]. Nos capitaines, après les avoir envoyées sous sûre escorte à Gallipoli, sortirent de Pactia, et se portèrent à grandes journées sur le chemin des Massagètes, qui, instruits du projet des Catalans, avaient accéléré leur départ. Mais aucune diligence ne put l'emporter sur leur mauvaise fortune, et nos troupes, après douze jours de marche, les atteignirent avant qu'ils eussent passé le mont Hémus. Vers le soir, nos coureurs découvrirent le camp des Massagètes, en même temps qu'on apprit, par les gens du pays, quelle était la force de leur armée. Ils avaient trois mille che-

---

[1] Moncada cite ces mots dans le vieil espagnol de Muntaner : *Romangui mal acompanyat de homens, y ben acompagnyat de fembres.*

vaux, six mille hommes d'infanterie, et un énorme bagage, parce qu'ils emmenaient avec eux leurs familles et leur butin. Rocafort et Ferdinand prirent position de manière à empêcher l'ennemi de leur échapper par la retraite, et, après avoir établi leurs logemens, ils laissèrent aux troupes une journée de repos. Le lendemain, les nôtres lui présentèrent la bataille dans une plaine de deux lieues, au pied du mont Hémus. Les Massagètes, la plus brave nation de tout l'Orient, plus surpris qu'intimidés, prirent les armes, et marchèrent à la défense de leurs femmes et de leurs enfans. George, le meurtrier du César, ouvrit, à la tête de mille chevaux, cette terrible et épouvantable journée, en se précipitant contre notre cavalerie, qui cherchait à pénétrer dans le camp des Massagètes, formé de leurs chariots. Ce mouvement devint comme le signal qui ébranla tout le reste des troupes, et engagea les deux armées. L'une et l'autre, inégales par le nombre, se disputaient pour la valeur; la même ardeur régnait dans les deux camps: d'un côté, la soif de la vengeance; de l'autre, le besoin de sa conservation, élevaient tous les courages. Le désespoir donnait de nouvelles forces; l'acharnement ne connaissait plus de crainte, et rendait le carnage encore plus affreux. Les cavaliers, après avoir perdu leurs chevaux, brisé leurs lances, rompu les épées et les masses, se saisissaient, se battaient corps à corps; les faits d'armes les plus étonnans se multipliaient de toutes parts, au milieu de cette confusion universelle, et le hasard dirigeait tout dans les deux armées, qui n'offraient plus qu'une mêlée épouvantable. La victoire balança ainsi jusque vers le milieu du jour, que, George et ses plus vaillans capitaines étant tombés morts sur leurs drapeaux, elle commença à incliner vers nous. Alors les Massagètes essayèrent, mais en vain, de se reformer au milieu de leurs chariots. Les vainqueurs y entraient avec eux, et les tuaient jusque dans les bras de leurs femmes, que nos épées atteignirent plus d'une fois, parce que, sans être arrêtées par la faiblesse de leur sexe ou la timidité de leur âge, elles accouraient à la défense de leurs maris, de leurs fils, et s'offraient volontairement à la mort. De leur côté, les hommes, tremblant pour des objets aussi chers, oubliaient de se défendre eux-mêmes, et perdaient un temps précieux à poser sur les chevaux épars leurs femmes et leurs enfans. Ce fut là ce qui rendit encore notre victoire plus complète: s'ils ne se fussent occupés que de leurs personnes, la plupart auraient trouvé leur salut dans la fuite; mais l'amour des siens, ce sentiment de la nature, assez puissant sur le cœur même du barbare pour lui inspirer le mépris de la mort, les retenait malgré eux, et les livrait à des dangers d'autant plus inévitables. De toutes parts, dans la plaine, on les voyait cherchant à gagner les montagnes; mais la fatigue des chevaux, la faiblesse des femmes, leur maladresse à les faire avancer, l'embarras des hommes, chargés de leurs enfans qu'ils portaient dans leurs bras, qu'ils pressaient sur leurs poitrines, étaient autant d'obstacles à leur fuite; et s'ils sentaient l'ennemi près de les atteindre, ils se retournaient, dans leur désespoir, et se faisaient tuer et mettre en pièces, pour donner à leurs femmes le temps d'échapper. Presque tous périrent. De neuf mille hommes qui avaient pris les armes, à peine trois cents réussirent à se sauver, et Nicéphore s'accorde sur ce point avec Muntaner.

Il arriva dans cette journée un événement non moins étrange que déplorable. Un jeune et brave Massagète, voyant la bataille perdue et les Catalans partout vainqueurs, eut recours à la fuite, moins par crainte de perdre la vie, que par le désir ardent de sauver les jours de sa compagne, jeune femme dans toute la fleur de l'âge et d'une rare beauté. Avec la précipitation qu'exigeait la grandeur du péril, il arracha la jeune Massagète du milieu des chariots, des tentes bouleversées, des monceaux de morts et des ruisseaux de sang. Après l'avoir posée sur le premier cheval qu'il rencontre, il en prend un autre, et tous les deux s'enfuient du côté de la montagne. Trois de nos cavaliers, entraînés par l'espoir du butin, ou peut-être par la beauté extraordinaire de cette jeune femme, se mettent à leur poursuite. Le mari, ne pouvant douter de l'intention qui les amène, s'efforce de hâter sa fuite, et chasse devant lui le cheval de sa femme, en le frappant du cimeterre et l'animant de la voix; mais l'animal, rendu de chaleur et de fatigue, s'arrête et demeure immobile, sans qu'aucun effort puisse le faire avancer. Le jeune homme alors sent un instant dominer dans son cœur l'amour de la vie. L'abandon de sa femme lui paraît moins affreux que la mort; et, cédant à la crainte, il attaque son cheval, le lance et passe devant. La jeune Massagète se voit seule et livrée sans défense au danger qui s'approche, à l'ennemi que déjà elle entend derrière elle. Dans cette horrible situation, ses pleurs trop justement versés, ses gémissemens et ses cris lamentables, rappellent le trop malheureux époux, qui, rougissant de sa faiblesse, honteux et désespéré, retourne son cheval, pousse jusqu'à elle, lui tend les bras, la presse contre son cœur, et, après lui avoir donné, en fondant en larmes, le dernier adieu, recule, lève son cimeterre, et, d'un seul coup, lui fait voler la tête : effet terrible de l'horreur qu'il éprouve à laisser entre des mains étrangères l'objet de sa tendresse; mélange étonnant d'amour et de jalousie, qui appelle cet objet chéri dans les bras qui vont le frapper, et mêle les baisers avec la mort. Au moment où la jeune femme, ayant reçu le coup mortel, tombe de son cheval, Guillaume Bellever, un de nos trois cavaliers, saisit l'animal par la bride; mais le furieux Massagète, couvert du sang précieux qu'il vient de répandre, et doué, dans cet affreux instant, d'une force incroyable, du même coup de cimeterre abat le bras de Guillaume, et l'étend mort sur la place. Puis, se retournant contre les deux autres cavaliers, Arnaud Miro et Bérenger Ventallola, il engage avec eux un combat terrible, les blesse à plusieurs reprises, est blessé lui-même, et, couvert de sang, épuisé de forces, il tombe à côté du corps inanimé de sa femme, et expire en l'embrassant. Ainsi, comme s'il eût craint de ne pas satisfaire à tous les devoirs d'un amant, après l'avoir sacrifiée à sa jalousie, il s'immola à son amour: action cependant, de quelque manière qu'on l'envisage, indigne de tout être raisonnable, ne fût-il pas chrétien.

Les nôtres, après cette victoire, recueillirent le butin, réunirent les captifs, et retournèrent vers leur garnison, pleins de joie d'avoir aussi complétement satisfait leur vengeance. Ce ne fut pas cependant sans fatigues ni dangers : cette retraite les forçant à une très-longue marche, à travers un pays armé, où les habitans avaient eu la précaution de retirer dans les places fortes toutes les productions de la terre nouvellement récoltées. Aussi fallut-il le plus souvent sacrifier du monde pour se procurer des vivres à la pointe de l'épée[1].

[1] Moncada cite en cet endroit, comme exemple de la même jalousie, celui de Radamiste, fils de Pharasmane, roi d'Ibérie. Ce prince, poursuivi par des ennemis furieux, fuyait à cheval, avec sa femme Zénobie. Arrivés sur les bords de l'Araxe, et voyant la princesse rendue de fatigue, parce qu'elle était enceinte, près de tomber entre leurs mains, il lui donna cinq coups de poignard, et la jeta dans le fleuve. Mais, sauvée par des paysans qui guérirent ses blessures, elle fut remise entre les mains de Tiridate, ennemi de Radamiste.

CHAPITRE XXVI.

LES GÉNOIS ATTAQUENT GALLIPOLI. MORT DE LEUR GÉNÉRAL.

Cependant Muntaner fut loin de demeurer aussi inactif qu'il avait craint de l'être durant cette expédition, et remporta sur les Génois l'avantage le plus inattendu. Ce fait extraordinaire prouve évidemment que, dans les chances si variées de la guerre, les succès ou les revers sont dus quelquefois à des causes qui n'ont été ni imaginées ni prévues. Antoine Spinola était arrivé avec dix-huit galères à Constantinople, pour emmener Démétrius, troisième fils d'Andronic et de l'impératrice Irène [1], et le conduire en Lombardie, où il devait prendre possession du marquisat de Montferrat. En discourant avec l'empereur sur la situation des Catalans, Spinola, plus téméraire que sage, lui offrit de reprendre Gallipoli, et

[1] M. Le Beau, dans son *Histoire du Bas-Empire*, dit que ce fut à Théodore, deuxième fils de l'impératrice, et non pas, comme le prétend Muntaner, à Démétrius, le troisième, qu'elle transmit ses droits sur le marquisat de Montferrat, dont elle venait d'hériter par le décès de son oncle. Zurita dit aussi que ce fut Théodore, fils puiné de l'impératrice Irène.

de les chasser de la Thrace, s'il consentait au mariage de Démétrius avec la fille d'Opicin Spinola [1], récompense justement due, disait-il, à un service de cette importance. L'empereur accepta la proposition. Aussitôt l'arrogant Génois, muni d'un sauf-conduit pour sa personne, se rendit avec deux galères à Gallipoli; et là, s'étant fait conduire auprès du gouverneur, d'un air hautain et discourtois, il lui adressa ces paroles : « Je suis Antoine Spinola, général de ma » république; je viens vous ordonner d'évacuer » ces provinces, et de retourner dans votre pa- » trie, sans réplique comme sans délai : sinon je » vous chasserai par la force, et vous ferai sentir » tout le poids de nos armes. » Muntaner, soldat aussi prudent que brave, connaissant la faiblesse de sa position, répondit avec douceur et courtoisie que l'évacuation de Gallipoli et de la Thrace n'était pas une chose qui pût s'effectuer aussi précipitamment; que menacer les Catalans de ses armes lui semblait un procédé hors de toute raison, et contraire aux traités qui existaient entre leurs rois et sa république, traités qu'elle devait observer tant que les princes y resteraient fidèles. Spinola l'interrompit aussitôt, et défia une seconde et une troisième fois les Catalans; et, en employant

[1] Opicin voulait ainsi procurer à sa maison une alliance qui pût la soutenir à Gênes contre les Doria, rivaux des Spinola.

contre eux les expressions les plus outrageantes, il demanda qu'un acte public attestât son défi. Muntaner, outré de tant d'insolence, perdit le sang froid qu'il avait su garder jusqu'alors, et lui répliqua avec résolution : « La guerre que vous
» nous déclarez de la part de votre république est
» injuste. Je proteste devant Dieu, et au nom de
» la religion sainte professée par nos deux nations,
» que l'effusion du sang, que le pillage, l'incen-
» die, les meurtres, que toutes ces calamités re-
» tomberont sur vos têtes, parce que c'est vous
» qui nous forcez de repousser une injure aussi
» révoltante. La république de Gênes n'exerce ici
» aucune juridiction, aucun pouvoir qui l'auto-
» rise à nous expulser de cette province. Si les
» Génois fondent leurs droits sur la force, qu'ils
» viennent nous chasser ! Entre parler et agir, la
» différence est grande : l'événement le prouvera
» bientôt. Songez, au surplus, qu'Andronic est un
» prince schismatique, déloyal, et qui travaille à
» nous perdre aux dépens des Génois. » Antoine, sans répliquer, retourna furieux à ses galères, et se rendit à Constantinople, où, en instruisant l'empereur de ce qui s'était passé, il promit avec plus de confiance que jamais de lui livrer une ville aussi mal défendue. Andronic, qui ne desirait rien tant que de voir entre ses mains la place d'armes de ses plus cruels ennemis, voulut en-

core faciliter l'entreprise, en ajoutant à la flotte
de Spinola sept autres galères commandées par
leur capitaine Mandriolo, génois de naissance.
Spinola[1], après avoir pris à son bord Démétrius,
fils de l'empereur, mit à la voile avec vingt-cinq
galères, et arriva le lendemain, à deux heures
après midi, à Palomares, près de Gallipoli, où il
commença son débarquement. Le vaillant et intrépide
Muntaner accourut sur la côte à la tête
de ses sept cavaliers, et entreprit d'en empêcher
l'exécution. Il s'y opposait de tout son pouvoir,
lorsque dix galères s'étant séparées du reste de la
flotte, et ayant mis leurs troupes à terre sur un
autre point, les soldats débarqués vinrent assaillir
de leur nombre la faible escorte de Muntaner.
Celui-ci, engagé dans une lutte aussi inégale,
après avoir résisté quelque temps par son adresse
et son courage, reçut, en combattant, plusieurs
blessures, et eut son cheval tué sous lui. Les Génois,
le croyant perdu, s'écrièrent : « Le gouverneur
est mort, Gallipoli est à nous! Mais, secouru
par un serviteur fidèle, il échappa de leurs mains.
Blessé en cinq endroits différens, couvert de son
sang et du sang de l'ennemi, il réussit néanmoins

---

[1] Spinola se croyait tellement assuré du succès, qu'il prit avec
lui le prince grec pour l'emmener aussitôt après la chute de Gallipoli,
et le conduire en Italie, où il devait prendre possession
de ses nouveaux états.

à opérer sa retraite, et rentra dans la place. Les nôtres, en le voyant dans cet état, tremblèrent pour ses jours, et éprouvèrent une grande consternation. Heureusement ses blessures se trouvèrent si peu dangereuses qu'elles ne l'empêchèrent ni de combattre ni de commander. Les Génois maîtres alors de toute la plaine, s'avancèrent en bon ordre sous les murs de Gallipoli. Ils y étaient attendus par un spectacle aussi surprenant que digne d'admiration : deux mille femmes garnissaient les murailles. Réparties par pelotons de dix, dont chacun avait pour chef un marchand catalan, elles s'armèrent d'épées, de pierres, de dards, et se vouèrent avec un merveilleux courage à la défense de leur liberté. Non contentes de succéder à leurs maris pour le service, elles voulurent également les remplacer pour la valeur. Les Génois, peu effrayés cependant d'une aussi folle audace, appliquèrent aussitôt les échelles, et poussèrent l'assaut avec d'autant plus de confiance, qu'ils ne voyaient que des femmes pour ennemis. Mais leur résistance prouva bientôt qu'elles n'avaient de femme que le nom : leur constance et leur courage en firent autant de héros. Ces républicains furent repoussés avec une perte considérable, ce qui ne les empêcha pas de remonter à l'assaut, dans la persuasion que la lassitude qui devait naturellement abattre un sexe aussi faible, finirait par en triompher. Ils se précipitent donc une seconde fois sur les échelles, tandis que les archers font pleuvoir sur ces femmes valeureuses une pluie de dards et de traits. Ce nouvel effort n'eut d'autre résultat qu'une nouvelle humiliation, et ils se retirèrent plus maltraités encore que la première fois. Antoine Spinola, attentif dans sa capitane, examinait le combat. Voyant ses troupes rendues de fatigue, et désespérant du succès avec ce qu'il avait de monde à terre, il se met à la tête de quatre cents chevaux, et accourt de sa personne pour ranimer l'ardeur des assaillans. Arrivé au pied des murs, il est étonné du nombre des morts, et commence à se repentir de s'être engagé si légèrement dans une si périlleuse entreprise. Il n'a cependant d'autre ressource que de chercher à relever par sa présence le courage des siens, et l'action recommence une troisième fois. C'est alors que les Génois s'élancent de nouveau contre les remparts, et rassemblent tout ce qui leur reste de courage pour effacer la honte de cette journée; mais les femmes, loin de se laisser abattre, semblent puiser de nouvelles forces dans de nouveaux dangers. Intrépides à leur poste, couvertes de sang et de poussière, on en vit, avec cinq blessures au visage, s'obstiner à s'y maintenir. Fières d'occuper ce poste d'honneur, pas une seule n'hésite à croire qu'elle ne doit le perdre qu'avec la vie. Les Génois, honteux de se voir ainsi repoussés par des femmes, redoublent d'efforts et d'acharnement, et semblent craindre de survivre à un déshonneur aussi nouveau. A peine l'un tombe mort des échelles, qu'un autre lui succède pour éprouver le même sort. Dans ce moment, Muntaner s'aperçoit qu'ils n'ont plus de dards à tirer; il voit leurs bataillons défaits, la plupart de leurs soldats couverts de blessures, le reste fatigué et abattu par l'ardeur du combat et la chaleur du jour (on était au mois de juillet, peu après midi). A l'aspect de tout le mal qu'il a fait à son ennemi, jugeant du parti, peut-être décisif, qu'il va tirer de sa faiblesse, Muntaner ouvre une des portes de la ville, sort à la tête de cent fantassins et de six cavaliers, auxquels il fait quitter leurs armes défensives, afin de se mouvoir plus librement, et commence par tomber avec ses six chevaux sur les Génois qui, rendus de chaleur, succombaient sous le poids de leur armure. Bientôt les cent fantassins arrivent, et font un ravage affreux dans les rangs d'un ennemi épuisé de forces et de courage. A peine sa faible résistance a duré quelques instants, qu'il tourne le dos et fuit vers sa flotte, dernier refuge qui semble encore rester pour son salut. Mais, pressés sans relâche par nos soldats, et frappés sans se défendre, presque tous les Génois périrent dans la déroute. Si quelques-uns atteignirent les galères, comme elles avaient leurs échelles appuyées au rivage, plus d'un Catalan, emporté par son ardeur, descendit avec son ennemi et le tua sur son bord. Quelques troupes fraîches auraient suffi dans cette journée à Muntaner, pour qu'un bon nombre de galères génoises fût tombé en son pouvoir. Démétrius, fils de l'empereur, et les capitaines qui avaient sauvé leur vie, se hâtèrent de prendre le large, comme s'ils eussent encore redouté l'audace et la furie du vainqueur. Des quatre cents cavaliers, pas un seul n'échappa, et Spinola perdit la vie à la place même où il avait, avec tant d'arrogance, défié notre armée : fin justement méritée, et avertissement salutaire pour tous ceux qui osent présenter aux princes, comme faciles et sûres, des entreprises sujettes à toutes les chances de la guerre et de la fortune. La guerre une fois déclarée, l'épée une fois tirée du fourreau, le plus certain est encore incertain; à plus forte raison dans le cas contraire.

Un capitaine génois, nommé Antoine Rocanégra, se voyant coupé dans sa retraite vers la mer, gagna, avec quarante hommes, le haut d'une colline, où il se mit en défense. Muntaner en reçut l'avis, après que le petit nombre d'ennemis échappés à la défaite se fut si honteusement éloigné du rivage. A cette nouvelle, il prit ce qu'il avait de monde autour de sa personne, retourna jusqu'à l'endroit où était Rocanégra à la tête des siens, et l'attaqua sur-le-champ. Le combat fut opiniâtre : tous les Génois furent tués ou pris. Rocanégra, demeuré seul, n'ayant pour toute arme qu'un espadon, faisait encore des prodiges de valeur, lorsque Muntaner, touché et charmé en même temps d'un si beau courage, retint ses soldats, et le pria avec courtoisie de s'avouer prisonnier. Mais le téméraire Génois, résolu de mourir plutôt que de se rendre, méprisa les prières et la noble courtoisie de Muntaner. Ce refus décida de son sort. Les soldats, irrités, se jetèrent sur lui et le mirent en pièces : dernière action qui laissa les Catalans maîtres du champ de bataille, et couronna le succès de cette étonnante journée. Les Génois, honteux de leur défaite, n'osèrent pas retourner à Constantinople avec leurs dix-huit galères, quoique la nécessité et l'extrême faiblesse des équipages eussent pu les y porter. Mais, craignant l'indignation d'Andronic et l'insolence des Grecs, ils passèrent le détroit, emmenant avec eux le prince Démétrius, et se dirigèrent vers l'Italie. Les sept galères, commandées par Mandriolo, rentrèrent seules à Constantinople, où il rendit compte à Andronic de ce malheureux événement.

Nos Catalans, après leur victoire sur les Massagètes, continuaient leur route vers leurs garnisons, lorsqu'ils apprirent le danger qui menaçait Gallipoli. Frappés d'une nouvelle aussi alarmante, ils marchèrent à grandes journées, dans la crainte de perdre cette place importante avant d'arriver à son secours. Mais, malgré leur célérité, ils ne parurent sous ses remparts que deux jours après la fuite des Génois. Il n'y eut pas un soldat dans l'armée qui n'éprouvât le regret le plus sensible de n'avoir pu les châtier lui-même de cette lâche déloyauté. Rompre la paix pendant leur absence, et attaquer une place défendue par des femmes, leur semblait une action détestable, digne de la vengeance la plus signalée; et leur ressentiment s'accroissait encore à la vue des blessures dont elles étaient couvertes; mais la joie du triomphe l'emporta bientôt sur toute considération, et l'armée entière célébra par des fêtes et des réjouissances les deux victoires que l'on venait de remporter.

CHAPITRE XXVII.

LES TURCS ET LES TURCOPULES ENTRENT AU SERVICE DES CATALANS.

Tandis que les Catalans et les Grecs travaillaient mutuellement à leur perte, les Turcs, délivrés des craintes que ces peuples réunis contre eux auraient pu leur inspirer, reprirent le cours de leurs victoires, et occupèrent une seconde fois les provinces d'Asie. Rien ne pouvait s'opposer désormais à la prospérité de leur fortune dans ces vastes contrées, où il n'existait plus d'ennemis pour eux. En effet, dès la vingt-quatrième année du règne d'Andronic, l'an 1306 de Jésus-Christ, les Grecs évacuèrent l'Asie sur tous les points, et cela peu de temps après que les nôtres en furent sortis : preuve évidente du grand préjudice que la division des Catalans et des Grecs porta à la chrétienté, en lui faisant perdre l'occasion d'étouffer dès son principe cette nation superbe; entreprise qui, à cette époque, eût offert peu de difficultés. Cependant les Turcs, maîtres absolus de l'Asie, desiraient ardemment de mettre le pied en Europe, et de porter dans l'Occident leurs armes victorieuses. Retenus, depuis plusieurs années, par le manque de vaisseaux nécessaires pour passer le détroit de Gallipoli, ils profitèrent alors de l'inimitié qui régnait entre les Catalans et les Grecs; et, par l'entremise de quelques-uns d'entre eux, ils firent sonder les dispositions de l'armée sur leur projet de passer à notre service, au moyen d'une convention. Les Catalans, loin de témoigner aucun déplaisir de cette communication, expédièrent aussitôt un bâtiment armé, qui ramena Ximélix, chef des Turcs, avec dix de ses compagnons, pour conclure le traité. Ximélix proposa, de la part des siens, de venir joindre notre armée avec huit cents chevaux et deux mille hommes d'infanterie. Les conditions étaient que les Turcs prêteraient serment de fidélité au général des Catalans; qu'on leur assignerait un quartier séparé, où ils vivraient avec leurs familles; que chacun d'eux aurait, dans le partage du butin, la moitié de la part d'un soldat catalan, et que, toutes les fois qu'ils voudraient retourner dans leur patrie, il ne leur serait fait aucune violence pour les retenir. Les propositions des Turcs furent acceptées d'un commun accord, et l'on offrit de s'engager par serment à leur exécution. Tout étant convenu, Ximélix repassa le détroit pour préparer ses troupes, en attendant l'arrivée des vaisseaux destinés à le transporter en Grèce. Le délai ne fut pas de longue durée. Peu de temps après, les Turcs, au nombre de deux mille fantassins et huit cents hommes de cavalerie, s'embarquèrent sur les galères et autres bâtimens que l'on pût réunir, et arrivèrent à Gallipoli avec leurs femmes, leurs enfans et leurs effets.

Telle fut l'action des Catalans, tenue pour abominable par les écrivains anciens et modernes, action pour laquelle ils les accusent d'avoir transporté en Europe des Infidèles, des Barbares, ennemis du nom chrétien, et d'avoir entaché la gloire de leur expédition par le conseil impie et détestable d'ouvrir le chemin de l'Occident à cette puissante et redoutable nation. Une telle accusation est certainement injuste, et, sur ce point, les auteurs ont commis une faute grave, en se rendant coupables ou de passion ou de légèreté. Sans doute la conduite des Catalans aurait été impie et dangereuse pour leur liberté, si les Turcs qu'ils reçurent à leur service avaient eu la supériorité des forces, parce qu'alors les Infidèles auraient pu introduire leur secte, au préjudice de notre croyance, et tenir dans l'oppression le peuple même qui réclamait leur appui. Les secours que l'on accepte ne doivent jamais être supérieurs aux forces que l'on a. Ce fut pour n'avoir pas écouté cette maxime, que Scipion, en Espagne, fut traîtreusement abandonné par trente mille Celtibères, sans que le petit nombre de ses troupes lui permit de s'opposer à cette odieuse trahison. Mais celui des Turcs admis à notre service ne s'élevait pas à trois mille hommes, et ces hommes étaient moins braves, moins bien armés et moins aguerris que les Catalans. On n'avait donc aucune raison de présumer que ces Barbases oseraient outre-passer les ordres et insulter à la religion d'un peuple qui pouvait toujours les contenir par la force. Au temps de nos aïeux, ceux qui servirent le plus fidèlement contre les révoltés du royaume de Valence, furent les Maures; et l'on regarda alors comme permis et nécessaire de les employer contre des chrétiens. Les Turcs ne servirent pas d'une autre manière les Catalans en Grèce; et si ces derniers avaient besoin d'excuse, la loi impérieuse de leur défense personnelle serait encore là pour les disculper. Quels princes et quelles républiques, vivement pressés par des guerres extérieures ou intestines, n'appelleront point à leur secours des nations de religion étrangère ou de mœurs opposées? N'en vit-on pas même qui, dans de telles circonstances, ouvrirent l'entrée de leurs états à des peuples plus puissans qu'eux, sans réfléchir que, vaincus ou vainqueurs, ils pouvaient servir de dépouilles à ces nouveau-venus? Il est donc vrai que, réduits à

18.

la dernière extrémité, nous écartons quelquefois le danger qui nous menace par un danger encore plus grand, et qu'en ces momens décisifs il ne reste plus que de choisir le parti qui laisse au moins à l'espérance quelque moyen de salut. Les Catalans eussent-ils agi comme Stylicon et Narsès, dont l'un appela les Goths, et l'autre les Lombards, pour la perte de l'Italie et de l'empire, l'histoire ne les poursuivrait pas avec plus d'acharnement. Tantôt elle les nomme impies, sacriléges; tantôt pirates, fléau de toutes les nations, hommes sans Dieu, sans honneur et sans foi : et le tout pour avoir appelé les Turcs à leur secours. Cette action, au premier aperçu, peut offenser, il est vrai, des oreilles chrétiennes; mais si l'on examine scrupuleusement les faits et les circonstances qui y amenèrent les Catalans, il n'est plus permis de les accuser aussi légèrement, et encore moins de les accabler d'outrages. A mille lieues de leur patrie, après avoir vu leurs capitaines et leurs ambassadeurs massacrés par la trahison la plus infâme, quelle patience pourrait résister? quel moyen le plus violent ne serait pas tenté pour venger une pareille offense? Aussi les Catalans eussent-ils commis une véritable faute, cette seule considération devrait adoucir le jugement de la postérité.

Il existe également quelque difficulté sur l'époque de ce passage des Turcs en Europe. Nicéphore prétend qu'ils furent appelés par les Catalans avant la bataille d'Apros, lorsque ceux-ci reçurent avis que Michel s'avançait contre eux; et selon lui, les Turcs ne seraient venus alors qu'au nombre de cinq cents. Nous tenons pour fausse cette assertion de Nicéphore. Muntaner le contredit sur le temps comme sur le nombre; et, quoique Catalan et du parti offensé, on doit lui accorder d'autant plus de confiance que, dans le cours de son histoire, il s'explique franchement contre ceux de sa nation, et condamne le mal partout où il le trouve, avec une grande liberté. Il n'est donc pas croyable que celui qui dit la vérité au détriment des siens, la déguisera dans une circonstance aussi peu importante pour leur gloire, que le passage des Turcs quelques années plus tôt ou plus tard. Zurita, qui prétend suivre la relation de Bérenger d'Entenza, diffère aussi de Nicéphore; il dit que le même Bérenger d'Entenza appela les Turcs aussitôt après avoir appris la mort de ses ambassadeurs; qu'ils passèrent au nombre de quinze cents chevaux, et vinrent à Gallipoli lui prêter serment de fidélité. Nous regardons encore cette relation comme erronée. Il nous semble impossible que Bérenger, n'ayant demeuré que quinze jours à Gallipoli, après s'être déclaré ennemi de l'empire, ait eu le temps d'appeler les

Turcs alors en Asie, de se concerter avec eux; que ceux-ci aient pu réunir quinze cents chevaux, se soient embarqués, et qu'ils soient venus lui prêter serment de fidélité. Quelque célérité que l'on suppose, toutes ces mesures ne peuvent avoir été prises et exécutées dans l'espace de quinze jours : Muntaner, d'ailleurs, assigne avec clarté l'époque du passage des Turcs, et dit positivement que ce fut quatre ans plus tard. Comme ce calcul n'offre ni difficulté ni impossibilité, nous nous en rapporterons à Muntaner pour ce qui regarde les Turcs, ainsi que les autres nations, parce que nous le tenons pour l'écrivain le plus véridique, et qu'il intervint comme témoin ou acteur dans toutes les opérations de l'armée.

A cette même époque, les Turcopules au service de l'empire furent déclarés rebelles, parce que, à l'exemple des Catalans, ils exigèrent le payement de leur solde, et menacèrent, en cas de refus, de faire contribuer le pays par la force des armes. Trop faibles néanmoins pour se soutenir eux-mêmes après cette déclaration, ils tournèrent leurs vues du côté des Catalans, et demandèrent à être admis dans leur armée. Ceux-ci répondirent qu'ils pouvaient venir en toute sûreté, qu'ils seraient traités comme les Turcs, et plus avantageusement encore en leur qualité de chrétiens. Mille cavaliers de bonnes troupes passèrent donc

au service des Catalans, et prêtèrent, aux mêmes
conditions que les Turcs, serment de fidélité. Ils
furent mis sous les ordres de Jean Péres de Caldes.
Cette retraite des Alains et des Turcopules laissa
l'empereur Andronic sans milices étrangères, et
tellement dénué de soldats, qu'on aurait pu tenter impunément sur les provinces de l'empire
quelque entreprise que ce fût. Les forces que
perdait Andronic accroissaient d'autant plus celles
de Rocafort, parce que les Turcs et les Turcopules, le regardant comme leur chef suprême,
avaient pour lui un égal respect et une égale
soumission. Assuré de leur amour et de leur
obéissance, il commença bientôt à s'oublier lui-
même, et se rendit odieux à nombre de braves
gens, à cause de l'insolence et du despotisme avec
lesquels il commandait.

CHAPITRE XXVIII.

CE QUI ARRIVA A BÉRENGER D'ENTENZA DEPUIS SON EMPRISONNEMENT JUSQU'A SA LIBERTÉ ET SON RETOUR A GALLIPOLI.

Les nôtres, renforcés des Turcs et des Turcopules, virent leur armée s'accroître encore d'un grand nombre d'Espagnols qui parcouraient secrètement les provinces de l'empire, en voyageant, ou comme marchands, ou sous le nom supposé de quelque autre nation. Après les nombreuses victoires de nos Catalans, tous recherchèrent leur amitié, et voulurent se joindre à eux : quelques-uns, entraînés par le desir de la vengeance commune, les autres, et c'était le plus grand nombre, par la cupidité et l'espoir de participer aux richesses immenses que, selon le bruit général, leurs compatriotes devaient avoir acquises durant cette expédition. Sur ces entrefaites, Bérenger d'Entenza, qui, après être sorti de sa longue et pénible captivité, avait fait en personne d'inutiles efforts auprès de plusieurs cours de l'Europe pour donner une nouvelle activité à l'entreprise des Catalans, arriva à Gallipoli avec un vaisseau et cinq cents hommes, tous gens de cœur et d'une bravoure reconnue. Son apparition troubla la tranquillité et la paix de l'armée, par la rivalité qui s'éleva pour le commandement entre lui et Rocafort. Mais, avant d'exposer les motifs de leurs mutuelles prétentions, il sera à propos de donner quelques détails sur ce qui arriva à Bérenger d'Entenza depuis sa captivité jusqu'au moment de son retour.

Après les offres inutiles que Muntaner avait faites, par ordre des capitaines de l'armée, pour la rançon d'Entenza, l'on regarda du moins comme assuré, qu'en arrivant à Gênes à son retour de Trébisonde, Bérenger serait mis en liberté, et qu'il obtiendrait entière satisfaction, comme vassal et serviteur d'un prince ami des Génois. Les choses furent loin de se passer comme on s'y était attendu. La république ne lui accorda ni la liberté, ni le dédommagement de ses pertes, et n'infligea même aucune punition à son général, autorisant ainsi cette action détestable; car laisser un délit sans châtiment, c'est l'approuver. Les Catalans de Thrace apprirent avec douleur comment Bérenger était retenu à Gênes dans des fers indignes de lui; et cependant, hors d'état de lui procurer la liberté par la force des armes, ils arrêtèrent, d'un commun accord, que l'on supplierait le roi Jayme d'Arragon d'interposer son autorité auprès de cette république en faveur de Bérenger d'Entenza. Trois ambassadeurs furent nommés à cet effet : Garcia de Vergua, Perez d'Arbe et Pierre Roldan, ces deux derniers du conseil des douze. Arrivés en Catalogne, et admis en présence du roi, après lui avoir exposé toute l'horreur de l'outrage qu'ils avaient reçu dans la personne de leur capitaine, Bérenger d'Entenza, outrage que l'on aggravait encore par la suspension de sa liberté, ils dirent humblement à sa majesté qu'ils venaient, au nom de tous, se jeter à ses pieds, et réclamer de sa clémence que, consentant à oublier ses anciens griefs contre eux, elle daignât apporter, dans les circonstances, tel remède que lui dicterait sa sagesse, et accueillir favorablement le message dont ils étaient chargés. Ils firent ensuite au roi un détail particulier de leurs diverses entreprises et des triomphes qui les avaient illustrées; de l'état de leurs affaires et de celles de l'empire grec; ils lui montrèrent toutes les provinces de l'Orient exposées sans défense à devenir la proie du premier qui voudrait les envahir, et lui offrirent de l'en rendre souverain et maître, s'il voulait leur prêter un appui vigoureux. Les ambassadeurs terminèrent en l'assurant qu'ils regarderaient comme une de leurs plus grandes gloires, de pouvoir, au prix de leurs travaux et de leur sang, étendre les domaines de sa couronne, et soumettre à sa puissance les pays les plus reculés de l'Europe et de l'Asie. Le roi répondit qu'il emploierait son autorité, et même ses armes, s'il fallait en venir là, pour procurer satisfaction à d'aussi braves sujets, et surtout à un vassal tel que Bérenger d'Entenza. Quant au secours à leur fournir dans ces régions étrangères, Jayme s'en excusa sur le motif que son frère, le roi Frédéric de Sicile, lui semblait placé beaucoup plus convenablement pour le leur accorder, attendu que l'Arragon et la Catalogne étaient trop éloignés de la Grèce, pour entretenir avec les provinces de l'Orient les communications indispensables, si l'on voulait s'y maintenir. Le roi les remercia néanmoins de leur bonne volonté, et leur donna tous les éloges qu'ils méritaient. Leur message étant rempli, les trois ambassadeurs se rendirent à Rome, où ils présentèrent au pape tous les avantages que lui offraient les conjonctures actuelles, pour mettre l'empire d'Orient sous son obéissance, s'il voulait employer, en faveur des Catalans de Thrace, quelques-uns des grands moyens qu'il avait en son pouvoir; tel que celui de donner au roi Frédéric de Sicile l'investiture de ces provinces, en le faisant accompagner d'un légat du Saint-Siége, avec lequel il marcherait en personne à leur conquête, tandis qu'une croisade serait publiée en faveur de ceux qui serviraient eux-mêmes ou aideraient de leurs aumônes au succès de l'entreprise. Le pape ne voulut point entendre à ces propositions, parce qu'elles présentaient, selon lui, de grandes difficultés, et surtout parce qu'il craignait, en les accueillant d'une manière plus favorable, de travailler ainsi à l'agrandissement de la maison d'Arragon.

Cependant le roi Jayme, voulant accomplir sa promesse, envoya à la république de Gênes des ambassadeurs chargés de témoigner à sa seigneurie tout son mécontentement sur la détention de Bérenger d'Entenza, et de lui déclarer que, si elle avait participé à cet acte de violence, il regardait sa conduite comme une infraction manifeste à la foi des traités, et réclamait non-seulement la liberté d'Entenza, mais un entier dédommagement des pertes qu'il avait éprouvées, ajoutant qu'en cas de refus il se verrait forcé d'avoir recours à des démonstrations plus efficaces. La république répondit qu'elle connaissait le malheureux événement qui avait eu lieu entre Édouard Doria, son général, et Bérenger d'Entenza; mais qu'une émeute fortuite dans les galères devait être considérée comme la seule cause de cette violence, à laquelle ni les officiers ni le général n'avaient eu le pouvoir de s'opposer; qu'au surplus,

elle offrait de mettre Entenza en liberté sur-le-
champ, et de nommer onze personnes chargées
de se joindre aux délégués que le roi enverrait
dans tel lieu qu'il lui plairait de désigner, pour
régler les dédommagemens dus à son vassal. Les
ambassadeurs, après une déclaration aussi favorable, prirent congé de la seigneurie. Celle-ci, de
son côté, se hâta d'envoyer au roi une ambassade
particulière, qui lui témoigna les mêmes sentimens; lui exprima toute la douleur qu'elle ressentait de l'offense faite, quoique innocemment, par
son général, aux vassaux de sa majesté, et l'assura
que, dès la première nouvelle d'un accident aussi
difficile à prévoir, elle avait donné des ordres
pour qu'on transportât Bérenger en Sicile, et
qu'on lui restituât tout ce qu'il avait perdu. Ces
ambassadeurs supplièrent ensuite le roi de vouloir
bien signifier aux Catalans de Thrace qu'ils eussent à se séparer des Turcs, et à sortir des provinces de l'empire grec, où les Génois faisaient la
plus grande partie d'un commerce qui tombait
tous les jours, à cause des courses et des ravages
auxquels elles étaient continuellement exposées.
Le roi promit de les satisfaire sur ce point, si Bérenger obtenait la réparation qu'il avait droit d'attendre. Entenza ayant été mis en liberté, Jayme
envoya ses délégués à Montpellier, lieu convenu
pour traiter des dédommagemens. La république

y députa de son côté Senorino Donzelli, Meliado Salvagio, Gabriel de Sauro, Roger de Savigniano, Antoine de Guillelnis, Emmanuel Cigala, Jacomo Bachonio, Raffo d'Oria, Opisino Capsario, Guidero Pignolo et George de Bonifacio, tous de son conseil. Lorsque les membres de la junte furent réunis, on ouvrit les conférences; mais, après beaucoup de séances tenues et d'arrangemens proposés, la seigneurie ne put se déterminer à rien, trouvant toujours quelques motifs d'indécision aussitôt qu'il s'agissait de conclure, et l'on se sépara sans qu'elle eût accordé la moindre satisfaction. Il parut alors évident que la première réponse si obligeante, faite par les Génois, n'avait eu d'autre but que d'obtenir préalablement du roi une défense aux Catalans de Thrace de rien entreprendre de nouveau contre eux par la force des armes, et que ce fût uniquement dans cette intention qu'ils offrirent de traiter à l'amiable et d'arranger le différend. Bérenger, renonçant alors à tout espoir d'indemnité, se rendit auprès du roi de France et du pape, pour solliciter des secours en faveur de ses compagnons d'armes, et renouveler les propositions des trois ambassadeurs. Mais ni le roi ni le pape n'acquiescèrent à sa demande, et il ne lui resta plus qu'à retourner en Catalogne, où il vendit une partie de ses biens, avec le produit desquels il réunit un corps de cinq cents hommes, tous gens d'élite, les embarqua sur un gros navire, et fit voile vers la Grèce, renonçant ainsi aux douceurs d'une vie tranquille, pour aller secourir les amis qu'il avait à Gallipoli.

LIVRE TROISIÈME.

CHAPITRE PREMIER.

DÉBATS ENTRE BÉRENGER D'ENTENZA ET BÉRENGER DE ROCAFORT. L'ARMÉE SE DIVISE EN DEUX PARTIS.

Les Grecs, bien plus que les Catalans, durent s'applaudir du retour de Bérenger d'Entenza, si l'on considère les querelles et les divisions intestines que produisit parmi les nôtres sa réunion avec Rocafort. Aussitôt qu'Entenza eut rejoint l'armée, il voulut en reprendre le commandement, et l'exercer comme il avait coutume de le faire avant sa captivité. Rocafort s'y opposa formellement, et dit d'un ton absolu qu'Entenza pouvait commander en toute liberté les gens qu'il amenait avec lui, mais que, pour les autres, ils avaient un général. Les esprits s'échauffèrent, les partisans et les amis se mêlèrent de la querelle, chacun se répandit en invectives contre ses adversaires; les propos les plus arrogans, les menaces les plus violentes faisaient craindre à chaque instant qu'on en vînt aux dernières extrémités, et annonçaient les plus grands malheurs. Ces appréhensions étaient d'autant moins illusoires que, dans un pareil assemblage d'esprits divers, il ne manque jamais de gens qui veulent tout bouleverser pour perdre leur ennemi personnel, ou se mettre en crédit auprès de l'homme dont ils ont fait choix. Cependant chacun des deux partis soutenait ses prétentions par les motifs en apparence les mieux fondés. Du côté d'Entenza, on disait qu'il était général avant sa captivité; que, le premier, il avait remporté de grands avantages contre les provinces de l'empire; que sa perte ne devait nullement s'imputer à l'oubli de ses devoirs, mais à la perfidie des Génois; qu'après un long emprisonnement enduré pour avoir été le chef de l'armée catalane, non-seulement il serait injuste de lui ôter le commandement, mais qu'il faudrait le lui donner s'il ne l'avait jamais eu; qu'il ne devait par perdre, par son infortune, ce qu'il avait gagné par sa valeur, et qu'aujourd'hui comme toujours, on ne pouvait qu'admirer en lui son dévoûement à la cause commune, dévouement que rien n'était capable d'affaiblir, et dont il avait donné récemment une preuve irrécusable, en consacrant ses premiers momens de liberté à vendre une

partie de ses biens pour arriver à leur secours. A ces considérations venait encore se joindre (ce qui affectait le plus Rocafort) l'inégalité marquante qui existait entre eux pour la naissance, le rang et le caractère : Entenza, grand seigneur; Rocafort, simple chevalier : l'un poli, libéral, affable; l'autre dur, avide et insolent. Du côté de Rocafort, on employait des raisons non moins plausibles en faveur de son autorité. « Rocafort,
» disaient ses partisans, avait exercé pendant six
» années consécutives le commandement suprême
» de l'armée, fonction périlleuse, qui aurait ef-
» frayé tout autre que lui, à l'époque désespérée
» où les affaires pouvaient se regarder comme to-
» talement perdues; et cependant, par ses talens et
» sa valeur, il avait relevé à ce point notre fortune,
» que les Catalans étaient devenus, sous sa con-
» duite, la nation la plus puissante et la plus re-
» nommée de tout l'Orient. Il ne pouvait donc y
» avoir d'injustice plus manifeste, d'ingratitude
» plus révoltante que de le dépouiller du com-
» mandement dans les temps prospères, lorsqu'il
» l'avait soutenu d'une manière aussi brillante aux
» temps malheureux. Un tel oubli de ses services
» ne pouvait que le blesser mortellement dans
» son honneur, et plus d'une fois on avait sou-
» haité la mort pour un outrage moins sensible
» que celui dont il était menacé. Enfin, si la na-

» tion sous ses ordres avait été sauvée de la fin
» déplorable à laquelle elle croyait ne pouvoir
» plus échapper, c'était à celui qui avait vaincu
» de jouir des honneurs du triomphe, à celui qui
» avait supporté tous les travaux d'en recueillir les
» fruits, et cela de préférence à tout autre, quel-
» que grand et quelque noble qu'il pût être. »
Des deux côtés les prétentions se soutenaient avec
une telle violence, que plus d'une fois on fut sur
le point de recourir aux armes, et de se livrer bataille dans les murs de Gallipoli. L'armée étant
divisée en deux partis distincts, chacun se laissant entraîner vers l'un ou l'autre chef par reconnaissance ou par inclination, nul ne se trouvait
personnellement assez désintéressé pour juger
sainement de la querelle, ni se renfermer dans
les bornes d'une modération nécessaire au salut
de tous. On vit cependant quelques bien intentionnés qui, préférant la chose publique à leur
intérêt particulier, eurent le courage de rester
neutres, et de s'interposer comme médiateurs
entre les deux partis : position toujours dangereuse lorsque ces partis sont ouvertement pro-
noncés, parce qu'alors tout ce qui n'est pas ami
est tenu pour ennemi, et qu'on ne recueille des
deux côtés que haine et que dégoûts. Sans leurs
bons offices cependant, c'en était fait du parti
d'Entenza. Tous les Turcs et les Turcopules te-

naient aveuglément pour Rocafort, entre les mains de qui ils avaient prêté serment, et le plus grand nombre des Almogavares s'était également déclaré pour lui. Entenza n'avait donc d'attaché à sa personne que la plus faible partie de l'armée. Les siens, à la vérité, valaient mieux que ceux de son rival, par cette raison que les moins nombreux ont coutume d'être toujours les meilleurs. Dirigés par leurs bonnes intentions, les médiateurs ne cessaient d'exposer à Rocafort tous les inconvéniens d'une rupture ouverte; ils lui représentaient qu'en supposant en sa faveur les événemens les plus heureux, l'extermination même du parti de Bérenger, il ne pourrait y parvenir sans éprouver de son côté des pertes considérables, et qu'alors le reste de ses forces se trouverait hors d'état de résister aux ennemis étrangers dont le nombre croîtrait en raison de sa faiblesse. On n'était pas, disaient encore ces sages conseillers, dans des circonstances où ce fût un honneur d'en venir aux armes pour des motifs personnels, et il ajouterait moins à sa gloire en triomphant de son rival, qu'en cédant une partie des droits auxquels il croyait devoir prétendre. Ces raisonnemens, exposés avec toute la force de la conviction, semblèrent enfin persuader Rocafort, qui consentit à s'en rapporter, pour la justice de sa cause, au jugement des douze conseillers de l'armée. Peut-être il craignait véritablement les maux qu'on lui faisait prévoir; peut-être aussi pensait-il que le conseil mettrait plus de zèle à servir ses intérêts que ceux d'Entenza. Celui-ci, de son côté, accepta sans la moindre objection l'arrangement proposé. Les choses étant ainsi convenues, la question fut portée devant les juges, qui décidèrent qu'Entenza, Rocafort et Ferdinand Ximénès commanderaient chacun un corps particulier, et que les soldats seraient libres de choisir leurs chefs respectifs, sans qu'il leur fût fait aucune violence par les partis opposés. Cette décision était encore la plus sage que l'on pût prendre dans de telles conjonctures, parce que la nomination d'un général en chef eût condamné ses compétiteurs à lui obéir, et que les uns et les autres auraient préféré la mort à une pareille soumission. Ajoutez à cela que les douze, n'étant que médiateurs entre les deux partis, n'avaient aucune autorité pour procurer l'obéissance à qui que ce fût.

Les esprits semblèrent pour le moment se calmer un peu, mais des soupçons mutuels y entretenaient une secrète agitation. Cette espèce de rapprochement n'avait éteint dans le fond aucune animosité, et chacun, mécontent de son sort, attendait l'occasion de se venger de l'outrage qu'il croyait avoir reçu : car tout ce qui est enlevé à nos prétentions nous semble une offense. C'est ainsi que de grandes entreprises échouent le plus souvent par les rivalités de ceux qui commandent, lorsque les différens chefs ne se trouvent pas réunis sous l'autorité d'un prince assez fort pour réprimer l'insolence des entreprenans et des ambitieux. Quelle que soit la modération apparente qui accompagne le début de telles opérations, à peine les premiers événemens, heureux ou malheureux, ont commencé leur cours, qu'on entend de toutes parts semer à dessein sur les actions et sur les paroles, des observations insidieuses, de fausses interprétations, qui encouragent les mal intentionnés, ajoutent à l'audace des turbulens, et entourent les bons de tant de jalousie, de soupçons et de haines, que, dans l'impuissance de leur échapper, ils se voient trop souvent forcés de se mettre en défense. On doit donc regarder comme une chose très-remarquable que l'entreprise des Catalans et des Arragonais se soit soutenue pendant huit ans, sans éprouver ces funestes effets, tandis qu'ils eurent une si malheureuse influence sur la plus fameuse expédition que nous offre l'histoire, celle de Godefroi dans la Terre-Sainte. Combien, dès son principe, n'eut-elle pas à souffrir des rivalités entre Tancrède et Baudouin, Boëmond et le comte de Toulouse, et cela parce que l'ambition exerça toujours plus d'empire sur certaines âmes, que la véritable piété, principal motif de cette expédition?

Ferdinand Ximénès d'Arénos, d'après la dernière convention, aurait pu se réserver un commandement particulier; mais, considérant que le nombre de ceux qui le suivaient était trop faible pour qu'il n'eût rien à craindre du parti de Rocafort; ne trouvant d'ailleurs aucun déshonneur à servir sous un chef son égal par la naissance, et plus âgé que lui, ce noble chevalier ne voulut pas se séparer de Bérenger d'Entenza, et l'un et l'autre réunirent leurs forces, dans l'intention de se faire respecter, et de se rendre d'autant plus redoutables.

CHAPITRE II.

BÉRENGER DE ROCAFORT MET LE SIÉGE DEVANT NONA, ET BÉRENGER D'ENTENZA DEVANT MÉGARIX. SECOURS EXTRAORDINAIRE DEMANDÉ PAR UN GÉNOIS.

MALGRÉ la paix apparente qui régnait depuis le dernier arrangement, une sourde fermentation se faisait sentir de toutes parts; les animosités s'envenimaient chaque jour davantage; et comme chacun s'était vu forcé de prendre parti, il ne restait plus un seul individu neutre pour proposer son intervention. Les moyens de concorde semblaient donc disparus sans retour. Dans une situation aussi menaçante, le danger amena ce que nul raisonnement n'aurait pu obtenir, et l'on se sépara. Bérenger alla mettre le siége devant Mégarix, et Rocafort, à l'envi de son rival, partit pour assiéger Nona, à soixante milles de Gallipoli, et trente de Mégarix. Cette distance aurait dû sembler suffisante pour éloigner, aux yeux de tous, la possibilité d'aucunes nouvelles dissensions, et cependant on la jugeait encore trop rapprochée, tant il y avait d'altération dans toutes les têtes, surtout parmi les gens de Rocafort, qui, supérieurs en forces, regardaient comme une insulte que l'on osât lutter contre leur parti. Les Turcs, les Turcopules, une grande partie des Almogavares et quelques chevaliers suivirent Rocafort; les Arragonais et toute la noblesse qui servait sur mer, se rangèrent du côté d'Entenza. Muntaner, devant rester à Gallipoli, en sa qualité de commissaire général, n'eut aucune raison de se déclarer, et demeura ainsi seul confident de tous les deux.

Dans ce même temps, le Génois Ticin Jacqueria, gouverneur de la ville et du château de Fruilla, passa aux Catalans avec un vaisseau de quatre-vingts rames. Une vengeance qu'il croyait juste lui inspira cette résolution. Ayant perdu un oncle nommé Benoît Jacqueria, au nom duquel il avait, disait-il, gouverné la place pendant cinq ans avec exactitude et fidélité, un autre de ses oncles, à qui elle était échue en partage, se transporta aussitôt à Fruilla pour examiner sa conduite. Comme ils eurent l'un et l'autre quelques difficultés sur la vérification des comptes, le propriétaire de la place le laissa à son poste, et, sans autre explication, retourna à Gênes. Ticin attendait avec quelqu'inquiétude le résultat d'une retraite aussi précipitée, lorsqu'il apprit que l'oncle, mécontent, envoyait quatre galères pour se saisir de sa personne. Vivement blessé d'une pareille offense, il résolut de s'en venger. Mais Ticin n'avait ni assez de forces pour se soutenir par lui-même, ni assez de gens dévoués à ses intérêts, pour expulser les amis de son oncle, et s'emparer du château. L'espoir de trouver chez les Catalans les ressources qui lui manquaient, le conduisit à Gallipoli. Lorsqu'il parut dans la place, les capitaines n'y étaient déjà plus. Ce fut donc à Muntaner que le Génois rendit compte du motif qui l'amenait. Comme cet étranger offrit en même temps ses services, et promit fidélité, Muntaner, empressé de le recevoir, l'inscrivit sur les contrôles, lui et dix cavaliers armés, dont la solde entière devait être acquittée à son bénéfice et touchée par lui. C'était la coutume alors de faire cet avantage à des chevaliers et autres gens de marque, auxquels on assignait une paye supérieure au nombre de personnes qu'ils pouvaient amener. Ticin, encouragé par ce bon accueil, proposa aux Catalans de leur procurer la conquête importante de la ville et du château de Fruilla, pourvu que l'on consentît à l'appuyer dans l'attaque qu'il méditait. Muntaner, sans s'arrêter au motif ou à la justice de l'entreprise, ne vit que l'homme qui réclamait son secours et se mettait sous sa protection. Non content de lui donner les chevaux, les armes et autres effets nécessaires pour équiper sa troupe, laquelle montait à cinquante hommes, il y joignit encore un assez bon nombre des siens, parce que, ennemi mortel des Génois, il ne voulait pas perdre une seule occasion de leur faire quelque mal que ce fût. Ce secours fut mis sous la conduite de Jean Muntaner, son cousin, et de quatre conseillers catalans, qui eurent ordre de prendre en tout l'avis de Ticin Jacqueria. Cette expédition, composée d'une galère bien armée et de quatre bâtimens plus petits, mit à la voile le lendemain du dimanche des Rameaux, et aborda au château de Fruilla la veille de Pâques, pendant la nuit. Le jeune Jacqueria, toujours poursuivi par le ressentiment de son offense, poussa son opération avec la plus grande célérité. Il débarqua son monde au milieu de l'obscurité qui régnait encore, et fit sur-le-champ appliquer les échelles. Déjà trente Génois de Jacqueria et cinquante Catalans y étaient montés, lorsque le jour vint les découvrir, et éveilla la garnison, qui se mit en défense. Ce fâcheux contre-temps ne ralentit en rien leur courage. Plus intrépides encore à la vue du danger, ils vinrent à bout de gagner par l'intérieur une porte de la place, l'ouvrirent aussitôt, et procurèrent ainsi un libre passage au reste des troupes qui étaient restées en dehors des murs. La garnison du château, forte de plus de cinq cents hommes, opposa dans le principe une vigoureuse mais inutile résistance : il fallut céder. Cent cinquante furent tués sur la place, quelques-uns faits prisonniers, et le plus grand nombre trouva son salut dans la fuite. Après la prise du château, les assaillans se portèrent aussitôt contre la ville, qui n'était occupée que par des habitans sans armes, auxquels on ne donna le temps ni de cacher leurs effets, ni de se préparer à aucune défense. La prise du fort et de la ville fut d'autant plus précieuse, qu'outre l'or, l'argent et les riches vêtemens que l'on recueillit en abondance, on trouva encore dans le château trois reliques d'un prix inestimable, qui avaient été engagées par les Turcs au Génois Benoît Jacqueria. Une tradition du pays voulait que saint Jean l'évangéliste les eût laissées dans le sépulcre dont nous avons déjà parlé. Ces reliques, suivant la relation de Muntaner, consistaient, la première en un morceau de la vraie croix appartenant à la partie vers laquelle le Christ inclina la tête, et que saint Jean porta continuellement à son cou pendant tout le temps qu'il passa sur la terre; elle avait alors un enchâssement d'or garni de pierres d'un très-grand prix. La seconde était une aube travaillée des mains de la sainte Vierge, et avec laquelle saint Jean avait coutume de célébrer les saints mystères; et la troisième l'Apocalypse écrit par le même saint, et conservé sous une couverture d'un art et d'une richesse admirables.

Jean Muntaner et Ticin Jacqueria, après en avoir délibéré l'un et l'autre, pensèrent que la place de Fruilla était trop éloignée des garnisons catalanes, pour que l'on pût s'y maintenir, et d'un commun accord ils la démantelèrent. Alors le Génois, vengé de son oncle, et tous les autres satisfaits de l'or qu'ils emportaient avec eux, retournèrent à Gallipoli, où l'on remit, tant à Raimon Muntaner qu'au reste de la garnison, la part du butin qui leur était due. Parmi les reliques dont nous avons parlé, le sort fit tomber à Raimon Muntaner le bois de la vraie croix, que ces royaumes posséderaient sans doute aujourd'hui, si ce grand trésor ne lui eût été enlevé dans l'île de Négrepont, lorsqu'il y fut dépouillé plus tard de tous ses effets. Cependant, après ce premier succès, Ticin Jacqueria, impatient de tenter une nouvelle entreprise, demanda à remettre en mer, pour chercher, dans ces parages, à s'emparer de quelque lieu fortifié où il pût s'établir. Muntaner voulut encore l'assister dans son expédition, et, lui ayant fourni du monde à cet effet, peu de temps après le Génois prit un château dans l'île de Tarse, où il se maintint au grand avantage de Muntaner lui-même, comme nous le verrons bientôt.

CHAPITRE III.

L'INFANT FERDINAND, FILS DU ROI DE MAYORQUE, ENVOYÉ PAR LE ROI FRÉDÉRIC DE SICILE, ARRIVE A GALLIPOLI.

Tandis que les différens chefs étaient occupés séparément aux siéges de Nona et de Mégarix; l'infant don Ferdinand, fils du roi de Mayorque, arriva avec quatre galères à Gallipoli, par l'ordre du roi Frédéric de Sicile, qui, occupé de l'agrandissement de sa maison, crut ne pouvoir y travailler plus efficacement qu'en mettant à la tête des Catalans de Thrace un personnage de haute distinction, qu'ils tiendraient de sa main. Il se croyait d'autant plus autorisé à cette démarche, que les nôtres, l'ayant naguères appelé de leur propre mouvement, lui avaient déjà prêté serment de fidélité. Mais le roi oubliait sans doute que cinq ans s'étaient écoulés depuis cette époque; qu'alors la nécessité y forçait les Catalans, et que les circonstances étant totalement changées, il pourrait bien éprouver quelques embarras à faire reconnaître de toute l'armée celui qu'il envoyait. L'infant reçut cette mission en qualité de simple lieutenant, et uniquement pour le service du roi. C'était la condition expresse de son message; et Frédéric, voulant même le tenir encore mieux dans sa dépendance durant son éloignement, exigea de lui sa parole de ne contracter aucun mariage dans l'empire grec sans son consentement, et de gouverner toujours en son nom les provinces d'Orient. On voit que nos armes, depuis qu'elles avaient acquis la supériorité sur celles de l'empire, étaient devenues en telle estime auprès des princes de la maison d'Arragon, qu'ils ne voulaient d'aucune manière renoncer à leur autorité sur elles, fût-ce même pour un membre de leur famille et issu de leur sang. Frédéric, prince d'une rare prudence, et maître dans l'art de régner, avait refusé de compromettre sa réputation pour le soutien des Catalans, à une époque où il les croyait perdus sans ressource, de même qu'il ne s'était permis aucun acte d'hostilité contre Andronic, jusqu'au moment où il le vit sans forces pour se défendre; mais les événemens trompèrent tous ses calculs, et cette sage circonspection ne produisit en rien l'effet que le prince aurait certainement obtenu, s'il eût accordé ses secours dès la première fois.

L'arrivée de l'infant causa la joie la plus vive à tous ceux qui se trouvaient alors à Gallipoli, et surtout à Muntaner, zélé serviteur et partisan affectionné de sa maison. Ils le reconnurent tous, sans la moindre opposition, pour lieutenant du roi de Sicile; et, comme ils furent les premiers à proclamer cette reconnaissance, le prince voulut bien, malgré leur petit nombre, agréer un tel hommage. Aussitôt on expédia des courriers aux trois principaux chefs, Entenza, Rocafort et Ferdinand d'Arénos, pour leur apprendre l'arrivée de l'infant, et leur remettre des lettres du roi, qui expliquaient comment et par quel motif don Ferdinand venait les commander en son nom. Muntaner lui donna cinquante chevaux pour le service de sa personne, et un plus grand nombre de mulets pour celui de sa maison; et, afin d'établir le prince aussi commodément que le permettaient les circonstances, il lui céda son logement comme un des meilleurs de Gallipoli. Bérenger d'Entenza poussait avec vigueur le siége de Mégarix, à trente milles de Gallipoli, lorsque deux cavaliers envoyés par Muntaner, lui annoncèrent l'arrivée de Ferdinand, et lui remirent la lettre du roi: Entenza partit aussitôt avec quelques-uns des siens, et fut le premier capitaine qui parut à Gallipoli, où il félicita le prince, et lui prêta serment comme à son général et au chef suprême de l'armée. Bientôt après arriva de Modico Ferdinand d'Arénos, qui suivit en tout ce qu'avait fait Entenza. La conduite que tinrent alors ces deux grands seigneurs, promettait à leur parti un avantage important, en le rassurant, par la protection du prince, contre la prépondérance de Rocafort. Le moment était venu où cette prépondérance redoutée devait trouver un terme. Il était naturel d'espérer que l'autorité de l'infant apaiserait leurs funestes dissensions; que les choses qui, par la violence d'un seul, étaient sorties de leur cours ordinaire, allaient y rentrer, et que désormais chacun serait apprécié selon sa considération, son mérite et ses qualités reconnues. La même allégresse qui avait éclaté à Gallipoli se manifesta dans tous les différens corps de l'armée. Rocafort seul fut singulièrement altéré d'une apparition si contraire à ses vues; et, dès ce moment, il aurait, sans aucun doute, refusé l'obéissance au prince, s'il n'eût reconnu la joie trop manifeste que cette nouvelle avait occasionnée parmi les siens. La confusion de cet homme si avisé dans ses conseils fut d'autant plus grande, qu'en dépit de tous ses artifices, et malgré la sagacité de son esprit, il n'avait pu prévenir ce qu'il n'aurait jamais redouté. Après avoir délibéré sur cet événement avec ses affidés, il fut convenu que Rocafort ferait une réponse, dans laquelle il témoignerait la plus grande joie sur l'arrivée du prince, unique objet des vœux de toute son armée, mais en ajoutant toutefois que le siége de Nóna étant trop avancé pour qu'il osât s'éloigner lui-même de la place, il le suppliait de venir en personne dans son camp, où il était attendu avec la plus vive impatience. Telle fut en substance sa réponse à l'infant ; et sur ces entrefaites il mit tout en œuvre, au moyen de ses parens et de ses amis les plus intimes, pour disposer les esprits à seconder ses intentions, et à adopter la mesure qu'il comptait proposer. Cependant la réponse de Rocafort était arrivée à Gallipoli. Incertain sur ce qu'il devait faire, l'infant ne voulut se déterminer à rien sans l'avis d'Entenza, d'Arénos et de quelques autres capitaines dévoués à sa personne, et très-instruits des vues et des desseins de leur antagoniste. Tous furent de la même opinion sur les dangers du moindre retard, et pensèrent que le prince devait partir à l'instant pour Nona, s'il ne voulait pas laisser refroidir dans l'armée le desir qu'elle avait de le voir, ni donner à Rocafort le temps d'ourdir quelques trames au désavantage du roi, ou de travailler à l'exclure lui-même du commandement. Cette résolution une fois prise, et les préparatifs de départ terminés, le prince se mit en marche avec la plus grande partie des gens d'Arénos et d'Entenza. Quant à leurs personnes, on convint qu'il ne les emmènerait pas avec lui, parce qu'avant d'être assuré des bonnes dispositions de Rocafort, il parut imprudent de lui montrer, dans une première entrevue, ses deux rivaux déjà en meilleure position que lui auprès de l'infant. L'un et l'autre différèrent donc leur départ jusqu'à la prestation du serment par Rocafort, époque où le prince, ayant plein pouvoir, ne serait plus gêné dans ses affections.

CHAPITRE IV.

INTRIGUE ET MACHINATION DE ROCAFORT POUR EXCLURE L'INFANT DU COMMANDEMENT.

L'infant s'avançait vers Nona, entouré d'une suite aussi nombreuse qu'on avait pu la lui procurer, mais n'ayant auprès de lui, de tous les capitaines connus, que Raimon Muntaner. En trois jours de marche, le long de la côte, le prince arriva au camp, où il fut reçu aux acclamations universelles. Rocafort lui-même témoigna la plus grande joie de le voir, et l'entretint de fêtes continuelles pendant les jours de retard que Ferdinand laissa écouler avant de mettre en délibération les ordres de son oncle. Il espérait que Rocafort se conformerait à ses intentions, sans qu'il fût nécessaire de l'en requérir une seconde fois. Cependant, voyant qu'il ne se tenait pas pour averti, et éloignait à dessein le serment d'obéissance, le prince déclara qu'il voulait remettre sur-le-champ la lettre du roi destinée pour l'armée, et expliquer de vive voix aux troupes le motif de son arrivée auprès d'elles. Il ordonna en conséquence, que le conseil général fût convoqué au plus tôt. Rocafort obéit avec tous les dehors d'un empressement marqué, et offrit d'assigner la convocation pour le lendemain. Mais déjà, depuis le peu de jours perdus inutilement par le prince, il avait employé ses amis à répandre dans le camp, qu'au moment de prendre une résolution aussi importante que celle de recevoir l'infant au nom du roi, il serait convenable d'agir avec prudence, ou du moins de se déterminer sans trop de précipitation. Cette lenteur, réclamée par lui, était calculée avec beaucoup d'adresse, car il craignait toujours qu'à la vue de l'infant, l'armée, dans son premier mouvement d'enthousiasme, ne jurât fidélité au roi, et ne reconnût le prince pour son lieutenant. L'avis de Rocafort fut tenu généralement pour aussi sage qu'avisé; et, comme le vulgaire ignorant pénètre rarement dans les arrière-pensées, il ne vit rien que de très-naturel dans cette recommandation, à laquelle on convint de se conformer. Le lendemain, le conseil général, composé de tout individu de l'armée touchant une solde, se réunit dans le camp, où cette multitude confuse attendit l'arrivée du prince. Bientôt il parut, accompagné de ceux de sa maison et d'un grand nombre de capitaines qui s'empressaient autour de lui. Après avoir remis à un secrétaire la lettre du roi de Sicile, il lui ordonna de la lire à haute voix, afin que chacun pût être instruit de son contenu. La lecture terminée, le prince expliqua en peu de mots aux assistans comment le roi, touché de leurs prières, avait accepté le serment de fidélité prêté par leurs ambassadeurs; il leur exposa ensuite, en exaltant la générosité de Frédéric, comment, sans aucun avantage pour ses royaumes à prendre leur défense, moins occupé cependant de son intérêt que de leur salut, il l'envoyait dans ces provinces lointaines pour les commander en son nom, les assurer de sa suprême bienveillance, et leur promettre à l'avenir des secours toujours plus importans. Fidèle aux secrètes instructions de Rocafort, l'assemblée répondit que l'on se concerterait sur le parti qu'il y avait à prendre, et qu'une fois résolu, il en recevrait communication. Alors l'infant quitta le conseil et se retira. Rocafort demeura au milieu des siens. Quoique cet homme habile eût mis toute son adresse à préparer les esprits, il ne pouvait se reposer entièrement sur les bonnes dispositions d'une multitude aussi nombreuse, d'autant plus qu'il redoutait pour elle les sentimens secrets de quelques chevaliers qui, malgré leur dévouement à sa personne, entretenaient un vif desir de voir l'infant à leur tête, et d'être gouvernés par lui. Inquiet du succès de ses démarches, et voulant se ménager sur les esprits un moyen d'influence encore plus efficace, il dit aux siens, parmi beaucoup d'autres discours astucieux, que cette affaire ne lui semblait pas devoir être traitée par tant de gens à la fois; que la multitude entretenait toujours la confusion; qu'on ne pourrait, au milieu du tumulte, examiner en détail les difficultés inévitables dans une matière de si haute importance, et qu'il lui semblait beaucoup plus opportun de choisir, parmi les gens les plus dignes de confiance et de considération, cinquante personnes qui examineraient attentivement la proposition, la discuteraient avec sagesse, et, après avoir pris une résolution définitive, la présenteraient au refus ou à l'acceptation de tous les autres; ce qui éviterait le grave inconvénient de communiquer avec la multitude, et de s'exposer à tous les embarras de la confusion. Ce nouvel avis de Rocafort fut encore regardé comme digne de sa sagesse, et cela devait être. Lorsque le grand nombre, inclinant vers un personnage quelconque, le laisse, par cette raison, gagner de la prépondérance et prendre l'autorité sur lui, c'en est assez pour que désormais il suive aveuglément tous ses conseils, parce qu'on le gouverne plutôt par la force de la volonté que par celle de la raison. Cinquante personnes, chargées de délibérer avec Rocafort, furent donc élues sur-le-champ par le conseil général qui, cédant à l'impulsion commune, ne voulut pas s'apercevoir que, lorsqu'il s'agit de capter les suffrages, le petit nombre est plus facile à suborner que le grand. Ces cinquante députés furent presque tous du choix de Rocafort; et si quelques-uns d'entre eux ne lui permettaient pas d'avoir la même confiance en leur bon vouloir, il trouva d'autant moins de difficultés à les persuader, qu'il ne manquait pas de motifs d'un très-grand poids pour triompher de leur opposition. Tous les membres étant réunis, Rocafort ouvrit la conférence et s'exprima en ces termes :

« Compagnons et amis, l'arrivée du seigneur in-
» fant est un des plus grands et des plus heureux
» événemens qui pût aujourd'hui combler nos
» vœux. Nous le recevons enfin de cette main toute
» puissante qui nous conserva jusqu'à ce jour, et
» par laquelle nous avons étendu la gloire de notre
» nom et confondu l'orgueil de nos ennemis. Je
» ne doute pas qu'il ne mette fin à nos travaux,
» et que notre bonheur ne commence sous ses
» auspices. Les qualités qu'il possède, qualités
» particulières à nos rois, nous sont de sûrs ga-
» rans que nous pouvons remettre entre ses
» mains notre liberté, nos biens, notre vie, et
» le recevoir, non, ainsi qu'il le propose, comme
» lieutenant de son oncle, mais comme prince

» absolu, libre de toute sujétion, et agissant dans
» la plénitude de sa puissance. C'est à nous qu'ap-
» partient de choisir un tel prince ; ce choix est
» dans notre pouvoir comme dans notre volonté.
» Quelle faute ne serait donc pas la nôtre, si nous
» le faisions tomber sur un roi toujours absent,
» livré à de plus grands intérêts, au gouverne-
» ment de plus grands états, et cela pour rejeter
» celui qui, libre de toute autre obligation, doit
» vivre au milieu de nous, courir la même for-
» tune, souffrir de nos revers ou jouir de nos
» succès? Il est incontestable qu'accepter Frédé-
» ric pour roi, c'est nous livrer à un esclavage
» manifeste, puisque, ne pouvant nous protéger
» de sa personne, il nous enverra nécessairement
» des délégués de son pouvoir, qui viendront
» l'exercer sans contrôle sur cette armée victo-
» rieuse et sur les provinces conquises par nos
» armes. Concevez-vous de malheur plus grand
» que celui de nous voir, pour prix de nos triom-
» phes, guidés par d'autres mains que celles de
» notre prince, du général de notre choix? Fré-
» déric nous promet son assistance, mais il nous
» l'accordera lorsque son royaume de Sicile ne
» réclamera ni ses soins ni son appui. Pourquoi
» donc admettre cette absurde inégalité qui doit
» ici frapper tous les yeux? Vos esprits, je le vois,
» en sont déjà révoltés. Eh quoi! travaux, pertes,

» dangers, tous les maux pour nous seuls! hon-
» neur, gloire, conquêtes, tous ces avantages,
» non-seulement égaux mais plus grands, mais
» plus sûrs, pour le roi! Ainsi, que nous péris-
» sions tous, ou que nous soyons jetés dans un
» indigne esclavage, Frédéric demeure libre et
» aussi puissant que jamais; mais que de nou-
» velles provinces tombent en notre pouvoir,
» qu'elles soient le prix de notre sang, et ces dé-
» pouilles glorieuses deviennent aussitôt sa pro-
» priété! Quel homme sensé, ayant la liberté du
» choix, pourrait se soumettre à l'obéissance en-
» vers un prince placé dans de tels rapports avec
» nous? Rappelez-vous maintenant le salaire
» dont il paya nos services à notre départ de Si-
» cile. Quel fut ce salaire si généreux? un peu de
» biscuit, quelques misérables alimens qu'on n'o-
» serait refuser à des esclaves ou à des valets.
» Non, mes amis, nous ne reconnaîtrons point
» pour roi ce même Frédéric qui nous laissa dans
» l'oubli, lorsque, poussés aux dernières extrémi-
» tés du malheur, nous lui demandâmes un appui
» si nécessaire à cette époque d'affligeante mé-
» moire, et si inutile aujourd'hui qu'il lui plaît
» de nous l'accorder. Et que nous envoie-t-il en-
» core? Sont-ce des armes, des troupes, des mu-
» nitions, en un mot tout ce qui peut servir à la
» guerre? Non, c'est un chef: comme si nous en

» manquions, comme si nous n'avions pas remporté assez de victoires, sans qu'aucun général nous eût été imposé par lui! Ne consentons jamais à recevoir le prix de nos services des mains de quelques gouverneurs ou ministres de ses volontés, agens temporaires, chez qui la passion peut toujours plus que la justice, et l'intérêt particulier que le bien général, parce qu'ils traitent les provinces comme un objet précaire prêt à leur échapper sans cesse, et que, possesseurs passagers d'une propriété étrangère, ils jouissent du présent sans aucuns soins de l'avenir. Et jugez si la distance qui nous sépare du royaume de Sicile ne doit pas nous faire redouter encore plus les abus du pouvoir arbitraire et insupportable de pareils agens! Avec cet obstacle qui existera à jamais entre le prince et les sujets, ne verrons-nous pas nos doléances, si le roi les écoute, parvenir toujours trop tard jusqu'à lui? Et les secours (supposons qu'il daigne nous en accorder) arriveront sans doute à une époque aussi opportune que celle où nous recevons l'appui dont il nous honore, après que six années entières se sont écoulées depuis les plus instantes réclamations.

« Tant de motifs irrécusables, tant de puissantes considérations ont dû vous prouver jusqu'à l'évidence que nous devons, comme je

» conclus moi-même, exclure le roi Frédéric en
» faveur de Ferdinand son neveu, et garder auprès
» de nous la personne du prince, pour lequel
» nous devrons, dans tous les temps, exposer
» notre vie; qui sera le témoin comme le juge
» de nos services, et veillera pour nous comme
» pour lui, parce que son salut et le nôtre, confondus
» dans la même fortune, courront les mêmes
» chances et les mêmes dangers. Que Frédéric se
» contente donc de la Sicile conquise par notre
» valeur, qu'il laisse à Ferdinand les travaux d'une
» guerre incertaine et périlleuse, qu'il lui laisse
» pour patrimoine des provinces ravagées, et
» pour espérance la conquête de nouveaux
» états. »

Ce discours de Rocafort entraîna le petit nombre de ceux qui étaient encore incertains, et tous s'étant rangés de son avis, deux des cinquante députés furent chargés d'aller annoncer aux troupes réunies la détermination que l'on venait de prendre. Ils se rendirent au camp, où, en rapportant la décision du conseil, ils eurent soin de répéter devant la multitude tous les mêmes argumens employés par Rocafort. Ce moyen fut victorieux! un assentiment général accueillit la décision. Il ne fallait plus que la communiquer au prince, et les cinquante députés furent appelés sur-le-champ pour remplir ce message. Ferdinand, après les avoir écoutés avec attention, leur répondit, en vrai chevalier, qu'il venait les commander au nom et de la part de son oncle; qu'il ne s'était chargé de l'entreprise qu'appuyé de son autorité et de ses forces; qu'il manquerait à ses premières obligations s'il n'exécutait ponctuellement les ordres de celui qui l'avait envoyé, et que, dans aucun cas, il ne consentirait à être autre chose que le lieutenant de Frédéric. Comme Rocafort avait eu la précaution de répandre parmi les siens que l'infant, soigneux de se réserver une excuse auprès du roi, affecterait de ne pas accepter dans le premier moment leur proposition, son refus n'eut rien de surprenant pour eux. Et pourtant, s'il eût été possible alors de détromper les troupes, et de leur persuader que jamais le prince ne consentirait à les gouverner en souverain indépendant, elles l'auraient, sans aucun doute, admis au nom du roi. Quinze jours se passèrent en pourparlers, Ferdinand pensant toujours que cette offre du pouvoir suprême, que ces paroles si flatteuses ne lui étaient adressées que par obligeance pour sa personne, et qu'on finirait par obéir. Pendant ce temps, les Turcs, les Turcopules, et toute la partie de l'armée qui était à la dévotion de Rocafort, empêchèrent que le petit nombre des autres, trop faible pour élever la voix, n'osât se permettre ostensiblement aucune opposition, et demeurèrent fermement résolus à ne point admettre l'infant. Ce n'est pas que Rocafort eût réellement l'intention d'exclure Frédéric en faveur de Ferdinand : son caractère personnel l'aurait empêché de se maintenir sous aucun des deux. Mais connaissant le prince pour un des plus braves chevaliers de son temps, le sachant incapable d'aucun procédé déloyal envers son oncle, cet homme, dont le regard était si pénétrant, le proposa à l'armée pour chef absolu, bien convaincu que Ferdinand n'y consentirait jamais. Il arriva ensuite que la plus grande partie des troupes, une fois déclarées pour lui contre le roi, ne voulurent plus revenir à celui qu'elles avaient exclu. Rocafort se livrait tranquillement à toutes ces manœuvres, ne doutant pas que si, plus tard, on venait à les découvrir, la force de son parti n'empêchât son autorité d'en éprouver aucune atteinte. On doit dire cependant que même en le supposant d'un caractère plus modéré, sa conduite, dans cette circonstance, aurait pu trouver quelque justification. Après avoir commandé l'armée pendant cinq ans, après avoir remporté des victoires si nombreuses et si étonnantes, il avait bien des droits à refuser un chef suprême, dont la faveur appartenait déjà à ses plus grands ennemis, Bérenger d'Entenza et Ximénès d'Arénos, personnages qui, par les avantages de la naissance et une plus grande conformité dans les manières, devaient toujours obtenir auprès du prince une préférence marquée. L'infant, à la vérité, pour éloigner tout soupçon de faveur, leur avait donné l'ordre de rester à Gallipoli; mais la sagacité de Rocafort lui fit voir dans cette précaution même un nouveau motif de défiance et de jalousie. Il pénétra sans peine que le prince, qui ne les avait point admis à accompagner sa personne, devait se reposer avec une bien grande certitude sur leur dévouement, pour leur refuser un tel honneur; et les autres avoir une confiance sans bornes en sa bienveillance, pour ne pas s'en plaindre. Rien n'est plus clairvoyant que la crainte de perdre le pouvoir, surtout lorsque cette crainte est sentie par un homme d'une aussi grande expérience que Rocafort.

CHAPITRE V.

APRÈS LA PRISE DE NONA ET DE MÉGARIX, L'ARMÉE ÉVACUE LES GARNISONS DE THRACE, ET PREND LA RÉSOLUTION DE PASSER EN MACÉDOINE.

L'ARRIVÉE de l'infant auprès de l'armée acheva d'ôter tout espoir aux Grecs assiégés dans Nona, et quelques jours suffirent pour les forcer à se rendre avec la vie sauve, mais dépouillés de tout. Bérenger d'Entenza s'empara également de Mégarix. Cependant, au milieu de ces succès divers, nos soldats payèrent chèrement, par toutes les privations d'une disette insupportable, l'excès de leur licence et de leur rapacité. Le pays était épuisé de vivres; aucunes ressources ne se présentaient pour l'avenir dans ces plaines dévastées; à dix journées autour de Gallipoli, la contrée tout entière n'offrait que ravages et que désolation, et sur sept années que les nôtres occupèrent cette province, ils ne vécurent, durant les cinq dernières, que des plantes venues sans aucun secours de la main des hommes, que des productions sauvages de la nature, nos soldats n'approchant jamais des arbres et des vignes que pour en arracher les fruits. A la fin tout manqua, et il fallut chercher d'autres lieux où l'on pût s'établir et subsister. Jusqu'alors on en avait été empêché par les inimitiés d'Entenza et de Rocafort, inimitiés si vives, que, dans la crainte d'une rupture ouverte, les deux partis n'osaient ni sortir de leurs logemens, ni se rapprocher. Les intérêts et les mécontentemens personnels s'opposaient à ce qu'on se fît mutuellement la moindre concession, et chacun aimait mieux mourir avec ses sentimens coupables, que rien sacrifier de ses folles prétentions. Au moment de se mettre en marche, tous pensèrent qu'il fallait démanteler Gallipoli et les autres places fortes occupées par eux; et, en cela, les capitaines des partis contraires, ainsi que les Turcs et les Turcopules, n'eurent qu'un seul et même avis [1]. Cependant les gens sages et sans passions supplièrent l'infant de ne pas les abandonner avant de les avoir conduits dans une autre province, lui représentant que sa présence serait leur seul gage de sécurité pendant la route, et que, sur ces entrefaites, on pourrait peut-être encore accommoder les différends de Rocafort et

---

[1] Les Turcs mêmes auraient pu voir avec un secret plaisir que les Chrétiens, en abattant ainsi les forteresses qui fermaient l'entrée de leur pays, aplanissaient pour l'avenir aux Infidèles les difficultés du chemin.

d'Entenza. Le prince consentit à les suivre, touché surtout, autant que nous pouvons le croire, de la triste situation d'Entenza et d'Arénos, qu'il allait livrer aux mains de Rocafort, dont le seul respect pour sa personne avait semblé jusqu'alors contenir l'animosité. D'ailleurs, il ne pouvait renoncer à croire que, malgré leur longue résistance, les opposans finiraient par se rendre aux volontés du roi. L'infant convoqua les principaux capitaines et tous ceux du conseil, pour délibérer sur le chemin qu'on allait prendre, et sur la ville de Macédoine qu'il conviendrait d'occuper. Après quelques discussions, on s'accorda pour l'attaque de Christopole, ville située aux confins de la Thrace et de la Macédoine, qui ouvrait l'entrée des deux provinces, présentait une retraite en cas de revers, et assurait l'arrivage des secours par mer bien mieux que Gallipoli, où toutes communications se trouvaient interceptées, pour peu que l'ennemi croisât avec quelques vaisseaux à l'entrée du détroit. Notre flotte, où l'on comptait quatre galères, se composait alors de trente-six bâtimens, sur lesquels Muntaner reçut l'ordre de transporter à Christopole les vieillards, les femmes et les enfans. La marche fut ensuite réglée par l'infant et les autres capitaines, qui décidèrent que Rocafort, à la tête des Turcs, des Turcopules et du plus grand nombre des Almogavares, partirait un jour avant Arénos et Entenza, et que ces deux capitaines le suivraient ainsi pendant toute la route à une journée de distance. Cette mesure de précaution fut prise pour éviter de réunir dans les mêmes quartiers deux partis animés l'un contre l'autre, qui n'auraient pas manqué d'avoir, pour leurs logemens, les querelles les plus violentes, et en seraient infailliblement venus aux mains. Il est vrai que les deux corps, ainsi séparés, se mettaient dans l'impossibilité de se secourir mutuellement en cas d'attaque; mais l'armée pouvait sans crainte partager ainsi ses forces, aucun ennemi assez puissant pour oser la surprendre, ne tenant la campagne, et la milice grecque, toujours frappée du souvenir de ses désastres, aimant mieux se défendre derrière ses murailles, que d'en sortir pour marcher contre nous. Les nôtres, après avoir démantelé Paccia, Modico, Nona, Mégarix et Gallipoli, se réunirent dans cette dernière ville pour commencer leur mouvement. Rocafort se mit en marche, en suivant le chemin le plus voisin de la mer, et fut suivi, le lendemain, de l'infant et de Bérenger d'Entenza, qui occupèrent toujours les logemens abandonnés par lui. Au bout de plusieurs jours, ils entrèrent dans cette partie reculée de la province, où leurs armes n'étaient pas encore parvenues. Partout la terreur du nom catalan marchait devant eux; les Grecs épouvantés se sauvaient dans l'intérieur des terres, laissant à nos troupes des provisions en abondance, et les rassurant ainsi contre la disette, fléau le plus dangereux qu'elles eussent redouté. Cependant, si l'on considère ici notre petite armée s'enfonçant à travers des provinces et sur un territoire inconnus, sans alliés, sans amis, sans places de sûreté, on ne peut s'empêcher d'admirer, dans cette marche hardie, l'audace vraiment étonnante de ces intrépides soldats. Sans doute la retraite des dix-mille, racontée par Xénophon, est une des expéditions les plus célèbres de l'antiquité; et pourtant, lorsque les Grecs traversaient, en armes, des provinces et des nations étrangères, ils avaient pour perspective le retour dans leur patrie, tandis que les Catalans, loin de voir, à la fin de leurs travaux, une aussi douce consolation, marchaient hardiment à la conquête d'une ville grande et forte, dont ils avaient résolu l'attaque avant leur départ de Gallipoli. Ainsi le terme de leurs périls et de leurs fatigues n'était que la perspective de travaux encore plus pénibles et de plus grands dangers.

CHAPITRE VI.

L'AVANT-GARDE DE L'INFANT ET D'ENTENZA ATTEINT L'ARRIÈRE-GARDE DE ROCAFORT. SUITES FUNESTES DE CETTE RENCONTRE.

Il arriva que Rocafort vint loger avec son corps d'armée dans un village situé à deux journées de Christopole, au milieu d'une plaine riante et fertile, coupée de ruisseaux nombreux et couverte de fruits. Les maisons, vides d'habitans, offraient en abondance du pain, du vin, et d'autres provisions plus recherchées qui servaient alors à la délicatesse de la vie. Séduits par les commodités de ce logement, les soldats s'y arrêtèrent plus longtemps que n'auraient dû se le permettre des troupes formées à la guerre et bien disciplinées. Vers le milieu du jour ils n'étaient pas encore partis. Répandus dans la plaine, occupés à cueillir les fruits excellens que les arbres leur prodiguaient de toutes parts, et ne pouvant s'arracher d'un séjour qui avait tant d'attraits pour eux, il fut impossible de les réunir plus tôt. Sur ces entrefaites, l'avant-garde de l'infant, où Entenza se trouvait en personne, étant partie de meilleure heure que de coutume, atteignit l'arrière-garde de Rocafort. Le hasard avait voulu que, pour éviter la chaleur du soleil, elle eût quitté ses quartiers avant le jour, ce qui amena naturellement cette rencontre inattendue. La surprise et l'altération la plus marquée se manifestèrent aussitôt dans l'arrière-garde de Rocafort, qui fit volte-face, et, se voyant aussi près de ceux d'Entenza, ne douta pas un instant qu'ils ne vinssent pour rompre avec elle. On sonna aux armes, et le trouble se communiqua avec une telle promptitude de part et d'autre, qu'avant-garde et arrière-garde se mêlant ensemble, les deux partis se trouvèrent engagés. Du moment que Rocafort reconnut les troupes de son antagoniste, il se persuada, sans autre examen, qu'Entenza s'approchait à mauvaise intention, ne voyant pour lui aucun motif de rompre ainsi l'ordre convenu sans l'en avoir informé. Lui-même, qui avait commis la négligence de ne partir que vers le milieu de la journée, ne voulut pas faire la réflexion toute naturelle qu'Entenza, plus diligent, pouvait s'être mis en marche avant le point du jour. Mais l'homme méfiant, loin de chercher, par des motifs raisonnables, à diminuer ses soupçons, saisit avidement toutes les idées capables de les accroître. Enfin, soit qu'il crût réellement aux mauvais desseins d'Entenza, soit qu'il ne voulût pas laisser échapper le moment d'en venir aux mains avec lui, il fit monter ses gens à cheval, y monta lui-même, s'arma de toutes pièces, et fondit en furieux sur la troupe d'Entenza, déjà attaquée par les siens, et engagée, malgré elle, dans la plus sanglante escarmouche. Sur ces entrefaites, l'infant et les autres capitaines reçoivent la nouvelle de ce désordre. Entenza était déjà à cheval, mais sans armure, sans défense, n'ayant à la main qu'un léger javelot comme marque de son autorité, accourant ainsi pour retenir les siens et ordonner leur retraite. Gilbert de Rocafort, frère de Bérenger, et Delmau de Saint-Martin, son oncle, ont bientôt reconnu ce bon chevalier, qui, pour exécuter ses intentions pacifiques, s'exposait à tous les dangers de l'escarmouche, et s'enfonçait au plus fort de la mêlée. Persuadés qu'il est là pour animer ses gens, ou, ce que l'on regarde comme plus certain, voyant l'occasion de satisfaire leur animosité, et de délivrer Rocafort de son rival, ils s'élancent l'un et l'autre contre Entenza. Celui-ci, toujours franc et loyal, les voyant pousser contre lui, leur crie avec l'accent de l'innocence: « Quest-ce donc, mes amis? » et, dans le même instant, ils lui portent deux coups de lance qui le renversent de son cheval et l'étendent mort sur la place, sans qu'il ait pu opposer aucune résistance, n'ayant d'autres armes que sa confiance et son bon droit, et repoussant de son noble cœur l'idée qu'un pareil attentat pût être consommé par des compagnons, des compatriotes tous dévoués à la même cause, qu'ils avaient juré de défendre. La mort d'Entenza, loin de l'apaiser, sembla redoubler la furie des Rocafort, qui, pour assouvir leur vengeance, massacrèrent un grand nombre des siens. Et cependant il eût été difficile de montrer une barbarie plus révoltante, que d'égorger, après la mort d'un rival, des malheureux vaincus, qui, ayant perdu leur chef, n'avaient plus aucun prétexte de refuser l'obéissance à Rocafort. Mais cet homme violent était tellement aveuglé par son orgueil et sa vengeance, qu'on le voyait encore animer les Turcs et les Turcopules, et les exciter du geste et de la voix à exterminer, sans exception, tout le parti de son antagoniste. Ferdinand d'Arénos, plein de la même confiance que Bérenger d'Entenza, s'en allait comme lui au milieu du désordre, s'exposant sans armure, et s'efforçant de retirer ses troupes de la mêlée, lorsqu'il apprit que son fidèle compagnon venait de perdre la vie, et qu'on le cherchait de toutes parts pour lui faire subir le même sort. A cette nouvelle, il quitta l'armée avec le peu de monde qui voulut le suivre, et s'éloigna pour jamais d'un homme chez qui aucuns devoirs, aucuns liens ne pouvaient arrêter les funestes entreprises d'une ambition insatiable. S'abandonner à la foi des Grecs lui paraissant moins dangereux que de se livrer à Rocafort, Arénos se dirigea vers un château voisin, où il fut reçu sur parole, avec promesse de sa part qu'il se présenterait à l'empereur Andronic. L'infant, pour couvrir de sa protection les gens du parti d'Entenza, parut bientôt en armes, suivi de quelques chevaliers, et s'opposa vaillamment aux Turcs et aux Turcopules, qui, assistés de Rocafort, continuaient le massacre et ne faisaient aucun quartier. La présence du prince eut cependant un tel pouvoir sur ce chef jusqu'alors si furieux, qu'il se plaça aussitôt à ses côtés pour empêcher les Turcs de lui manquer de respect, et donna, sans plus tarder, le signal de la retraite. L'armée perdit dans cette malheureuse journée cent cinquante cavaliers et cinq cents hommes d'infanterie, la plus grande partie appartenant aux compagnies de Ferdinand d'Arénos et de Bérenger d'Entenza.

Le tumulte apaisé, et les troupes ayant rejoint leurs étendards, l'infant et Rocafort se rendirent à la place où était attendu le corps de Bérenger. Le prince descendit de cheval, et, serrant dans ses bras ce corps inanimé, il pleura amèrement, *et embrassa plus de dix fois*, dit Muntaner, les restes de ce brave chevalier, dont la perte fut déplorée même de ses ennemis. Puis, se retournant vers Rocafort, il lui dit d'un ton sévère qu'Entenza avait péri méchamment et par la main d'un traître. Rocafort lui répondit, en termes pleins d'humilité, que son oncle et son frère ne l'avaient reconnu qu'après lui avoir porté les derniers coups. Cette excuse, imaginée par lui, dut en ce moment suffire au prince, qui manquait de forces pour hasarder des démonstrations plus efficaces contre les auteurs de cette sanglante journée. Cependant Ferdinand ne voulut pas laisser sans honneurs les restes d'un chevalier tel que Bérenger d'Entenza; et, dans l'intention de lui rendre tous ceux qui seraient en son pouvoir, il ordonna que l'armée s'arrêtât pendant deux jours pour célébrer ses funérailles; ce qui fut exécuté. On l'enterra près du maître-autel, dans un ermitage de Saint-Nicolas, qui se trouvait aux environs du camp. Cette sépulture, indigne de lui, si nous considérons le lieu modeste et ignoré où on l'abandonnait pour toujours, n'en fut pas moins un grand hommage à sa gloire, par sa position au cœur des provinces ennemies. Là, son épitaphe, dont aucune main d'homme n'honora sa cendre, fut gravée par la renommée elle-même, qui étend et perpétue la mémoire des héros auxquels il ne fut point accordé d'obtenir de mausolées somptueux dans leur patrie, parce qu'ils moururent aux terres étrangères, glorieuses conquêtes et trophées immortels de leur valeur. Ainsi périt Bérenger d'Entenza, illustre par son sang, célèbre par ses exploits, et, pour ces deux raisons, estimé de ses princes naturels, et en honneur chez les souverains étrangers. Guerrier dès sa plus tendre jeunesse, il servit ses rois d'abord en Catalogne, puis en Sicile, avec une distinction qui lui valut des amis et des richesses capables d'agrandir le cercle de ses espérances, et de lui ouvrir le chemin vers une fortune égale aux brillantes qualités dont il était revêtu. Quoiqu'il eût dans sa patrie une grande existence, les limites étroites de la baronie que nous appelons aujourd'hui d'Entenza, ne pouvaient cependant suffire à la noble ambition d'une âme entreprenante et aussi généreuse que hardie. Bérenger d'Entenza fut intrépide dans le danger, dur dans les fatigues, et inébranlable dans ses résolutions. Aussi malheureux que brave, ses revers ne le rendirent pas moins célèbre que ses triomphes : arraché par une horrible trahison à un enchaînement de succès pour ainsi dire inconcevable, jeté tout à coup dans une longue et pénible captivité, à peine il fut rendu à ses compagnons et aux nouvelles faveurs de la fortune, qu'il se vit traîtreusement mis à mort au milieu de ses amis et de ses plus belles espérances.

C'est ainsi que tant de malheurs s'unirent à tant de gloire pour terminer par un coup déplorable la vie sans tache de ce vaillant et loyal chevalier.

L'infant, après avoir apaisé le désordre, envoya rappeler Ferdinand d'Arénos, en l'assurant qu'il pouvait revenir sans crainte, et qu'il lui offrait sa propre garantie. Ferdinand s'en excusa, et répondit qu'il regrettait beaucoup de n'avoir plus la liberté d'obéir à ses ordres, mais qu'il avait promis de se présenter à l'empereur Andronic avec tous ceux qui partageaient son sort. L'infant accepta son excuse, et perdit à jamais ce brave chevalier. Ximénès se rendit presque aussitôt à Constantinople, où l'empereur, pour lui témoigner toute sa reconnaissance de ce qu'il revenait sous ses drapeaux, lui donna en mariage une de ses petites filles qui était veuve alors, appelée Théodora, et le revêtit en même temps de la charge de grand duc, qu'avait occupée Roger de Flor, et, après lui, Bérenger d'Entenza. Par ce moyen, Arénos se trouva un des mieux partagés de tous les capitaines de cette expédition, et le seul qui, dans la suite, resta en dignité, et dont la vie échappa à une fin malheureuse.

CHAPITRE VII.

L'INFANT ABANDONNE L'ARMÉE. MUNTANER REÇOIT DU PRINCE
L'ORDRE DE LE SUIVRE.

Tandis que l'infant se trouvait encore dans le lieu où avait péri Bérenger d'Entenza, il vit arriver ses quatre galères avec leurs capitaines, d'Almau Serran, chevalier, et Jayme d'Espalau de Barcelonne. Heureux d'avoir à sa disposition un moyen de se séparer de Rocafort, il voulut cependant, avant de s'y déterminer, tenter une dernière épreuve, et ordonna la convocation du conseil général. Là, il demanda de nouveau, et d'une manière positive, si les troupes consentaient à le recevoir au nom de Frédéric son oncle, déclarant qu'il était résolu de partir en cas de refus. Rocafort, qui, délivré de ses rivaux, n'avait plus d'opposition à craindre, entretint facilement l'armée dans l'opinion dont il était l'auteur, et à laquelle il tenait aussi fortement que jamais, parce que ses vues, à cette époque, s'étendaient bien plus loin que celles d'un sujet et d'un simple vassal. On répondit donc au prince ; et d'un ton encore plus affirmatif, dans le même sens que la première fois. Alors Ferdinand, convaincu que tout rapprochement était désormais impossible, et l'affaire désespérée, s'embarqua sur ses galères, laissant Rocafort chef absolu et maître de tout, et se dirigea vers l'île de Tarse, située à six milles du lieu où les Catalans étaient campés. Il arriva dans l'île presque en même temps que Muntaner y aborda avec toute la flotte. Celui-ci apprit bientôt de Ferdinand la conduite détestable de Rocafort, la retraite d'Arénos et la mort d'Entenza. Le prince, après avoir déploré ces malheurs, lui ordonna, en son nom et au nom du roi, de ne pas se séparer de sa personne. Muntaner y consentit, parce qu'il se voyait riche, et qu'il craignait Rocafort. Sans doute il existait entre eux l'apparence d'une mutuelle amitié; mais celle de l'homme revêtu de la puissance, s'il est vindicatif, insolent et superbe, n'est trop souvent qu'un présent dangereux, parce que cette amitié disparaît au premier prétexte, et le laisse ensuite abandonné sans réserve à toutes les fureurs de ses passions et aux caprices du pouvoir. Cependant Muntaner supplia l'infant de vouloir bien suspendre son départ et l'attendre dans l'île, tandis qu'il irait rendre compte aux troupes du dépôt confié à sa garde, et qui se composait de toutes leurs femmes, de tous leurs enfans, et de la meilleure partie de leurs effets. Le prince lui ayant accordé sa demande, Muntaner mit à la voile, et arriva avec la flotte à une plage où l'armée, qui avait fait un mouvement, se trouvait logée plus en avant d'une journée que le lieu d'où l'infant était parti. Il ne permit à personne de débarquer, avant d'avoir reçu lui-même l'assurance qu'il ne serait fait ni insulte ni dommage aux femmes, aux enfans et aux effets de ceux des compagnies de Ferdinand d'Arénos et de Bérenger d'Entenza. Il voulut aussi qu'on laissât chacun libre du choix qu'il lui conviendrait de faire pour le lieu de sa retraite. Muni de ces promesses, il mit à terre tous ceux qui desirèrent de gagner le château où Ximénès avait trouvé un asile. Cinquante chariots furent commandés pour les y conduire, et on les fit escorter de deux cents Turcs ou Turcopules, et de cinquante Chrétiens. Ceux qui ne voulurent ni rejoindre Arénos, ni rester avec Rocafort, furent pourvus de barques armées jusqu'à Négrepont. Deux jours se passèrent à terminer ces divers arrangemens. Alors Muntaner, prêt à repartir, fit assembler le conseil général, où, après avoir remis ses registres et le sceau de l'armée, il annonça que, l'infant lui ayant ordonné de le suivre, il se voyait forcé d'obéir, mais qu'il n'avait pas voulu le faire avant de s'être déchargé de tous les objets que leur confiance avait recommandés à ses soins. Puis, revenant sur la malheureuse rencontre qui avait coûté la vie à tant de braves soldats, il ajouta que, si cette séparation lui causait de vifs regrets, leur mauvaise conduite aurait pu cependant le dispenser de les ressentir; que rien ne saurait excuser la cruelle ingratitude avec laquelle ils avaient payé les services de guerriers fidèles, qui s'étaient montrés tout à la fois leurs chefs, leurs compagnons et leurs amis, et qu'il déplorerait toute sa vie les derniers excès, dont les suites funestes avaient causé la mort d'Entenza, et livré Ferdinand d'Arénos à la foi si douteuse des Grecs leurs ennemis. Muntaner osa s'exprimer avec cette franchise, parce qu'il était sûr des Turcs et des Turcopules, qu'il avait toujours traités avec beaucoup d'affection, et qui, par reconnaissance, l'appelaient *Cata*, mot qui, dans leur langue, signifie père. Il n'ignorait pas que, même Rocafort l'eût-il ordonné, ni les uns ni les autres ne se seraient portés contre sa personne à quelque entreprise que ce fût. Tous les Espagnols le suppliaient de rester auprès d'eux; de leur côté, les Turcs et les Turcopules étaient en continuelles instances auprès de Rocafort pour qu'il le retînt à l'armée. Mais Muntaner avait pris son parti, et était d'autant plus fermement résolu à se séparer d'eux, qu'ayant parlé avec quelque liberté en faveur d'Entenza et d'Arénos, il ne voulait pas laisser le temps à Rocafort de le traiter, à la plus légère occasion, comme tant d'autres de ses victimes, et de lui donner la mort. Muntaner partit donc avec un vaisseau de vingt rames, et deux barques armées, sur lesquelles il déposa son argent et ses effets, ainsi que ceux de ses compagnons et de ses serviteurs. Arrivé à l'île de Tarse, où l'attendait l'infant, l'un et l'autre s'y arrêtèrent quelques jours pour faire des vivres, et délibérer sur la direction qu'ils devaient prendre. Ils furent aussi engagés à y prolonger leur séjour, par le bon accueil que leur fit Ticin Jacqueria, le même qui, avec l'aide de Muntaner, avait saccagé le château de Fruilla, et occupé ensuite celui de l'île de Tarse, dont il leur présenta les clés, en renouvelant tous les témoignages de son ancienne reconnaissance, et s'offrant à les servir de sa fortune et de son sang. Le bien que l'on fait est toujours de quelque utilité pour celui qui en fut l'auteur; souvent même la récompense lui arrive du côté où il l'attendait le moins; et si beaucoup de bienfaits trouvèrent beaucoup d'ingrats, un seul trait de reconnaissance dédommagea plus d'une fois avec usure de tous les services oubliés: ainsi Muntaner trouva sécurité dans le port et abondance dans les provisions, pour avoir naguère, et à son propre avantage, assisté les Génois.

CHAPITRE VIII.

L'ARMÉE PASSE EN MACÉDOINE.

Après la séparation de Muntaner, la mort d'Entenza et la retraite d'Arénos, Rocafort, demeuré seul maître de tout, ne mit plus de bornes à son pouvoir, et, ne prenant d'autre guide que sa volonté, il changea à son gré et selon ses caprices toutes les délibérations du conseil. Nous avons déjà dit qu'avant d'évacuer leurs garnisons, les capitaines réunis avaient résolu d'attaquer Christopole, de s'y fortifier comme ils l'avaient fait à Gallipoli, et de tenir ainsi les deux provinces de Thrace et de Macédoine ouvertes à leurs excursions. Dans le principe, l'expédition leur parut facile, parce qu'ils espéraient surprendre les Grecs avant de leur donner le temps de songer aux précautions nécessaires pour leur sûreté ; et il est hors de doute que cet espoir n'eût point été déçu, s'ils n'avaient perdu quatre jours à satisfaire des passions ou venger des offenses. Cette fois, les Grecs surent en profiter pour se mettre en état, non-seulement de se défendre, mais même d'attaquer l'armée et de la détruire, pour peu qu'il se fût trouvé parmi eux un homme de tête et de courage. La perte d'un temps aussi malheureusement employé eut donc de fâcheuses conséquences pour les Catalans, et pensa leur être funeste, comme il arrivera toujours à la guerre, où le plus léger retard, un jour, une heure, et moins de temps encore, peut faire manquer les plus belles opérations.

Lorsque Rocafort apprit que la place était en état de défense, plutôt de consumer ses forces dans une attaque inutile, il résolut de traverser le pas de Christopole, qui est la partie maritime du mont Rhodope. Cette marche fut exécutée dès le lendemain, mais non sans beaucoup de peines et de fatigues, tant à cause de l'âpreté des lieux, que de la quantité de bagages, et du nombre de femmes, d'enfans et de malades que l'armée traînait avec elle. Les Grecs, quoique avertis du dessein des Catalans, ne purent, ou n'osèrent leur couper le passage. Après la traversée du mont Rhodope, l'armée descendit dans les champs de Macédoine, au nombre de huit mille hommes de service, en y comprenant toutes les nations qui la composaient. Ces forces auraient suffi pour tenter quelque grande entreprise, si les esprits eussent été d'intelligence; mais le meurtre d'En-

22.

tenza avait rendu Rocafort odieux même à ses amis. Depuis ce moment, ébloui par l'éclat du pouvoir, il s'oublia dans son orgueil, et l'on s'offensa de ses dédains. A la fin de l'automne, l'armée se voyait au centre de la Macédoine, entourée de peuples puissans, qui n'avaient point encore ressenti les malheurs de la guerre, et auxquels leur prudence dicta le plus sûr moyen de s'en garantir. Les affreux ravages exercés par les Catalans chez les Thraces leurs voisins, en leur offrant une leçon salutaire, les avertirent de se fortifier dans leurs villes, et d'y retirer toutes les productions du pays. Tel était en effet l'état intérieur de la province, lorsque les nôtres, occupés de s'établir pour cet hiver dans une position favorable, se mirent à courir la campagne, reconnaissant les postes susceptibles de les recevoir, et cherchant, avec des peines infinies, à se pourvoir de provisions qu'ils payaient ou de leurs deniers ou de leur sang. Enfin, après avoir traversé et désolé le pays sur tous les points, ils se fortifièrent dans les ruines de l'antique Cassandrie. Son voisinage de la mer, la fertilité et les agrémens du cap où elle était située, en faisaient un des meilleurs postes de la contrée. Ce cap avait aussi l'avantage d'offrir un nombre considérable d'anses et de golfes formés le long des côtes : ce qui devait procurer à nos troupes de la facilité, ou du moins plus de commodité que toute autre position, pour visiter l'intérieur des terres, y multiplier leurs incursions, et tenir Thessalonique, capitale de la province, dans de continuelles alarmes.

CHAPITRE IX.

L'INFANT DON FERDINAND EST DETENU PRISONNIER A NÉGREPONT.

Tandis que les Catalans formaient un établissement momentané dans la Macédoine, l'infant quitta l'île de Tarse, accompagné de Raimon Muntaner, auquel il fit donner la meilleure de ses galères, qu'on appelait *l'Espagnole*. Quatre galères, un bâtiment armé et une barque appartenant à Muntaner, composaient toutes ses forces. Il longea les côtes de Thrace et de Macédoine, jusqu'au port d'Almiro, lieu dépendant du duc d'Athènes, où l'infant, à son premier voyage, avait laissé quatre hommes chargés de lui faire du biscuit pour son retour. Il se trouva que, contre la parole et la foi donnée, on avait enlevé le biscuit, et maltraité les hommes qui le préparaient. Résolu de tirer satisfaction du dommage qu'il avait reçu, l'infant débarqua du monde, et saccagea le port d'Almiro, où il mit tout à feu et à sang. De là il passa à l'île que Muntaner appelle Espol, et qui, selon toutes les apparences, était celle de Scyros, à laquelle il fit subir le même sort, malgré la résistance du château, dont il ne put réussir à se rendre maître. Poursuivant sa course, après ces sanglantes représailles, et ayant abordé au cap de l'île de Négrepont, le prince, sans y réfléchir davantage, voulut entrer dans la ville, rassuré par le seul motif qu'à son passage pour se rendre en Romanie, il y avait été fêté et accueilli avec une grande distinction. En vain Muntaner et les autres capitaines et gens expérimentés lui représentèrent qu'il n'était rien moins que prudent de risquer ainsi sa personne et celles de ses compagnons, après avoir saccagé divers lieux appartenant au duc d'Athènes, avec lequel les seigneurs de l'île formaient une confédération; sourd à leurs bons conseils, et usant de son pouvoir absolu, il brava le danger, et entra dans le port. Il s'y trouvait alors dix galères vénitiennes, envoyées sur la demande de Charles de France, auquel le pape avait donné l'investiture du royaume d'Arragon, lorsque Pierre III s'empara de la Sicile. Ces galères portaient un chevalier français, appelé Thibaut de Sypois, chargé par le prince son maître de lui ménager en Grèce de nouvelles alliances, et de rechercher surtout l'amitié des Catalans, sur lesquels il fondait de grandes espérances, ayant le projet de venir en personne faire valoir les droits qu'il prétendait à l'empire, et chasser Andronic de ses états[1]. A la vue de cette flotte, l'infant fit bonne contenance, dans la crainte qu'en rétrogradant, il n'éveillât la méfiance, ou n'augmentât les soupçons. Cependant, comme, avant de débarquer, il voulut qu'on lui assurât sur parole qu'il ne lui serait fait aucune insulte, Thibaut de Sypois d'abord, puis les deux commandans des galères vénitiennes, appelés Jean Tari et Marc Mysot, et les trois seigneurs de l'île de Négrepont, acquiescèrent à sa demande, avec une satisfaction apparente, qui ne pouvait que tromper sa confiance, et lui promettre toute sécurité. Ils allèrent même jusqu'à le convier à un festin, ainsi que ses principaux officiers, ne doutant pas qu'en l'attirant hors des galères, ils les priveraient de leurs premiers défenseurs, dans la personne du prince, et celles des fidèles serviteurs qui, à l'exemple de Muntaner, ne l'abandonnaient jamais. L'infant, entièrement rassuré par tant de prévenances, sauta à terre; mais à peine il eut touché le rivage, que les Vénitiens fondirent avec leurs dix galères sur sa petite flotte, et particulièrement sur le vaisseau de Muntaner, parce qu'ils avaient connaissance des richesses qu'il renfermait. Ils tuèrent, en y entrant, environ qua-

[1] Charles de Valois, ayant épousé Catherine de Courtenai, héritière du dernier Baudouin, poursuivait toujours le projet de chasser les Paléologues du trône de Constantinople.

rante hommes qui voulurent se défendre; et, dans le même moment, on se saisit de la personne du prince et de dix des principaux officiers rangés autour de lui. Thibaut de Sypois le livra sur-le-champ au sir Jean de Misi, seigneur de la troisième partie de l'île de Négrepont, qu'il chargea de le déposer entre les mains du duc d'Athènes, au nom de Charles de France, dont on attendrait les ordres pour disposer de la personne de l'infant. Le prince, avec huit chevaliers et quatre écuyers, fut donc transporté à Athènes, et remis au duc, qui le fit conduire, accompagné d'une garde nombreuse, au château de Saint-Thomas, où il resta prisonnier pendant quelques jours.

CHAPITRE X.

ROCAFORT ET SES GENS PRÊTENT SERMENT DE FIDÉLITÉ A THIBAUT DE SYPOIS, AU NOM DE CHARLES DE FRANCE.

Sur ces entrefaites, Thibaut s'occupait sérieusement d'attirer Rocafort et les siens au service de Charles, et ne négligeait aucun expédient pour y parvenir. Parmi les personnes dont il rechercha secrètement les avis, il ne manqua pas de gens qui l'avertirent, en confidence, que le plus sûr moyen de le gagner à ses intérêts, serait de lui livrer deux des chevaliers qu'il tenait en son pouvoir, Raymon Muntaner et Garcie Gomez Palacin, grand ennemi de Rocafort. Thibaut, sans autres informations, embarqua sur ses galères Muntaner et Palacin, et mit à la voile, en portant sur le cap de Cassandrie, où nos troupes étaient retranchées. Arrivé devant Rocafort, il lui présenta aussitôt ses deux prisonniers, dans la ferme confiance que c'était la voie la plus sûre de gagner l'amitié qu'il recherchait avec tant de soins. Mais cette amitié fut malheureuse, parce qu'elle fut ensanglantée, et qu'elle se fonda sur le meurtre d'un innocent. Les deux héros de cette aventure extraordinaire n'étaient pas réservés au même sort. Arrêtés tous les deux par un acte de violence, l'un, dans son infortune, devait trouver la mort, et l'autre la liberté. Muntaner se vit comblé des marques d'affection que les soldats, joyeux de son retour, s'empressèrent de lui prodiguer; et le malheureux Palacin était à peine en présence de Rocafort, que le terrible général le fit décapiter à l'instant même, sans lui accorder plus de temps qu'il n'en fallut au bourreau pour faire tomber sa tête au milieu du silence de l'armée. Que, parmi tant de chefs et de soldats, il se soit trouvé un individu aussi mauvais que Rocafort, ce n'est pas ce qui nous étonne; mais nous ne saurions comprendre comment il ne s'offrit pas un seul homme de bien, assez franc, assez courageux pour lui représenter qu'il allait entacher sa réputation et ternir l'éclat de tous ses exploits, en sacrifiant, par une exécution aussi inutile que barbare, un chevalier qui retournait dans sa patrie comme un ennemi vaincu, et ne pouvait plus ni lui faire aucune offense, ni apporter aucun obstacle à son agrandissement. Cette action, indigne de quelque homme que ce soit, en mettant au jour toute la férocité de son caractère, lui enleva à la fois son honneur et ses amis. Garcie Gomez Palacin était arragonais, brave soldat, chevalier estimé parmi les troupes, l'un des premiers capitaines, et des partisans les plus dévoués de Ferdinand Ximénès et de Bérenger d'Entenza. Si Muntaner fut plus heureux, c'est qu'en sa qualité de commissaire-général, et comme chef de tous les officiers de plume de l'armée, il avait su, par sa probité et ses manières franches et affables, gagner l'affection des soldats qui l'aimaient comme un père : chose rare parmi les troupes, dont l'habitude est de murmurer sans cesse contre les gens de plume qu'elles détestent, et qui, tous, à les entendre, s'enrichissent par leurs malversations, et toujours vivant au milieu des douceurs d'une vie molle et somptueuse, s'avancent aux dépens du soldat, qui n'obtient jamais qu'un sort misérable pour prix de ses travaux et de ses dangers. Non-seulement on fit à Muntaner l'accueil le plus empressé, et on lui assigna un des logemens les plus commodes du lieu, mais les Turcs et les Turcopules furent les premiers à lui offrir vingt chevaux et une somme de mille sequins; Rocafort lui donna également un cheval de grand prix et d'autres objets d'une valeur considérable; enfin il n'y eut pas un seul personnage marquant de l'armée qui ne lui fît quelque présent. Thibaut et les capitaines vénitiens demeurèrent confondus du traitement distingué que recevait le prisonnier qui sortait à peine de leurs mains, et qu'ils avaient dépouillé lorsqu'il était en leur pouvoir. Ils commencèrent même à redouter son influence, s'il voulait contrarier leurs prétentions et renverser leurs plans. Mais le prudent Muntaner, toujours convaincu qu'il serait trop hasardeux pour lui de reprendre son poste à l'armée, ne leur porta aucun préjudice, comme il ne leur prêta aucun appui.

Jusque-là, Rocafort, par un ancien respect pour la maison d'Arragon, avait témoigné de l'incertitude à accepter les propositions de l'envoyé français; mais lorsqu'en réfléchissant aux événemens, il tint pour assuré que son dernier refus d'admettre l'infant au nom de Frédéric lui ferait autant d'ennemis des rois d'Arragon, de Mayorque et de Sicile, il se détermina à reconnaître pour capitaine général, au nom de Charles de France, Thibaut de Sypois, qui promit à l'armée une solde considérable, et lui offrit les plus belles espérances, seule chose qu'il pût lui donner. Les troupes prêtèrent alors serment de fidélité, quoiqu'à notre avis, elles ne consentissent à cette démarche que forcées par la violence de Rocafort. Jamais des Catalans et des Arragonais n'eussent rejeté volontairement leur souverain naturel pour un maître étranger, ennemi de leur roi; Rocafort même ne le tenta que par sa grande confiance dans les forces dont il disposait en maître. Encore son action ne saurait être regardée comme une trahison réelle et positive, puisqu'il ne prit pas les armes contre son prince, et se contenta d'abandonner son service : chose permise et en usage à cette époque, surtout lorsqu'une telle résolution était précédée de quelque offense. Ce fut encore moins par haine pour la maison d'Arragon, et par amour pour celle de France, qu'il se détermina dans cette occasion; mais il s'appuya du prince le moins puissant, afin de pouvoir, avec plus de facilité, renoncer à son obéissance, lorsque sa fortune serait parvenue au point éminent où il voulait la porter. En effet, parmi les bruits nombreux qui couraient alors, on disait qu'il entretenait le projet de se proclamer roi de Thessalonique; et cette rumeur était loin de se propager sans aucun fondement, puisqu'il avait changé le sceau de l'armée, représentant l'image de saint Pierre, et fait mettre à sa place un roi couronné. Rien ne pouvait annoncer d'une manière plus évidente l'audace et l'étendue de ses projets. De telles ambitions cependant ne sauraient surprendre chez le guerrier aventureux, qui, entraîné aux terres étrangères par sa valeur et sa fortune, tient dans sa main une armée triomphante et toujours prête à se dévouer pour sa défense. L'espoir d'une couronne peut alors se présenter à lui. Rocafort le conçut; et cette brillante perspective serait devenue, pour cet homme entreprenant, autre chose que le rêve d'un orgueil en délire, sans l'arrogance, la cruauté et l'avarice qui arrêtèrent le cours de ses prospérités, au moment où la fortune lui préparait la conquête d'un état dans lequel il aurait pu fonder la grandeur de sa maison. En regardant même comme non-avenu son projet de souveraineté sur Thessalonique, si Rocafort eût encore existé lorsque, plus tard, les Catalans s'emparèrent du territoire d'Athènes et de Néopatrie, nous ne doutons pas qu'au lieu d'appeler le roi de Sicile, ils ne l'eussent reconnu pour souverain et maître. C'est alors qu'il aurait trouvé la juste récompense des grandes victoires remportées à leur tête, et de l'autorité glorieuse qu'il avait si long-temps exercée sur eux.

Aussitôt que les Vénitiens virent Thibaut de Sypois proclamé capitaine général au nom de Charles de France, ils mirent à la voile, emmenant avec eux Muntaner, qui persista à les suivre, malgré les instances de l'armée. Il connaissait trop bien le caractère de Rocafort pour trouver en lui aucune sécurité. Aussi le vit-on résister à toutes les prières des troupes et aux sollicitations mêmes de Thibaut.

CHAPITRE XI.

MUNTANER RETOURNE A NÉGREPONT AVEC LES GALÈRES VÉNITIENNES. IL A UN ENTRETIEN AVEC L'INFANT DON FERDINAND.

Jean Tari, général des galères vénitiennes, fournit à Muntaner, par ordre de Thibaut de Sypois, un bâtiment particulier pour ses compagnons, ses gens et ses effets. Muntaner, de sa personne, s'embarqua sur la capitane avec Tari, qui le combla de prévenances et de soins. Thibaut lui remit de plus, pour le moment de son arrivée à Négrepont, une proclamation énergique, par laquelle il ordonnait à tout détenteur la restitution des effets enlevés à Muntaner lors de l'arrestation de l'infant, et cela sous peine de la vie et de la confiscation des biens contre quiconque oserait en rien dérober. Muntaner, muni d'une pièce aussi tranquillisante pour ses intérêts, aborda, après une heureuse traversée, à Négrepont, où l'on signifia aussitôt aux autorités supérieures des Vénitiens la proclamation de Thibaut. Elles la firent publier à l'instant même, avec le détail exact de toutes les peines dont elle menaçait les contrevenans. De leur côté, Jean Damici et Boniface de Vérone, en leur qualité de co-seigneurs de Négrepont, se conformèrent aux mêmes publications, lorsqu'ils virent la signature de Thibaut de Sypois, ministre suprême du roi de France dans ces contrées. Mais toutes ces marques d'une soumission apparente se réduisirent à de vaines démonstrations. Rien ne fut restitué; et Muntaner, privé de tout ce qu'il avait perdu, ne put obtenir aucuns dédommagemens.

Cependant ce brave chevalier, comme fidèle serviteur et partisan de l'infant, pria Jean Tari de lui accorder le temps nécessaire pour se rendre à Athènes, et visiter le prince dont le cruel malheur réclamait de son zèle cette faible consolation. Né sujet de sa maison, disait-il, il ne pouvait manquer à ce triste devoir, dans une circonstance aussi pénible que celle de sa captivité. Touché du dévouement de ce sujet fidèle, Tari s'empressa de le seconder, et lui proposa, avec beaucoup de courtoisie, de l'attendre pendant quatre jours, ce délai devant lui suffire pour voir l'infant et revenir sur les galères, parce qu'Athènes n'était qu'à vingt-quatre milles de Négrepont. Muntaner s'y rendit avec cinq cavaliers. A peine arrivé dans la ville, il demanda à voir le duc, qui le reçut, quoique malade, et le combla de marques de bonté. Non content de lui témoigner, en termes les plus expressifs, tout le regret qu'il ressentait du grand dommage éprouvé par lui dans l'événement de Négrepont, il lui fit de véritables offres de services pour tout ce qui pourrait lui être de quelque utilité. Muntaner le remercia d'une faveur si flatteuse, et lui répondit qu'il ne desirait autre chose que la permission de voir l'infant. Le duc lui accorda très-gracieusement sa demande, et voulut que, pendant le temps qu'il passerait avec le prince, toute personne qui desirerait le visiter eût la liberté de pénétrer dans le château. On donna donc sur-le-champ la libre entrée de Saint-Ober, où se trouvait alors l'infant. Muntaner fut le premier qui arriva jusqu'à lui. Frappé du spectacle affligeant qui s'offrit à ses yeux, il ne put, en le contemplant, exprimer que par ses larmes la douleur qu'il éprouvait de voir entre des mains étrangères un prince du sang royal d'Arragon. Ferdinand, au lieu de recevoir ses consolations, fut le premier à lui en offrir, par des paroles pleines de constance et de courage. Muntaner passa deux jours auprès de l'infant, discourant avec lui sur les moyens de parvenir à recouvrer sa liberté; mais, durant ces pénibles entretiens, témoin assidu du sort malheureux de son prince, il le supplia, dans sa douleur, de le garder auprès de sa personne, pour l'assister, le servir, et adoucir par ses soins les ennuis de la captivité. Le prince le refusa, trouvant plus utile et plus convenable qu'il allât en Sicile traiter de sa liberté avec le roi. Il lui remit à cet effet une lettre pour Frédéric, et lui recommanda de rapporter à son oncle, comme témoin oculaire, tout ce qui s'était passé en Thrace et en Macédoine relativement à son admission. Muntaner, chargé de ses ordres, se sépara de lui, et alla prendre congé du duc, dont il reçut en présent quelques joyaux qui lui furent d'un grand secours, parce qu'il avait laissé au prince tout l'argent qui lui restait, et partagé ses vêtemens entre les personnes attachées à son service. De retour à Négrepont, il rejoignit les galères vénitiennes, qui remirent à la voile, et, longeant les côtes de la Morée, arrivèrent à l'île de la Sapiencia, où elles trouvèrent quatre galères de Riambau d'Asfar, que Muntaner savait être dans ces parages. Les Vénitiens, toujours soupçonneux, comme gens de république, prirent Muntaner à part, et lui demandèrent si Riambau était homme à garder sa foi. Il leur répondit que d'Asfar était bon chevalier, qu'il ne ferait certainement aucun mal aux amis du roi d'Arragon, et qu'ils pouvaient avec toute sûreté le recevoir honorablement et demeurer en sa compagnie. Cette réponse les ayant tranquillisés, Muntaner se rendit sur la galère de Riambau, et aussitôt toutes les autres se mêlèrent, et les capitaines s'invitèrent mutuellement avec beaucoup de confiance et de cordialité. De là ils naviguèrent ensemble jusqu'à Clarencia, où Muntaner se sépara des Vénitiens, qui relâchèrent pour quelque temps dans cet endroit. Alors il passa définitivement sur les galères de Riambau, et ils vinrent l'un et l'autre débarquer en Sicile. Arrivé à Castronuovo, Muntaner eut une entrevue avec le roi, auquel il remit la lettre de l'infant, et donna une relation détaillée de tous les événemens, dont personne mieux que lui ne pouvait l'instruire. Frédéric en témoigna une grande affliction, et écrivit aussitôt aux rois d'Arragon et de Mayorque pour qu'ils travaillassent de concert à obtenir la liberté de Ferdinand. Sur ces entrefaites, Charles, frère du roi de France, fit savoir au duc d'Athènes qu'il eût à envoyer au roi Robert de Naples la personne de l'infant. Le duc obéit; et Ferdinand arriva prisonnier à Naples, où il fut détenu pendant un an, sans éprouver aucunes des rigueurs ordinaires attachées à la captivité, chassant pour amuser ses loisirs, et mangeant avec Robert et la reine qui était sa sœur. Enfin le roi de Mayorque obtint sa liberté par l'entremise du roi de France, et le prince se hâta d'arriver à Colibre, où il était attendu par son père.

CHAPITRE XII.

EMPRISONNEMENT DE BÉRENGER ET DE GILBERT ROCAFORT.

Depuis que les nôtres avaient reconnu Thibaut de Sypois au nom de Charles de France, ils s'étaient maintenus dans le poste de Cassandrie, au moyen des courses multipliées qu'ils faisaient journellement pour se procurer des subsistances, et dont ils fatiguaient ce malheureux pays. Plus d'une fois ils poussèrent ces incursions jusqu'à Thessalonique, où se trouvait l'impératrice Irène, avec sa cour et tous les trésors de l'empire, que cette femme artificieuse y avait amassés pour travailler à l'agrandissement de ses fils, au préjudice de Michel, fils d'Andronic et successeur légitime de son père. Rocafort, sans le moindre soupçon de changement dans sa fortune, travaillait avec constance à son dernier accroissement, tandis que le malheur s'avançait vers lui, et qu'il marchait aveuglément au terme de sa prospérité. De telles révolutions viennent ainsi surprendre l'homme dans la plus grande sécurité de sa confiance, pour mieux lui montrer qu'aucun pouvoir du monde ne doit se reposer entièrement sur ses propres forces, et qu'il peut trouver sa chute dans les mêmes élémens qui ont amené son élévation. Rocafort avait dominé par la vigueur de son caractère, et il tomba par sa violence. Ingrat envers des compagnons que la même patrie avait vus naître, avare, débauché, cruel, il porta à leur dernier degré ces vices insupportables chez celui qui commande, parce qu'ils mettent sans cesse en péril les biens les plus précieux de l'homme, la fortune, l'honneur et la vie. Le mécontentement était à son comble : cependant la crainte força ses ennemis de cacher leurs projets de vengeance jusqu'au moment où, prenant occasion du peu de respect et d'égards que Rocafort témoignait à Thibaut lui-même, ils espérèrent trouver dans l'envoyé de France un homme irrité comme eux de son insolence et de ses mépris. Le temps d'agir leur paraissant venu, plusieurs de ces mécontens se rendirent en secret auprès de Thibaut pour lui exposer leurs griefs. Pénétrés de leur indignation, ces soldats outragés lui peignirent avec autant de force que de vérité les violences coupables d'un homme qui, oubliant tous les devoirs d'un bon capitaine, usait de son pouvoir pour des choses illicites et hors de toute raison, traitait des sujets libres comme des esclaves, usait du bien d'autrui comme de sa propriété, et foulait aux pieds jusqu'aux lois de la nature. Il était temps, lui dirent-ils, que ses mauvaises actions trouvassent leur châtiment, si leurs travaux devaient avoir un terme; et puisqu'il était leur chef suprême, lui seul pouvait les aider à sortir de cette odieuse servitude, et donner satisfaction à tous les braves qui la méritaient. Thibaut, seul, isolé, sans forces, au milieu de deux factions si violentes, crut devoir agir avec prudence, et craignit même d'abord que ce ne fussent des émissaires de Rocafort envoyés pour sonder ses dispositions. Il répondit donc en termes équivoques, sans charger le général, ni ôter tout espoir aux mécontens. Le Français était un homme prudent et de grande expérience. Fidèle à sa mission, si, d'un côté, il se sentait offensé par Rocafort, de l'autre, comme le but de toutes ses démarches était de tenir nos troupes dans le parti de son maître, il soignait moins les intérêts de son autorité propre que ceux du prince dont il était le ministre dans ces contrées. Dirigé par ces louables intentions, il tenta avant tout les voies de la douceur pour ramener Rocafort à des sentimens plus modérés. Ce fut dans une entrevue particulière qu'il chercha, par ses raisonnemens, à obtenir l'heureux résultat auquel cet homme prudent osait encore prétendre. Après lui avoir fait de sages représentations sur sa facilité dangereuse à se laisser emporter à la violence de ses passions et de ses desirs, il l'engagea à se conduire avec plus de réserve, et finit par lui exposer les conséquences fâcheuses que pourraient même avoir pour lui les excès toujours révoltans d'une licence aussi effrénée. Mais Rocafort, peu accoutumé à souffrir qu'on prétendît corriger ses désordres, répondit avec une telle hauteur et une telle âpreté de langage, que dès ce moment Thibaut, perdant entièrement l'espoir de le retenir au service de son prince, à moins de consentir à toutes ses dépravations, résolut de s'en venger, et de prendre ensuite congé de nous. Le Français, néanmoins, dissimula son projet jusqu'au retour d'un de ses fils, qui devait lui ramener six galères de Venise, où il l'avait envoyé quelques mois auparavant. Elles parurent en effet peu de jours après, et aussitôt que Sypois se vit assuré d'une retraite, il envoya, dans le plus grand secret, demander aux capitaines conjurés quelles étaient leurs dernières intentions touchant l'affaire de Rocafort. Ceux-ci lui répondirent qu'il n'avait qu'à réunir le conseil, et que là il verrait les effets de leur résolution. Thibaut se tint pour averti, et fixa au lendemain la convocation du conseil, publiant qu'il avait des choses importantes à y communiquer. Rocafort parut dans l'enceinte avec son arrogance accoutumée. Mais, dès la première question que l'on agita, tous commencèrent à élever la voix contre le général; un murmure universel se fit entendre, et des plaintes hautement articulées arrivèrent jusqu'à lui. Etrangement surpris d'une pareille audace, lui qu'aucun homme n'avait encore osé contredire ouvertement, il éleva la tête d'un air menaçant, et, leur adressant les paroles les plus violentes, il espéra, comme toujours, les laisser interdits. Mais au même instant les conjurés quittent leurs siéges, s'approchent de lui, l'entourent, le pressent, étonnent de plus en plus ses oreilles du bruit effrayant de leurs plaintes et de leurs clameurs; et tous, parlant et agissant d'un commun accord, finissent par se saisir de sa personne et de celle de son frère, sans que ni l'un ni l'autre puissent offrir aucune résistance, parce que les conjurés étaient nombreux, et fermement résolus à cette exécution. A peine ils se furent emparés des deux frères, et les eurent livrés à l'envoyé de France, qu'ils se précipitèrent dans la maison de Rocafort, et la mirent au pillage. Emportés par la fougue d'une licence militaire trop commune en de pareilles occasions, ils oublièrent alors toute reconnaissance envers leur général, et tout respect pour l'asile de celui qui les avait protégés si long-temps de sa valeur et de son épée.

CHAPITRE XIII.

THIBAUT QUITTE L'ARMÉE, ET EMMÈNE LES DEUX ROCAFORT.

L'ARRESTATION de Rocafort produisit dans l'armée des effets différens. Ses ennemis se réjouirent de sa chute; ses amis, comme participans de ses délits, s'en attristèrent, et se seraient même portés à quelque entreprise pour sa délivrance, s'ils n'eussent pensé qu'une action si hardie ne pouvait être exécutée sans l'assurance d'un parti considérable et d'un appui vigoureux. Leur incertitude sur la force de ce parti était d'autant plus grande, qu'ils n'avaient pas eu le temps de distinguer, dans le tumulte de l'exécution, quels étaient les amis ou les ennemis déclarés; et cette connaissance cependant eût été nécessaire pour régler leurs efforts et diriger leurs coups. Les Turcs et les Turcopules, qu'on pouvait appeler les fidèles de Rocafort, demeurèrent si stupéfaits de l'événement, qu'ils ne surent se déterminer à rien; les Almogavares étaient partagés de sentimens; le plus grand nombre avait de l'affection pour lui, les autres le détestaient; enfin, la noblesse et tous les gens de distinction, comme plus particulièrement offensés, étaient aussi les plus acharnés à sa perte. La nuit qui suivit l'arrestation de Rocafort fut pleine de trouble et de confusion. Sur le matin, les esprits se calmèrent un peu, en apprenant que les deux frères vivaient encore. Cependant, du moment où Thibaut crut reconnaitre que, par suite d'une certaine sécurité qu'il avait su répandre, les yeux étaient moins fixés sur lui, il prit ses mesures en silence, profita d'une nuit favorable, enleva les deux Rocafort, les embarqua sur ses galères, et cingla aussitôt vers Négrepont, se jouant ainsi de toute l'armée, qu'il laissa confondue de sa disparition[1]. Le lendemain, lorsqu'on sut les deux galères parties et les deux frères enlevés par Thibaut, il n'y eut personne dans le camp qui ne témoignât la surprise et la vive émotion que ce nouvel acte de violence lui faisait éprouver. Chacun disait que Rocafort pouvait avoir des vices; que ce pouvait être un homme cruel, un homme débauché, mais qu'il n'en était pas moins leur général; qu'ainsi il n'y avait ni

---

[1] Thibaut n'ignorait pas, en se retirant, que les intérêts du comte de Valois n'étaient plus les mêmes. Après la mort de Catherine de Courtenai, que Charles venait de perdre, celui-ci avait renoncé à l'entreprise de Constantinople, et cédé ses droits à Philippe, prince de Tarente, fils puîné de Charles II, roi de Naples, et de Marie de Hongrie, à qui il avait promis en mariage Catherine de Valois, sa fille.

raison ni justice à le livrer entre les mains d'étrangers, qui, pour déshonorer sa personne et la nation entière, le feraient périr, à la honte de tous, par quelque supplice ignominieux; qu'enfin, s'il avait mérité la mort, l'armée la lui aurait infligée elle-même, sans en remettre l'exécution à ses plus cruels ennemis. Ces discours et d'autres semblables accroissaient encore l'irritation des esprits, déjà excités par les amis intimes de Rocafort. Bientôt les plus fougueux des mécontens s'ameutèrent; des cris menaçans, des paroles sinistres sortirent de cette foule tumultueuse, dont l'exaltation augmentait à mesure que ses rangs se pressaient davantage, et les têtes s'enflammèrent au point que les Turcs, les Turcopules et un bon nombre d'Almogavares prirent les armes, et tombèrent comme des furieux sur tous ceux qui s'étaient le plus signalés dans l'arrestation du général, fouillant leurs maisons, et tuant tout ce qu'ils y rencontraient. Pas un cavalier, pas un fantassin dans le reste de l'armée n'opposa la moindre résistance à cette exécution; il semblait que chacun y donnât son consentement, tant était grande l'affection que les gens de guerre portaient à Rocafort; affection que ses injustices, sa conduite révoltante envers ses amis et sa dépravation ne purent jamais éteindre. Quatorze capitaines de ses adversaires les plus reconnus périrent victimes de cette émeute, ainsi qu'un grand nombre de leurs affectionnés et de leurs serviteurs accourus pour les défendre : chose bien remarquable, que les nôtres, jetés par la fortune dans des régions lointaines, à travers des peuples ennemis, y aient entretenu durant trois années consécutives des guerres intestines qui, plus que toutes les autres, épuisèrent leur propre sang; et cela sans qu'au milieu de si grandes divisions aucune entreprise étrangère fût suspendue par ces intrépides soldats qui, en même temps qu'ils abattaient les ennemis du dehors, s'exterminaient entre eux.

Thibaut arriva à Naples avec ses deux prisonniers, et les livra aussitôt au roi Robert, leur mortel ennemi. Le principe de cette inimitié était, comme nous l'avons déjà dit, le refus que Rocafort avait fait, dans le temps, de remettre à Robert quelques châteaux de la Calabre qui devaient lui appartenir par suite de la paix conclue entre les deux rois. Rocafort ne voulut pas consentir à cette remise jusqu'à ce qu'on eût acquitté la solde courante pour lui et pour les siens; et, quoique Robert satisfit alors à sa demande, comme les rois tiennent à injure qu'on exige avec violence la paye de ses services, il n'en conserva pas moins le plus vif ressentiment. L'occasion de se venger ne pouvant se présenter d'une manière plus favorable, les deux Rocafort étaient à peine en sa puissance qu'il les envoya au château de la ville d'Averse, et là, les ayant fait jeter et enfermer dans toutes les horreurs du plus obscur des cachots, il les condamna à y mourir de faim. Ainsi périt Bérenger de Rocafort, le plus vaillant et le plus heureux capitaine que nous offre l'histoire de plusieurs siècles réunis. Il en eût été le plus digne d'admiration, si ses vices ne se fussent accrus avec ses prospérités. Ce fut un de ceux qui servirent successivement les rois Pierre d'Arragon, et ses deux fils Jayme et Frédéric. D'autres projets de fortune le portèrent ensuite en Asie, pour y joindre Roger de Flor, auquel il conduisit un secours qui n'était pas à dédaigner. Par la mort de Corbaran d'Alet, il devint sénéchal et mestre de camp général de l'armée, et après le meurtre de Roger et la captivité d'Entenza, il la commanda sans compétiteurs pendant cinq années. Durant cet espace de temps, il détruisit des villes, dévasta des provinces, gagna trois batailles, malgré l'étonnante inégalité du nombre, combattit un empereur d'Orient en personne, entretint une guerre continuelle dans le cœur même des pays ennemis, et finit par conduire ses bandes victorieuses depuis Gallipoli de Thrace jusqu'aux ruines de Cassandrie, répandant partout la terreur de son nom, et brûlant ou saccageant tout ce qui se trouvait sur le passage de son invincible armée. Jamais il ne fut battu, pas même dans la plus légère escarmouche; les guerres civiles, comme les guerres étrangères, le virent triompher de tous ses ennemis. Et pourtant le terme de ses prospérités fut une triste prison et une misérable mort, que chacun regarda comme un châtiment du ciel pour le sang innocent de ses amis et de tous ceux qui avaient péri injustement entre ses mains. Gilbert de Rocafort suivit la même fortune que son frère, sans qu'il paraisse néanmoins qu'il se soit livré à d'aussi énormes déréglemens. Mais, malgré ce témoignage des historiens du temps, il n'en fut pas moins participant d'un grand nombre de ses délits, et surtout de la mort d'Entenza. Peut-être, d'ailleurs, que, les vices étant en quelque sorte éclairés par l'éclat de la fortune, comme il occupa un poste moins éminent que son frère, il fut aussi moins signalé. Qui étaient ces deux chevaliers, et à quelle famille appartenaient-ils en Catalogne, où il y en eut plusieurs sous la même dénomination? C'est ce que ne nous apprend pas Muntaner. Trop oublieux sur ce point, il lui arrive même plus d'une fois de nous taire jusqu'aux noms de beaucoup d'autres personnages qui servirent dans cette grande entreprise : négligence d'un préjudice notable pour les maisons nobles qui subsistent encore dans ces royaumes, et dont les ancêtres se trouvèrent à cette mémorable expédition.

CHAPITRE XIV.

LES CATALANS ÉLISENT DES CHEFS. CONVENTION PROVISOIRE AVEC LE DUC D'ATHÈNES.

Après la triste et misérable fin de Rocafort, et les malheurs qui en furent la suite, l'armée resta non-seulement sans chefs, mais sans aucun homme capable de supporter le poids du commandement. Des soldats, formés à l'obéissance par des capitaines d'une haute renommée, et vieillis sous leurs ordres, ces soldats de tant de nations diverses ne pouvaient guère être remis à la conduite d'un général inférieur à ses prédécesseurs par le rang, la valeur et l'habileté. Roger de Flor, le plus fameux capitaine de son temps, Bérenger d'Entenza, illustre par ses exploits comme par sa naissance, et le terrible Rocafort, avaient poursuivi, dans leurs commandemens successifs, le cours glorieux de nos triomphes. Pour succéder à de tels hommes, il fallait hériter de leurs talens. Ce n'est pas que, sans les derniers malheurs, l'armée n'eût encore possédé un bon nombre de chevaliers et de capitaines dignes de venir après eux;

mais tous avaient péri par la fureur des factions, et par la cruauté de Rocafort, qui, livré aux excès d'une ambition sourde à la justice comme à l'humanité, ne vit jamais en eux que des obstacles à sa puissance, et des rivaux à renverser. Cependant ceux du conseil s'assemblèrent pour l'élection d'un général; et, comme il manquait en effet d'officiers dignes de fixer leur choix, ils convinrent de nommer quatre personnes, deux chevaliers, un Adalide et un Almogavare, chargés par le conseil des douze de commander l'armée. Après cette nouvelle organisation, les nôtres se maintinrent encore quelque temps à Cassandrie, où ils reçurent des ambassadeurs du comte Gautier de Brienne, duc d'Athènes, successeur du dernier des Boëmond, qui, étant mort sans héritiers directs, avait laissé ses états au comte son cousin-germain. Le chef de l'ambassade se nommait Roger Deslau, chevalier catalan, natif de Roussillon, qui se trouvait alors au service du duc, sous les drapeaux duquel il venait les engager. Deslau, pour articles de capitulation, leur proposa six mois de solde, payables d'avance, le jour où ils mettraient le pied sur le territoire de son maître, t les mêmes avantages dont ils avaient joui chez l'empereur Andronic. Les nôtres acceptèrent le traité, malgré leurs doutes sur la possibilité de son exécution. Ils voyaient en effet peu de vraisemblance à pouvoir pénétrer jusqu'aux rives d'Athènes, à moins qu'on ne leur fournît des vaisseaux pour les y transporter, parce que la route par terre les forçait à traverser de vastes provinces presque toutes ennemies, des rivières dangereuses, des montagnes escarpées, et cela sans qu'ils eussent en aucune manière fait reconnaître le pays. Cependant les conditions n'en demeurèrent pas moins convenues pour le temps où les circonstances leur permettraient de venir joindre le duc dans ses états.

Les nôtres passèrent encore l'hiver suivant à Cassandrie; mais la disette commençant à se faire sentir dès l'ouverture du printemps, ils songèrent à abandonner ses ruines, pour aller attaquer Thessalonique, capitale de la province, et qui renfermait la plus grande partie de ses forces. Tous étaient convaincus que, si le succès couronnait leur audace, ils établiraient en toute sécurité leur domination dans cette ville importante, et s'empareraient, par sa conquête, des plus grands trésors de l'Orient. Ce dernier espoir s'offrait à eux, parce que les deux impératrices, Irène, femme d'Andronic, et Marie, femme de Michel, y résidaient dans toute la magnificence de leur cour, et entourées des richesses qu'elles y avaient amassées. Mais ce projet hardi ne demeura pas aussi secret pour Andronic que les nôtres se plaisaient à le croire. Comme l'empereur savait par expérience qu'aucune entreprise n'offrait aux Catalans de difficultés insurmontables et que l'impossible même ne les effrayait pas, du moment que le premier avis de leur dessein parvint à sa connaissance, il s'occupa de le prévenir. Des capitaines expérimentés furent envoyés en Macédoine pour y lever des troupes, et mettre les principales villes de la province en état de défense. Leurs ordres portaient aussi qu'ils feraient retirer dans l'enceinte des places toutes les productions des campagnes, afin de se prémunir contre les dangers de la famine, et ne laisser aux ennemis qu'un pays sur lequel il leur fût impossible de subsister. Andronic ne s'en tint pas là : toujours tremblant du retour de notre armée vers la Thrace, il ordonna qu'on élevât une haute muraille, qui s'étendrait depuis la ville de Christopole jusqu'à la montagne voisine [1]. L'empereur se flattait de nous détruire ainsi sans combattre, considération qui lui tenait d'autant plus à cœur, que, connaissant l'impossibilité de vaincre les Ca-

---

[1] Cette forte muraille s'étendait en effet depuis Christopole, sur le bord de la mer, jusqu'au sommet du mont Rhodope, et était défendue, dans toute sa longueur, par des corps-de-garde placés de distance en distance. On ne peut se défendre d'un mouvement de surprise, en voyant un peuple qui a assez de bras pour élever avec une rapidité merveilleuse des monumens presque gigantesques, et n'en a pas assez pour se défendre.

talans par la force des armes, il ne voulait plus, en aucune manière, tenter avec eux le hasard des batailles. Peu s'en fallut que ces mesures d'Andronic n'eussent un plein succès; mais nos Catalans, par leur audace et leur célérité, déjouèrent tous ses plans.

CHAPITRE XV.

L'ARMÉE PASSE EN THESSALIE.

Le moment d'abandonner Cassandrie étant arrivé, les nôtres marchèrent avec toutes leurs forces sur Thessalonique, persuadés qu'ils allaient trouver cette capitale sans préparatifs de défense, et endormie dans la sécurité que devait naturellement éprouver une ville si étendue et d'une si grande population. L'événement fut loin de répondre à leur attente : pourvue de vivres et de gens de guerre, elle était sur ses gardes. Il fallut donc avoir recours à la force, et se décider à l'escalade. Plusieurs assauts furent livrés, mais inutilement; cette fois l'attaque dut céder à la défense, et les deux impératrices, aidées des plus vaillans capitaines de l'empire, sauvèrent la place. Les nôtres, rebutés par l'inutilité de leurs efforts, prirent le parti de se loger dans les villages voisins, pour, de là, courir les campagnes, et y chercher leur subsistance. Mais une nouvelle surprise les attendait encore : ni hommes, ni bestiaux, ne se présentèrent à eux; partout régnaient le silence et l'abandon ; et ce fut alors seulement qu'ils conçurent les premiers soupçons d'un plan trop fidèlement exécuté. Huit mille personnes, sans compter les captifs, suivies de tous les chevaux de troupes et de bagages, ne pouvaient subsister du peu de vivres que les Grecs avaient négligé de recueillir. Leur perte semblant inévitable, ils résolurent de retourner en Thrace par leur premier chemin. Déjà l'armée commençait son mouvement, lorsqu'un prisonnier leur apprit que le pas de Christopole était fermé d'une haute muraille, et soigneusement gardé. A cette surprenante nouvelle, ils se regardèrent, pour ainsi dire, comme perdus, parce qu'ils voyaient déjà les Macédoniens, les Thraces, les Lyriens, ceux d'Acarnanie et de Thessalie, tous peuples du voisinage, réunir leurs forces pour les écraser, ou du moins leur couper les vivres, dernier obstacle contre lequel il fallait périr. Dans cette situation désespérée, la nécessité, comme il arrive toujours, dicta l'extrême parti qu'ils avaient à prendre. Soutenus par leur ancienne audace, ils ne résolurent rien moins que de traverser la province entière, et de pénétrer en Thessalie, dont les habitans vivaient sans aucune crainte, rassurés qu'ils étaient par les forces rassemblées en Macédoine, et qui leur semblaient présenter un rempart impénétrable à tous les efforts de nos armes. L'exécution de ce plan devait être aussi prompte que la pensée qui l'avait fait naître, s'ils ne voulaient donner à l'ennemi le temps de leur fermer l'entrée des montagnes. Leur célérité répondit pleinement à l'urgence du péril dont ils étaient poursuivis. Après avoir réuni toutes leurs troupes avec une diligence qu'on aurait peine à croire, ils s'éloignèrent tout à coup de Thessalonique, et s'avancèrent, à marches forcées, à travers le pays ennemi, sans exiger autre chose que leur simple subsistance, ni exercer aucunes déprédations, l'imminence du péril mettant alors ce frein salutaire à leur cupidité. Le troisième jour, ils arrivèrent sur les bords du fleuve Pénée, qui coule entre les monts Olympe et Ossa, et arrose la délicieuse vallée de Tempé, que les anciens ont tant célébrée pour la suavité de l'air qu'on y respire, la limpidité de ses fontaines, l'émail riant de ses prairies, et que les Grecs regardaient comme un lieu tellement enchanté, qu'ils en faisaient le séjour favori de leurs dieux, répandus dans ses bois, ses fleuves et ses bosquets. Nos Catalans occupèrent les villages et les habitations dispersés le long du fleuve, et s'y établirent pour y passer la saison la plus rigoureuse. Les charmes de ce séjour, l'abondance des vivres qu'offrait un pays jusqu'alors peu travaillé par les gens de guerre, la certitude de tenir, à volonté, le passage libre pour entrer dans les plaines de Thessalie, les déterminèrent à prendre cet intervalle de repos. Lorsque les Grecs apprirent la retraite de notre armée, et le chemin qu'elle avait suivi, loin de l'inquiéter dans sa marche, ils se réjouirent de son éloignement, et, craignant même de l'irriter par la moindre tentative, ils ne firent aucune démonstration pour la poursuivre. Ce mouvement, d'ailleurs, eût été sans succès : la célérité de nos troupes les avait déjà mises hors d'atteinte. Frappés de surprise en voyant échapper miraculeusement, à toute leur prévoyance, une armée qu'ils croyaient perdue sans ressources, les Grecs ne purent calmer entièrement leurs inquiétudes sur la possibilité de notre retour, et tremblèrent encore devant un peuple dont le courage et l'habileté surpassaient toutes leurs forces, et déjouaient tous leurs conseils.

CHAPITRE XVI.

LES CATALANS DESCENDENT DANS LES PLAINES DE THESSALIE, ET, DE CETTE PROVINCE, PASSENT EN ACHAÏE.

Dès les premiers jours du printemps, l'armée sortit de la vallée de Tempé, et descendit dans la Thessalie, sans rencontrer d'ennemis sur son passage; ce qui lui permit de faire contribuer la plus grande partie des peuples habitans de la plaine. Cette province se trouvait alors soumise à Jean-Ange Ducas, prince de peu de capacité, marié avec Irène, fille naturelle de l'empereur Andronic, et qui s'était brouillé avec son beau-père par son refus de reconnaître l'obéissance qu'il devait à l'empire. La plupart des autres princes soumis et tributaires imitaient son exemple, parce qu'ils voyaient le pouvoir sans force, et que la force seule commande la soumission. Cette monarchie orientale des Grecs penchait alors vers sa dernière décadence, et semblait déjà menacée de tomber dans l'état misérable auquel les Barbares du Nord avaient réduit l'empire d'Occident, où le nom d'empereur n'était plus qu'un vain titre, à peine reconnu de peuples indépendans et affranchis, par la faiblesse, des tributs qui les avaient si long-temps accablés. Aussitôt que le prince de Thessalie sut l'apparition de troupes étrangères sur son territoire, et qu'il reconnut, à n'en pas douter, la supériorité de leurs forces, il s'en remit avec prudence aux bons avis de ministres fidèles et de sages conseillers, avec lesquels il convint de chercher à gagner par la douceur ce que les autres n'avaient pu obtenir par les armes, et de n'épargner ni présens ni prières pour persuader aux Catalans de sortir de ses états. Cependant, afin d'inspirer quelque respect à nos troupes, et de leur ôter toute tentation de renoncer au certain pour l'incertain, il mit quelques places en état de défense, et prit plusieurs autres mesures de sûreté. Après ces sages précautions, il envoya aux Catalans des ambassadeurs chargés de s'adresser à eux avec politesse et courtoisie, et de leur offrir de sa part toutes les provisions qui pouvaient leur être nécessaires, ainsi que des guides sûrs pour les conduire en Achaïe, ou en tel autre endroit qu'ils jugeraient à propos de se rendre. Regardant ensuite qu'il n'y a aucun déshonneur au plus faible de se racheter, par quelques sacrifices, des malheurs qu'il ne saurait éviter, le prince leur fit offrir une somme d'argent considérable, s'ils consentaient à ses propositions. Les quatre chefs de l'armée et les douze membres du conseil se réunirent à la réception du message, et, après avoir réfléchi sur les difficultés et les périls qui pourraient survenir en s'arrêtant plus long-temps dans la province, ils regardèrent comme chose utile et nécessaire d'accepter les offres du prince, et de se porter aussitôt en avant, parce qu'en marchant vers le midi on s'approchait d'autant plus des secours d'Espagne et de Sicile. Ils donnèrent donc aux ambassadeurs une réponse favorable, et la convention fut conclue. Le prince, sans plus attendre, fit remettre l'argent et les vivres, en même temps qu'il fournit les guides aux Catalans, qui de leur côté partirent exactement au jour convenu. Ainsi la Thessalie demeura préservée de grands malheurs, et peut-être notre armée elle-même; car la guerre est une calamité pour tous, et plus d'une fois le nom seul distingua les vainqueurs et les vaincus. Les nôtres prirent leur route par la contrée montagneuse de la Thessalie, nommée Blaquie[1], dont il leur fallut traverser une partie sans pouvoir choisir un autre chemin. Les naturels de ce pays s'appelaient Blaques, nation belliqueuse, qui tint pendant nombre d'années les empereurs d'Orient dans

[1] Zurita, voulant corriger Muntaner, appelle la Blaquie Valachie, pays dont les Catalans n'approchèrent jamais de cent lieues.

l'oppression, et qui, sous le joug même de la nation barbare et puissante des Turcs, conserve encore aujourd'hui son nom et sa valeur. Les Blaques s'opposèrent de toutes leurs forces à la marche de nos Catalans à travers leurs montagnes. Expérimentés dans la guerre, versés dans la connaissance du pays, braves, opiniâtres, ils harcelèrent sans cesse nos troupes, qui eurent toujours les armes à la main. Chaque défilé, chaque monticule était un poste qu'il fallait emporter, un obstacle qu'il fallait vaincre; chaque avantage obtenu trouvait un nouvel ennemi pour le détruire. Ces ennemis, toujours renaissans, apparaissaient sur tous les points, et la terre inépuisable semblait elle-même produire ses défenseurs. Jamais armée forcée à une retraite plus difficile ne fut livrée à des adversaires plus redoutables. Enfin, après avoir appelé à leur secours toute leur habileté, leur courage et leur audace, nos Catalans, toujours dirigés par les guides fidèles de la Thessalie, effectuèrent ce passage étonnant, dont le succès leur coûta cher, mais força l'admiration de tous ceux qui connurent les dangers prodigieux qu'ils avaient surmontés. Muntaner ne saurait trouver de termes assez forts pour exprimer les peines et les travaux de toute espèce qu'ils éprouvèrent dans cette marche si difficile à travers la Blaquie; et nous tenons nous-mêmes que ce fût une de leurs plus grandes entreprises durant cette mémorable expédition. Les nôtres traversèrent ensuite le pas des Thermopyles, célèbre par la mort des trois cents Spartiates qui y périrent avec Léonidas pour la liberté de la Grèce. De là ils descendirent sur les bords du fleuve Céphise, qui coule du mont Parnasse, et se dirige vers l'Orient, laissant au nord les peuples anciennement appelés Locriens, Opuntiens et Epi-Cnémédiens, et au midi l'Achaïe et la Béotie. Le fleuve continue son cours jusqu'à Lébadie et Haliarte, où il se divise en deux branches, et perd son nom pour prendre ceux d'Esope et d'Ismène. L'Esope traverse la province d'Attique jusqu'à son embouchure dans la mer; l'Ismène, après s'être joint à l'Aulide, se jette dans la mer Eubée, appelée aujourd'hui de Négrepont. Notre armée, arrivée sur les bords du Céphise, occupa les villages locriens qui se trouvaient dans le voisinage, avec l'intention d'y passer l'automne et l'hiver, et là, d'aviser au parti qu'il y aurait à prendre pour l'ouverture du printemps.

CHAPITRE XVII.

LE DUC D'ATHÈNES REÇOIT LES CATALANS A SON SERVICE.

Aussitôt que le duc d'Athènes apprit que les Catalans avaient franchi les montagnes, et traversé la Blaquie, il envoya en toute diligence des ambassadeurs aux chefs de l'armée, dans la crainte que d'autres princes voisins ne cherchassent à les attirer à leur service. Cette milice jouissait alors d'une si grande réputation, que tous voulaient s'appuyer de ses forces et l'enrôler sous leurs drapeaux. Le duc crut donc ne pouvoir trop se hâter de leur renouveler ses offres, et de leur rappeler la parole qu'ils avaient donnée à Roger Deslau dans les ruines de Cassandrie. Les Catalans, quoique sollicités de plusieurs côtés à la fois, préférèrent son amitié à celle des autres princes, et arrêtèrent définitivement la première convention. Fortifié de ce secours important, Brienne se mit aussitôt en campagne, pour réparer les pertes que des ennemis ambitieux lui avaient fait éprouver. Le plus voisin et le plus puissant de tous était Angélo, prince des Blaques; venait après lui l'empereur d'Orient, qui, en sa qualité de prince grec, détestait le nom latin, et desirait vivement d'expulser de ses domaines le duc et tous les Français qui l'avaient suivi; le despote de Larta, anciennement appelée Andracie, était encore un de ceux qui le pressaient le plus par la crainte de leurs armes. Chacun de ces ennemis, pris isolément, pouvait se regarder comme redoutable; et cependant le duc d'Athènes, en les combattant à la fois, fut assez heureux, non-seulement pour défendre son pays et réprimer la fureur de leur ambition, mais encore pour reprendre trente châteaux ou forteresses qu'ils avaient usurpés sur lui. Alors la paix fut conclue entre tous, et au grand avantage du duc, pour lequel nos Catalans avaient combattu. Les historiens du temps, en faisant mention du résultat de cette guerre, ne donnent aucuns détails sur ses divers événemens. Si l'on en juge néanmoins par le nombre et la valeur des ennemis qui y furent engagés, ces événemens durent avoir une grande importance; et leur souvenir aurait encore ajouté, dans les siècles futurs, à la gloire de notre nation.

CHAPITRE XVIII.

INGRATITUDE DU DUC D'ATHÈNES ENVERS LES CATALANS. LES UNS ET LES AUTRES SE PRÉPARENT A LA GUERRE.

Le duc d'Athènes, remis en possession de tout ce qu'il avait perdu, voyait ses ennemis abaissés ; lui-même se trouvait maître paisible et absolu de ses états. Son premier devoir alors eût été de remplir ses engagemens, et de payer aux nôtres les sommes qu'il leur avait promises en les appelant sous ses drapeaux ; mais, par une ingratitude impossible à croire après des services si récens et tellement signalés, il renonça tout à coup à ses anciens égards, aux marques d'estime qu'il était habitué de leur donner, et poussa l'oubli de ses devoirs jusqu'à préparer la perte de ses généreux défenseurs. Les Catalans et les Arragonais furent étrangement surpris de ce changement inexplicable, eux qui comptaient, à l'avenir, jouir d'une honorable aisance sous sa protection. Il leur était d'autant plus permis de concevoir cette espérance, que le duc, élevé au château d'Agoste, en Sicile, leur témoignait beaucoup d'affection, s'entretenait souvent avec eux, et parlait leur langue comme la sienne. Brienne, qui ne cherchait qu'à décharger ses états du poids incommode des gens de guerre pendant la paix, cacha cependant son intention perfide sous les dehors de la reconnaissance. Il tira de notre armée deux cents cavaliers et trois cents fantassins, pris parmi les militaires les plus distingués par leur mérite et leurs services, et répartit entre eux quelques biens, dont la distribution pouvait même sembler parcimonieuse, eu égard à l'étendue de ses domaines. Ceux-là cependant furent très-satisfaits de leur sort, et les autres ne témoignèrent pas moins de contentement, parce qu'ils ne doutaient pas que le duc n'usât bientôt de la même libéralité envers eux. Mais, dans le moment où ils comptaient toucher au terme de leurs espérances, Brienne leur ordonna subitement de sortir de ses états, sous peine d'être traités comme rebelles, en cas de refus. Les nôtres, déconcertés d'abord d'un pareil coup, retrouvèrent bientôt toute la fermeté de leur caractère, et répondirent avec résolution qu'ils obéiraient volontiers, s'il leur payait la solde promise, ainsi que les six mois d'avance stipulés par les conventions, et leur fournissait, par l'acquittement de sa dette, le seul moyen de se procurer des vaisseaux, sur lesquels ils pussent du moins retourner en sûreté dans leur patrie, quoique si mal récompensés. Le duc, courroucé de cette réplique, leur dit avec une hauteur égale à son ingratitude, qu'il n'était ni dans ses obligations ni dans sa volonté de leur payer ce qu'ils réclamaient avec tant d'insolence; qu'ils eussent à sortir de sa présence comme de ses états, et que leur promptitude à l'obéissance pourrait seule les sauver de l'esclavage ou de la mort. Les nôtres, indignés de ces expressions injurieuses, résolurent de mourir plutôt que d'abandonner le pays avant d'avoir obtenu entière satisfaction. Ils firent connaître au prince ce projet, qu'ils déclarèrent inébranlable, et, sans autres explications, s'emparèrent de quelques postes importans, où les peuples, quoique forcément, leur fournirent de quoi subsister. Lorsqu'il vit que les Catalans avaient la ferme volonté de se défendre, Brienne, qui aurait pu les éloigner de ses domaines avec moins de frais et moins de dangers, en acquittant honorablement sa dette, fit de grandes levées de troupes tant nationales qu'étrangères. Ces troupes, bien supérieures en nombre à notre petite armée, se composaient d'Athéniens, de Thébains, Platéens, Locriens, Mégariens, et de sept cents chevaliers presque tous Français, forces qui, réunies, formaient un total de huit mille hommes de pied et de six mille quatre cents chevaux. Muntaner porte même ce nombre beaucoup plus haut;

mais comme il avait alors abandonné l'armée, et qu'il ne fut pas témoin oculaire de cette campagne, nous avons cru devoir nous en rapporter plutôt à Nicéphore, qui put recueillir de meilleurs renseignemens, parce qu'il était plus près du théâtre de la guerre, et que, d'ailleurs, cet historien est assez impartial lorsqu'il s'agit d'événemens qui touchent les nations étrangères et non la sienne. Nos deux cents cavaliers et nos trois cents fantassins, qui avaient déjà participé à la munificence du duc, voyant le danger de tous les autres, dont le sort était moins heureux, et ne doutant pas que tôt ou tard la même rigueur ne leur fût réservée, allèrent trouver le prince, et lui déclarèrent que si, comme le bruit en courait généralement, sa nouvelle armée était destinée à agir contre leurs compagnons et leurs amis, ils renonçaient dès ce moment aux avantages qu'ils avaient reçus, aimant mieux mourir en défendant leurs compatriotes, que jouir d'une paisible aisance, après avoir été témoins de leur destruction. Le duc, confiant dans la grande supériorité de ses forces, leur répondit en termes si arrogans et si injurieux, que les nôtres auraient cru dès-lors à l'obligation d'en tirer vengeance, quand bien même ils ne fussent pas venus à lui avec une aussi ferme résolution d'abandonner ses drapeaux. Nos cinq cents hommes allèrent donc rejoindre les autres Catalans, et leur apprirent d'une manière positive les véritables dispositions du duc et sa dernière résolution. Brienne se repentit trop tard d'avoir ainsi renoncé envers nous non-seulement à la bonne foi, mais encore à cette politesse, cette dignité dans les discours, cette noble courtoisie, puissances irrésistibles qui attachent aux princes tout ce qui les approche; et ce fut en oubliant que même les plus humbles se révoltent contre toutes paroles injurieuses à leur honneur, qu'il se fit un ennemi mortel d'un allié qui l'avait et qui l'eût encore si bien servi. Mais l'aspect seul de ses nombreux soldats exaltait tellement l'imagination de ce prince arrogant et superbe, que, selon Nicéphore, non content de voir déjà dans la poussière notre armée, qu'il comptait abattre, pour ainsi dire, en passant, il voulait encore pénétrer au cœur des provinces de l'empire, y mettre tout à feu et à sang, et aller jusqu'à Constantinople menacer l'empereur dans la capitale de ses états. Cependant Dieu, voulant punir une confiance qui se reposait sur elle seule, confondit dès leur principe tous ces vastes desseins.

CHAPITRE XIX.

BATAILLE DES CATALANS CONTRE LE DUC D'ATHÈNES. SUITE DE CETTE JOURNÉE.

Aussitôt que les Catalans et les Arragonais apprirent que le duc d'Athènes s'avançait avec toutes ses forces contre leurs logemens, ils firent dans cette grande occasion ce que l'honneur leur avait dicté tant de fois : ils s'en remirent à leur courage, et marchèrent à l'ennemi. Notre armée, au moment où elle abandonna ses quartiers pour livrer bataille, se montait à trois mille cinq cents chevaux et quatre mille hommes d'infanterie. Le premier jour, elle se logea dans des prés traversés par un grand aqueduc, qui fournit à nos Catalans l'idée du plus heureux stratagême contre celui dont l'ingratitude avait armé leur vengeance. L'herbe de ces prés avait crû jusqu'à la hauteur d'une palme, élévation suffisante pour couvrir le sol, et cacher le travail qu'on allait entreprendre. Tous se mirent à l'œuvre, en coupant par des saignées nombreuses et profondes le terrain sur lequel ils attendaient l'ennemi. Les eaux de l'aqueduc, distribuées avec art, eurent bientôt pénétré dans cette multitude de petits canaux qu'on leur avait ouverts; le sol s'en détrempa; et ces prairies, déjà naturellement humides, s'imbibèrent et s'amollirent par les eaux, jusqu'à n'être plus qu'un marais fangeux. En délayant ainsi le terrain, ils eurent soin d'en laisser à sec certaines portions destinées au passage de leur cavalerie, qui devait escarmoucher lorsqu'il en serait temps. Le stratagême eut tout le succès qu'ils pouvaient en attendre. Dès le lendemain, le duc parut avec toute son armée. Toujours confiant dans la grande supériorité de ses forces, toujours aveuglé par la même présomption, il négligea de pousser aucune reconnaissance, et de découvrir ainsi le piége qu'on lui préparait. Son orgueil lui faisait penser que la tenue brillante de ses troupes, que le seul éclat de leurs armes, devaient suffire pour nous frapper de terreur et nous humilier. A peine il découvrit nos premières troupes qu'il forma son ordre de bataille; et comme sa confiance reposait surtout dans sa cavalerie, Brienne la rangea tout entière sur le front, tandis que de sa personne il se mit à l'avant-garde avec deux cents chevaliers français, et ce qu'il put trouver de plus beau et de plus brillant parmi ceux que la province d'Athènes avait fournis à ses drapeaux. Les nôtres, également occupés de pourvoir à leurs dispositions, éprouvèrent une grande surprise lorsqu'au moment d'assigner aux Turcs le poste qui leur était réservé, ceux-ci se retirèrent, en disant qu'ils ne voulaient pas se battre, parce qu'il leur semblait impossible que le duc d'Athènes marchât réellement contre les Catalans, après les services signalés qu'il en avait reçus, et que tous ces préparatifs n'étaient qu'une ruse combinée pour les détruire, à cause de la différence de leur religion. Les instans étaient trop précieux pour que nos Catalans eussent le temps de les détromper; mais, loin que, frappés d'aucun découragement par cet obstacle inattendu, ils songeassent à refuser la bataille, rien ne fut changé à leur plan. Ils vinrent donc escarmoucher à la face de l'ennemi, cherchant à l'attirer là où il devait trouver la mort. Le duc donna pleinement dans le piége. Trompé par les escarmoucheurs, il nous charge avec les premiers rangs de son avant-garde, en se dirigeant vers un bataillon d'Almogavares posté derrière la prairie que les eaux avaient pénétrée. Emporté par son ardeur, il se précipite avec sa cavalerie, et s'enfonce dans le bourbier avant de pouvoir le reconnaître. A l'instant, nos Almogavares, armés à la légère, et libres dans leurs mouvemens, se jettent avec leurs dards et leurs épées sur ces hommes bardés de fer, qui se roulaient dans la fange ainsi que leurs chevaux, et en font un carnage affreux. Bientôt les autres troupes ennemies, accourues au secours du duc, tombent dans le même piége, et vont subir le même sort. Déjà la mort qui les attend a fait porter au duc d'Athènes la peine de son arrogance et de sa déloyauté. Dans la foule, naguère si brillante, de ces cavaliers culbutés, renversés, roulés les uns sur les autres, Brienne, comme le plus connu et le plus remarquable, est une des premières victimes de son imprudence, et expire sous le poids de la riche armure qui l'a laissé, sans défense, exposé à nos coups. Sa mort, dont le bruit se propage à l'instant, répand un effroi général dans son armée. Un désordre épouvantable y régnait de toutes parts, parce que les Catalans, profitant de leurs avantages, l'avaient attaquée sur plusieurs points à la fois. C'en est fait de ces bandes si fières, dont le seul aspect devait dissiper nos bataillons. Effrayées elles-mêmes, et frappées de stupeur en retrouvant partout le sol mobile qu'elles n'osaient fouler, ou qui fuyait sous leurs pas, interdites, déconcertées, sans force et sans guide, le moindre effort allait achever leur défaite. Ce furent les Turcs qui portèrent ce dernier coup. Revenus enfin de leurs soupçons, en voyant les Catalans égorger sans pitié les soldats du duc, ils sortirent subitement du lieu de leur retraite, et, avec toute la vigueur d'une troupe fraîche et reposée, ils tombèrent sur les restes épars d'un ennemi qui n'offrit plus aucune résistance, et la victoire fut à nous. Dans cette bataille sanglante et terrible, les nôtres employèrent plus de temps à tuer qu'à combattre, parce que le duc une fois mort, et les premières troupes de sa cavalerie embourbées dans la fange, rien ne devint plus facile que de rompre le reste de l'armée. Presque tous les gens de marque périrent avec le duc dans cette journée décisive. De sept cents chevaliers entrés en ligne, deux seulement échappèrent à la mort: Boniface de Vérone et Roger Deslau, ce dernier très-connu de nos capitaines, pour être venu traiter avec eux dans les ruines de Cassandrie [1].

Après cette grande victoire, les nôtres, ardens à pousser leurs avantages, envahirent aussitôt les états du duc, et prirent en peu de jours les villes de Thèbes, d'Athènes, et plusieurs autres places qui, ayant perdu dans la dernière bataille tous les hommes destinés à les défendre, se rendirent, pour le plus grand nombre, sans essayer de résistance. Alors les Catalans et les Arragonais se trouvèrent maîtres absolus du duché d'Athènes; et ce fut là qu'ils terminèrent, au bout de treize ans de guerre, leur aventureuse existence, en s'emparant des biens et des femmes du peuple vaincu. Maîtres de tout, et souverains sans con-

---

[1] Cette bataille se donna au mois de mars de l'année 1312.

tradiction, on vit la plupart des soldats épouser les femmes les plus riches et les plus considérables du pays. Ainsi se forma un nouvel état, dont nos rois d'Arragon devinrent, au bout de quelque temps, seigneurs et maîtres, par la générosité des conquérans, et à la possession duquel ils attachèrent beaucoup d'honneur et un très-grand prix, pour avoir été acquis, non avec le sang et les deniers de leurs peuples, mais par le seul courage de particuliers ou puissans ou obscurs, nés sous leur domination. Heureux les princes assez favorisés de la fortune pour trouver parmi leurs peuples de ces soldats valeureux qui, jetés comme nos Catalans dans des aventures périlleuses, ne gardent pour eux, à la fin de leurs courses, que les fatigues et les travaux de l'entreprise, et réservent pour leurs rois les fruits de la victoire, la gloire de la conquête, et la souveraineté des états soumis par leur valeur! Les nôtres éprouvaient à cette époque une telle pénurie de gens de marque, de personnages qualifiés par leur naissance ou distingués par leur mérite, enfin de chevaliers dignes de les gouverner, qu'ils offrirent à Boniface de Vérone, l'un des deux chevaliers échappés vivans de la bataille, de devenir leur chef. Mais Boniface, jugeant qu'il n'aurait sur eux que l'espèce d'autorité exercée naguères par Thibaut de Sypois, refusa leur proposition. Deux choses furent également surprenantes dans cet événement : l'élection pour chef d'un individu prisonnier et étranger à leur nation, et le refus de celui qui avait fixé leur choix. Rejetés par Boniface de Vérone, nos Catalans mirent à leur tête Roger Deslau, et lui donnèrent pour femme une dame riche et de haute naissance, veuve du seigneur de Sola. Ce capitaine gouverna pendant quelque temps le nouvel état qu'on venait de lui confier.

CHAPITRE XX.

LES TURCS ABANDONNENT LE SERVICE DES CATALANS POUR RETOURNER DANS LEUR PAYS.

Lorsque les Turcs virent les Catalans et les Arragonais déterminés à mettre fin à leur vie errante, et à fonder un établissement stable dans ce nouvel état, moins sensibles aux avantages dont eux-mêmes allaient jouir qu'au desir irrésistible de retourner dans leur patrie, ils résolurent de quitter notre compagnie et de reprendre leur premier chemin. En vain on leur offrit, pour les fixer, des villages, des maisons de plaisance et autres lieux convenables, où ils pourraient goûter les douceurs du repos, après avoir partagé le prix des victoires remportées sous les mêmes étendards; ils répondaient à tout ce qu'on pouvait leur dire, qu'il était temps de retourner dans leur pays, et de revoir enfin leurs amis et leurs proches, surtout possédant les richesses dont ils se voyaient comblés, et pouvant jouir au sein de leurs familles de l'aisance qu'ils allaient y rapporter. Aucunes sollicitations si pressantes n'ayant été capables d'ébranler leur résolution, ils se séparèrent amicalement de notre armée, et retournèrent vers leur patrie, en reprenant le même chemin qu'ils avaient tenu avec les Catalans dans leur retraite depuis Gallipoli. Le nombre de ces Turcs se montait encore à treize cents cavaliers et huit cents hommes d'infanterie. Toujours commandés par Calel, ils rentrèrent en Macédoine, malgré les difficultés qu'ils devaient rencontrer à sortir de cette province, mais bien déterminés à ne pas la désemparer qu'ils n'eussent obtenu les moyens de retourner chez eux en toute sécurité. Pour y parvenir, ils exercèrent de si affreux ravages dans tout le pays, que les Grecs, hors d'état de les expulser par la force, songèrent bientôt à traiter d'un accommodement quelconque qui les obligeât d'évacuer le théâtre de leurs dévastations. L'accord qui parut le plus convenable aux deux parties fut que Calel se retirerait de la province, du moment où on lui garantirait la libre traversée du pas de Christopole, et qu'on lui promettrait de lui fournir des vaisseaux pour passer le détroit. Ces deux conditions étaient indispensables, si les Turcs voulaient revoir les lieux de leur naissance et retourner en Natolie : cette nation s'adonnait alors très-peu au métier de la mer, par la raison qu'il lui restait encore des provinces à conquérir sur le continent d'Asie, et qu'elle ne s'occupait guères des autres pays situés de l'autre côté de l'Hellespont. L'arrangement ayant été convenu provisoirement tel que nous venons de le dire, on instruisit l'empereur Andronic des conditions auxquelles les Turcs s'engageaient, sur leur parole, à sortir de la province. Andronic, instruit de l'état des choses, prévit aussitôt les ravages épouvantables qu'éprouverait la Macédoine entière, si ces peuples furieux se voyaient fermer le chemin de leur patrie; il craignit même une attaque sur Thessalonique, ou telle autre entreprise que le désespoir pourrait leur inspirer; et, se rappelant tout ce qu'il lui en avait coûté pour avoir méprisé la vengeance des Catalans, il se hâta de ratifier la convention. Ce ne fut pas encore assez pour lui : dans la crainte que les troupes de Calel ne reçussent quelque offense, il envoya, pour leur garde, trois mille hommes sous la conduite d'un fameux capitaine appelé Sennachérim, qui était revêtu de la charge de stratopédarque, une des premières de cet empire. Les Turcs traversèrent ainsi le pas de Christopole, et arrivèrent aux environs de Gallipoli, lieu désigné comme le rendez-vous des vaisseaux qu'on leur avait promis.

Les Turcopules avaient également abandonné les Catalans à Athènes, et, après avoir suivi les Turcs dans leur marche, ils étaient parvenus avec eux jusqu'aux environs de Gallipoli. Ces peuples, que distinguait peu la constance de leur caractère, et qui ne conservaient pas une aussi ferme résolution que les Turcs, de retourner dans leur patrie, s'occupaient déjà du choix d'un nouveau maître. Rapprochés dans ce moment de l'empereur Andronic, ils ne pouvaient guères néanmoins songer à rentrer sous son obéissance. Les mauvaises dispositions que l'on entretenait contre eux à Constantinople, ne leur étaient point inconnues : ils savaient que les Grecs gardaient toujours un profond ressentiment de ce que les Turcopules avaient été les premiers à abandonner l'empereur Michel à la bataille d'Apros, pour déserter ensuite leurs drapeaux, se joindre aux Catalans leurs plus dangereux ennemis, et, durant sept années consécutives, ravager avec eux les provinces de l'empire. Mélec pouvait donc s'attendre à un refus positif, ou, dans le cas contraire, craindre que, si l'on acceptait leurs services, ce fût pour travailler avec d'autant plus d'assurance à leur entière destruction. Ne sachant à quel parti se résoudre, il flottait encore dans l'incertitude, lorsque le sort vint lui ouvrir un autre chemin. Le crâle de Servie fit offrir aux Turcopules bon accueil et sûr asile en ses états, s'ils voulaient les accepter pour retraite, avec promesse de sa part qu'ils ne seraient tenus à aucun service, et ne prendraient jamais les armes que sur l'ordre spécial du prince. Mélec consentit à une proposition si avantageuse, et passa avec ses gens en Servie, où ils jouirent d'une vie paisible et tranquille, bien différente de celle qu'ils avaient menée jusque-là.

CHAPITRE XXI.

LES GRECS MANQUENT DE FOI AUX TURCS, QUI SE FORTIFIENT DANS UN CHATEAU.

Tandis que les capitaines et les soldats de Sennachérim attendaient les vaisseaux qui devaient transporter les Turcs en Natolie, ils eurent le temps de reconnaître la grande valeur du riche butin que ceux-ci emportaient avec eux. Une telle découverte changea tout à coup leur résolution. Considérant qu'il y aurait à eux bassesse et lâcheté de laisser cette poignée de Barbares enlever paisiblement les dépouilles de l'empire, ils se déterminèrent à violer le sauf-conduit et la parole impériale : infraction qui répugna moins à leur délicatesse que ce qu'ils appelaient la honte d'une pareille humiliation. Dès-lors ils ne s'occupèrent plus que de décider comment et dans quel temps on emploierait contre eux la force ouverte. Tous se prononcèrent pour l'attaque de nuit, espérant trouver par ce moyen l'occasion de les surprendre dans une plus grande sécurité. Cependant quelques indiscrétions donnèrent connaissance aux Turcs de la trahison que l'on tramait contre eux, à la honte de la raison, de la justice, et du droit sacré des nations, qui rend inviolable la parole donnée même à un ennemi. Instruits du danger qui les menaçait, ils coururent aux armes dès la nuit même, s'emparèrent du château le plus voisin, et s'y fortifièrent, bien déterminés à ne pas mourir sans vengeance. Sennachérim et ses capitaines, se voyant découverts, demeurèrent confondus, et, dans leur premier moment de surprise, ils hésitèrent à savoir s'ils devaient attaquer les Turcs, ou rendre compte à l'empereur de ce qui se passait. Ce dernier avis prévalut, et Andronic fut averti sur-le-champ. Malgré cette promptitude à l'instruire, il donna encore, par sa lenteur, une nouvelle preuve de son indécision. Se battre avec les Turcs, ou leur fournir des vaisseaux, tels étaient les deux expédiens entre lesquels il fallait prononcer, et mieux vaut, surtout à la guerre, choisir sur-le-champ un parti moins convenable, qu'hésiter à en prendre aucun. Cependant, au lieu de se décider avec résolution dans une pareille alternative, il donna aux Turcs le temps d'aviser à leur situation, d'appeler des secours et de se mettre en défense. Aucun effort si difficile ne leur coûta pour instruire de leur malheureux sort ceux de leurs compatriotes qui se trouvaient de l'autre côté du détroit. Aussitôt que les Turcs d'Asie eurent connaissance du danger de Calel, et des grandes richesses dont sa troupe était chargée, ils s'occupèrent d'arriver à son secours. Quelques petites barques réunies à grande peine, et sur lesquelles il leur fallut faire bien des voyages, leur suffirent cependant à transporter un nombre d'hommes assez considérable pour que Calel, une fois à leur tête, se crût en état, non-seulement de se défendre, mais encore de ravager des campagnes qu'il avait parcourues tant de fois.

CHAPITRE XXII.

LES TURCS SE BATTENT CONTRE LES GRECS COMMANDÉS PAR L'EMPEREUR MICHEL.

L'EMPEREUR, voyant les Turcs retranchés sur le bord de la mer, craignit de les laisser se renforcer encore, et se décida à leur porter le dernier coup : résolution tardive qui n'enfanta que des malheurs, et pensa lui coûter jusqu'à la vie de son fils. Empressé d'obéir aux ordres de son père, Michel Paléologue marcha contre eux, suivi de toute son armée, et traînant encore avec lui une multitude de paysans, moins excités par le desir de se battre que par l'avidité du butin. Tous tenaient pour assuré qu'à la simple vue de l'empereur, et du faste de ses courtisans, les Barbares, effrayés, n'hésiteraient pas à se rendre. Soit ignorance ou présomption, ils s'avançaient avec autant de négligence que s'ils eussent marché à une chasse de plaisir, ne prenant pas même le soin de former leurs troupes, ni d'observer les détails de service les plus habituels du métier des armes. Des ennemis si peu nombreux ne semblaient pas, à ces esprits prévenus, mériter qu'on se mît en garde par la moindre précaution. Cependant les Turcs, qui n'avaient d'autre ressource que de se battre, ou de mourir avec honte, laissèrent leurs femmes, leurs enfans et leur butin dans les fortifications, et, après y avoir établi assez de monde pour les défendre, ils portèrent sept cents chevaux au devant de l'ennemi. Les Grecs marchaient tumultuairement et sans ordre, bien convaincus qu'ils trouveraient les Barbares, non en rase campagne, mais occupés à défendre le petit espace de terrain où ils les croyaient enfermés. Aussitôt qu'ils virent les sept cents cavaliers venir hardiment à leur rencontre, le trouble fut tel parmi les soldats, le désordre tel parmi les paysans, qu'avant d'être attaqués, ils étaient déjà rompus. Les Infidèles, profitant, sans hésiter, de la terreur qu'ils inspirent, fondent en masse sur cette multitude débandée, et se dirigent vers l'endroit où ils voient flotter l'étendard de l'empereur, aussi mal placé qu'il était mal défendu. En un instant tous les paysans ont tourné le dos, et entraîné après eux la meilleure partie des soldats sur lesquels Michel avait cru devoir établir sa plus grande confiance. Le malheureux prince se voit vaincu, sans qu'il lui soit possible de combattre. Tout est en fuite, son étendard est perdu; en vain il s'adresse aux fuyards, et s'efforce de les retenir par ses cris, ses remontrances, ses prières; personne ne veut ni l'entendre ni lui obéir; enfin, seul, abandonné, serré par l'ennemi prêt à l'atteindre, il tourne bride, et, navré de tristesse, les yeux noyés de larmes, il prend la fuite avec le reste de l'armée[1]. Les Turcs, qui ne desiraient rien tant que de le voir entre leurs mains, s'acharnèrent à le poursuivre, et se fussent infailliblement emparés de sa personne, si quelques gens de cœur, capitaines et soldats, n'eussent, de temps à autre, fait volte-face pour occuper l'ennemi. Arrêtés par ce petit nombre de braves, les Turcs cessèrent leur poursuite, et employèrent toutes leurs forces contre ceux qui se défendaient encore, et qu'ils eurent bientôt exterminés. Maîtres du champ de bataille, ils coururent aux logemens et aux tentes de l'empereur, qu'ils mirent au pillage. La richesse du butin ajouta encore à la joie du triomphe. Dans la tente même que Michel venait d'occuper, ils trouvèrent des sommes d'argent considérables, des joyaux d'une très-grande valeur, et, entre autres, une couronne impériale ornée de pierres les plus rares et d'un prix inestimable. Cette cou-

[1] On ne peut nier que Michel Paléologue n'eût du courage personnel; mais il manquait certainement des talens du général, et des qualités qui gagnent la confiance du soldat, puisque, malgré l'étonnante supériorité de ses forces, il fut toujours battu.

ronne vint aux mains de Calel, qui, pour tourner en ridicule l'empereur et sa dignité, se la posa par dérision sur la tête, insultant, par ses sarcasmes injurieux, celui qui l'avait si honteusement abandonnée. Jamais défaite ne fut plus ignominieuse; et si Michel dut la subir, une des causes de sa honte fut d'avoir à combattre des gens envers lesquels il avait violé, contre toutes les lois divines et humaines, sa parole et sa foi. C'est dans de telles occasions que Dieu permit le triomphe des Infidèles, et punit ainsi les Chrétiens d'une action aussi exécrable. Les Grecs auraient dû pourtant se rappeler que, pour nous avoir traités avec autant de mauvaise foi, ils s'étaient vus naguère à deux doigts de leur perte, et que si quelque prince alors eût voulu nous prêter le moindre appui, ils auraient assisté à la chute de leur empire. Les Turcs, plus audacieux que jamais, et énorgueillis d'une victoire dont ils s'étonnaient eux-mêmes, saccagèrent toute la province de Thrace, sans qu'Andronic, caché derrière ses murs, eût la hardiesse de leur opposer la moindre résistance; et pendant l'espace de deux ans ils imprimèrent une si grande terreur aux habitans des campagnes, que nul n'osait sortir ni se livrer aux soins de la culture dans ces plaines dévastées.

CHAPITRE XXIII.

PHILÈS PALÉOLOGUE MARCHE CONTRE LES TURCS, ET SE BAT AVEC EUX.

ANDRONIC cherchait de toutes parts des milices étrangères, pour former une armée qu'il ne pouvait créer de ses propres forces, lorsque Philès Paléologue, un de ses parens, vint le surprendre par la proposition la plus inattendue. Ce personnage, regardé jusque-là comme un homme timide, simple dans ses goûts, ami de la retraite, s'offrit tout à coup pour libérateur, à la seule condition qu'on lui accorderait la liberté et le pouvoir de lever autant de troupes qu'il le jugerait convenable. Avec cette licence de l'empereur, il s'engageait à marcher contre les Turcs, en prenant sur lui la responsabilité de l'exécution. Andronic, qui connaissait toute la bonté de cet homme pieux, jugea qu'il devait être envoyé du ciel pour remédier à tant de calamités; et comme il ne doutait pas que ses propres péchés, source malheureuse de disgrâces si inconcevables, n'eussent été la seule cause qu'une poignée de

Barbares eût triomphé ainsi de ses nombreux bataillons, il remit son unique espérance dans la sainteté de Philès, lui confia la direction de cette guerre avec pleins pouvoirs, et lui donna toutes les troupes, les chevaux et l'argent que l'homme de bien crut devoir lui demander. Philès pouvait alors se mettre en campagne; mais, avant d'opérer son premier mouvement, il ordonna à tous les siens de se confesser, persuadé que, sans cet acte de pénitence, on ne pouvait espérer aucun succès. Il distribua ensuite la plus grande partie de l'argent en aumônes aux pauvres et aux monastères, où il voulut qu'on se mît en oraisons continuelles, pour fléchir la colère et obtenir la miséricorde de Dieu. Ces pieux devoirs accomplis, il envoya de tous côtés à la découverte des Infidèles. Bientôt il apprit que Calel, à la tête de douze cents chevaux, courait les campagnes de Bizie, où il avait fait un énorme butin. A cette nouvelle, Philès partit à la tête des siens, et, après avoir marché pendant trois journées, à compter du moment où il quitta les villages voisins de Constantinople, il vint asseoir ses logemens auprès d'une rivière que les naturels du pays appelaient Xerogipso. Il y était arrivé depuis deux jours, lorsque, vers le milieu de la seconde nuit, il reçut avis que les Turcs se trouvaient à peu de distance, chargés de toutes les dépouilles du pays.

L'obscurité qui régnait alors ne l'empêcha pas de faire ses dispositions, et, au lever du soleil, on se découvrit distinctement dans les deux armées. Les Turcs, à la vue de l'ennemi, rangèrent en grande hâte leurs chariots autour de leurs captifs et de leur butin, et, fidèles aux pratiques de leur religion, ils se jetèrent, comme le dit Nicéphore, de la poussière sur la tête, et firent leur prière accoutumée. Philès, sans leur donner le temps de se reconnaître, chargea les Infidèles avec une rare intrépidité. Les siens suivaient son exemple, lorsque le capitaine qui commandait l'aile droite reçut au pied une blessure si douloureuse, qu'elle le força à sortir de la bataille, après avoir fait des prodiges de valeur, et tué deux Turcs de sa propre main. Cet événement jeta de ce côté le trouble et la confusion. Philès, qui s'en aperçut, y vola à l'instant même, rallia les troupes, releva leur courage, et les ramena à l'ennemi. Le combat fut long et opiniâtre, mais la victoire se décida enfin pour les Impériaux. Les Turcs, rompus de toutes parts, prirent la fuite, après avoir laissé sur la place un grand nombre de morts. Poursuivis dans leur déroute, ils furent poussés sans relâche jusqu'au château où ils s'étaient fortifiés. Philès, qui croyait n'avoir rien fait, tant que les Infidèles existaient encore, vint, au bout de quelques jours, mettre le siége devant la place. Sur ces entrefaites,

Andronic, instruit de l'heureux succès de la bataille, envoya plusieurs galères génoises pour garder le détroit de l'Hellespont, et empêcher qu'aucun secours ne pût parvenir aux assiégés. Les Turcs, réduits au désespoir, en se voyant fermer toutes voies de salut, résolurent de faire pendant la nuit une sortie générale, et de mourir en hommes dignes de ce nom. Dans le même temps, Philès reçut encore deux mille cavaliers tribales, et un grand nombre de Génois. Les Turcs, sans s'effrayer de ce renfort, tinrent ferme à leur résolution, et l'exécutèrent avec un grand courage; mais ils furent repoussés, après avoir éprouvé une perte considérable. La nuit suivante, ils tentèrent de nouveau la fortune, et tombèrent sur les logemens des Tribales, dont ils furent encore plus maltraités. Pour dernière ressource, ils prirent le parti d'évacuer le château, et de se porter vers la mer, où étaient les galères des Génois, chez lesquels ils espéraient trouver quelque pitié, ne leur ayant fait aucune offense. La nuit était très-obscure, et beaucoup de Turcs, croyant se diriger vers la côte, tombaient entre les mains des Grecs, qui les massacraient sans miséricorde. Les autres arrivèrent sur les bords de la mer, où les Génois firent esclaves tout ce qui ne fut pas égorgé par eux. Et cependant Muntaner affirme que les gens de cette république avaient accueilli les Turcs sur ses galères, avec promesse de les transporter en Natolie : engagement qu'ils ne remplirent qu'en les privant, sans en excepter un seul, de la vie ou de la liberté. Ce fut ainsi que disparurent, jusqu'au dernier, les Turcs compagnons des Catalans et des Arragonais, après avoir fait une retraite d'environ cinq cents milles depuis Athènes jusqu'à Gallipoli, et avoir, à eux seuls, inquiété l'empire pendant près de trois ans. Encore fallut-il, pour détruire ce petit nombre d'hommes, qu'Andronic eût recours aux Tribales et aux Latins; ce qui n'empêcha pas qu'on ne regardât l'événement comme un miracle opéré par l'entremise de Philès. Depuis la dernière déroute de Michel, il semblait à tous les Grecs qu'aucunes forces humaines ne fussent capables d'arrêter les Barbares, et que, sans l'intervention divine, il n'y avait plus de résistance à leur opposer [1].

[1] Ce peuple, découragé, avait donc perdu toute confiance, jusqu'à désespérer de lui-même.

CHAPITRE XXIV.

ÉVÉNEMENS DIVERS TOUCHANT LES CATALANS ET LES ARRAGONAIS D'ATHÈNES.

Les Catalans et les Arragonais, établis en toute sécurité dans les provinces d'Athènes et de Béotie, s'y maintinrent pendant quelque temps, comme nous l'avons déjà dit, sous la conduite de Roger Deslau. Mais il arriva que, soit par sa mort ou par lassitude de son gouvernement, ils desirèrent d'avoir un autre chef. Dans cette occasion encore, les nôtres recoururent au roi Frédéric de Sicile, qu'ils aimaient toujours de cœur, malgré la froideur insultante avec laquelle il les avait traités, et le supplièrent, par une ambassade, de leur donner lui-même ce nouveau chef qu'ils voulaient tenir de sa main. Le roi regarda cette démarche comme une satisfaction suffisante de la dernière offense qu'ils avaient commise envers lui, en refusant d'admettre en son nom l'infant don Ferdinand son neveu. Comme il savait à n'en pas douter que Rocafort avait seul, dans le temps, provoqué ce refus, du moment où, après la mort de ce général, ils revenaient volontairement à la même proposition qu'il leur avait faite alors, tout mécontentement fut oublié. Ce n'est pas que, dans aucune autre position, et que quelque ressentiment que Frédéric eût encore éprouvé, nous pensions qu'il eût négligé d'agrandir les domaines de son fils d'un état si important. Le roi, après avoir réfléchi sur le choix de ce nouveau maître, se décida pour l'infant Mainfroi, son fils puîné, qu'il nomma souverain seigneur de ces provinces, et auquel les ambassadeurs prêtèrent, au nom de tous, serment de fidélité. Cependant, comme Mainfroi était encore en bas âge, le roi son père, ne voulant pas le laisser partir si promptement, choisit Bérenger Estanol, personnage d'une grande prudence et d'un grand courage, qu'il chargea de les gouverner pendant la minorité de l'infant. Les ambassadeurs, munis de pleins pouvoirs pour l'admettre, se contentèrent de la personne qu'il plaisait au roi de leur désigner. Estanol partit avec eux sur ses galères, et arriva à Athènes, où sa présence fut une véritable fête pour tous les Catalans, heureux de se voir enfin sous l'autorité tutélaire de leurs princes naturels, et de pouvoir se livrer à des sentimens que les seules vues intéressées de Rocafort avaient trop long-temps étouffés. Aussitôt qu'Estanol eut pris les rênes du gouvernement, il se mit en guerre avec tous les princes voisins, les attaquant successivement, sans jamais poser les armes, et cela parce qu'il regardait cette activité continuelle comme le seul moyen de se maintenir auprès d'un peuple chez qui il était d'une vérité reconnue, qu'on devait toujours l'occuper à des guerres étrangères, si l'on voulait éviter les dissentions domestiques que la turbulence naturelle et l'âpreté de son caractère ne manquaient jamais de faire éclore au sein de l'oisiveté. Les Catalans d'Athènes montrèrent donc une grande sagesse, lorsqu'ils choisirent la guerre comme leur plus sûr moyen de conservation. D'ailleurs, les anciens ennemis du duc menaçaient encore les frontières de leurs états: d'un côté, l'empereur Andronic, avec lequel ils furent rarement en paix; de l'autre, le prince de Morée; et sur les deux autres points, le despote de Larta et le seigneur de Blaquie. Tandis qu'ils se battaient avec les uns, ils faisaient avec les autres de courtes suspensions d'armes; et Estanol eut assez d'habileté et de bonheur pour ne jamais les combattre à la fois. Ce fut ainsi que nos Catalans se maintinrent en Orient pendant un grand nombre d'années, avec une réputation égale à leur valeur. Cette renommée était telle, que Cantacuzène (ainsi qu'il le rapporte lui-même dans son histoire), chargé d'aller prendre un gouvernement éloigné de

Constantinople, et desirant néanmoins de ne pas quitter la personne du jeune Andronic, allégua, pour se dispenser de partir, que la province destinée à être gouvernée par lui, se trouvait trop voisine des Catalans, et qu'on ne pouvait hasarder de s'y établir sans emmener avec soi des forces considérables, qu'on n'avait pas alors à sa disposition. Cette excuse parut suffisante, et sa destination fut révoquée [1]. Zurita raconte aussi qu'un religieux dominicain, voulant encourager le roi de France à faire la conquête de la Terre-Sainte, appuya principalement sur cette circonstance, que déjà les Catalans en avaient ouvert le chemin, et lui représenta que rien ne serait plus favorable au succès de l'entreprise, que de les déterminer à y prendre part. Après la mort d'Estanol, les Catalans et les Arragonais s'adressèrent encore au roi de Sicile pour obtenir de lui son successeur. Cette fois, Frédéric jugeant convenable de mettre à leur tête un personnage de haute distinction, fit venir de Catalogne don Alphonse, son fils, et l'envoya, avec dix galères, gouverner ces provinces au nom de son frère Mainfroi. Rien ne saurait peindre le contentement des Catalans et des Arragonais, lorsqu'ils virent parmi eux un membre de la maison royale

---

[1] Cantacuzène, grand domestique, était le conseil du jeune Andronic, durant ses démêlés avec son grand-père, Andronic le vieux, que le jeune prince finit par détrôner.

d'Arragon. Cependant Alphonse ne devait pas commander long-temps au nom du jeune prince, qui mourut peu de temps après. Alors Frédéric fit annoncer aux Catalans qu'ils reconnaîtraient pour seigneur et maître le même Alphonse qui déjà exerçait l'autorité sur eux. Cette nouvelle mit le comble à leur bonheur; la confiance des Catalans ne connut plus de bornes, et ils crurent désormais la sûreté du nouvel état hors de toute atteinte, puisque leur prince était là pour le défendre. Il ne fallait plus maintenant que s'assurer de voir passer à ses descendans cette souveraineté conquise par leur valeur. Occupés sérieusement de ce projet, après avoir fait des recherches nombreuses dans les partis les plus distingués du pays, ils lui donnèrent pour femme la fille et unique héritière de Boniface de Vérone, qu'ils avaient toujours beaucoup aimé pendant sa vie, et à qui ils voulurent encore rendre hommage après sa mort, en perpétuant dans sa race la seigneurie et le gouvernement de ces provinces. Cette dame, qui fut une des femmes les plus distinguées de son temps, possédait le tiers de l'île de Négrepont, et treize châteaux situés sur le continent du duché d'Athènes. Elle eut avec Alphonse plusieurs enfans mâles; et le nouvel état se conserva dans leur descendance pendant l'espace de cent cinquante ans.

FIN.

TABLE DES MATIÈRES.

	Pag.
Préface.	j
Notice sur Moncada.	xv
Introduction par le Traducteur.	xxj
Avant-propos de l'auteur espagnol.	3*
Livre Ier. Ch. Ier. Situation des états de la maison d'Arragon à l'époque de l'expédition.	1
II. Election du général.	14
III. Ce qu'était Roger de Flor.	19
IV. Les capitaines conviennent de l'expédition qu'ils doivent entreprendre, et supplient le roi de la favoriser.	24
V. Ambassade des Catalans à l'empereur Andronic.	29
VI. L'empereur fixe la solde des gens de guerre.	33
VII. Mariage de Roger. Combat des Catalans et des Génois dans les murs de Constantinople.	43
VIII. L'armée passe en Natolie, et débarque au cap Artace.	49
IX. Combat entre les Turcs et les Catalans.	54
X. L'armée se retire au cap Artace pour y établir ses quartiers d'hiver.	59

		Pag.
Livre Ier Ch. XI.	Ferdinand Ximénès d'Arénos se sépare des siens.	64
XII.	L'armée marche au secours de Philadelphie, et triomphe de Caraman, général des Turcs, qui en faisait le siége.	69
XIII.	Entrée des Catalans à Philadelphie. Seconde défaite des Turcs près de Tyria.	77
XIV.	Bérenger de Rocafort arrive à Constantinople avec sa troupe, et reçoit d'Andronic l'ordre de rejoindre les Catalans à Ephèse.	85
XV.	Les nôtres répriment l'audace du Turc Sarcan. Ils portent leurs drapeaux jusqu'aux limites de la Natolie et du royaume d'Arménie.	91
XVI.	Bataille du mont Taurus.	94
XVII.	Retour de notre armée vers les provinces maritimes. Révolte des Magnésiotes.	99
Livre II. Ch. Ier.	L'armée se loge dans la Chersonèse de Thrace.	109
II.	Bérenger d'Entenza arrive à Constantinople. Combat de générosité entre lui et Roger de Flor.	113
III.	Mauvaises dispositions des Génois et de Michel Paléologue contre les Catalans. Sédition des gens de guerre à Gallipoli.	121
IV.	Andronic fait payer les gens de guerre avec de la monnaie altérée, ce qui cause de nouvelles séditions.	129

	Pag.
Livre II. Ch. V. Andronic donne les provinces d'Asie en fiefs aux capitaines catalans et arragonais.	138
VI. Les gens de guerre, dans leur défiance contre Roger de Flor, se mutinent avec plus de fureur que jamais.	142
VII. On convient que l'armée passera en Orient. Roger reçoit les insignes de César.	147
VIII. Roger part pour avoir une entrevue avec Michel Paléologue, contre l'avis de Marie sa femme, et des capitaines de l'armée.	150
IX. Meurtre de Roger de Flor et de ses Catalans.	156
X. Les gens de guerre prennent ouvertement les armes contre les Grecs. Meurtre des Catalans dans diverses parties de l'empire.	164
XI. Vengeance terrible de Bérenger d'Entenza et de tous ceux de Gallipoli à la nouvelle de la mort du César. Ils sont assiégés par les Impériaux.	170
XII. Les nôtres tiennent un conseil où Bérenger d'Entenza fait prévaloir son avis.	174
XIII. Sort cruel qu'éprouvent nos ambassadeurs à leur retour de Constantinople.	182
XIV. On envoie des ambassadeurs en Sicile. Bérenger sort avec sa flotte.	188
XV. Rencontre de Bérenger d'Entenza. Trahison des Génois.	195

	Pag.
Livre II. Ch. XVI. Résolution mémorable du petit nombre de Catalans restés à Gallipoli.	203
XVII. Organisation intérieure des Catalans. Ils sortent de Gallipoli, et vont livrer bataille aux Grecs.	207
XVIII. Michel se dispose à marcher contre Gallipoli. Les nôtres s'avancent à trois journées de distance pour le combattre. Bataille d'Apros.	213
XIX. Coup-d'œil sur les affaires d'Andronic et des Grecs.	227
XX. Les nôtres courent le pays, et s'emparent des villes de Rodosto et Pactia.	230
XXI. Ferdinand Ximénès d'Arénos revient à Gallipoli.	235
XXII. Siége de Modico par Ferdinand Ximénès d'Arénos.	240
XXIII. Les nôtres se partagent dans quatre places différentes. Combat de Muntaner avec George de Christopole.	245
XXIV. Rocafort et Ximénès d'Arénos attaquent la ville maritime d'Estagnara.	249
XXV. Les Catalans et les Arragonais poursuivent et atteignent les Massagètes au pied du mont Hémus.	253
XXVI. Les Génois attaquent Gallipoli. Mort de leur général.	262
XXVII. Les Turcs et les Turcopules entrent au service des Catalans.	272
XXVIII. Ce qui arriva à Bérenger d'Entenza depuis son emprisonnement jus-	

		Pag.
	qu'à sa liberté et son retour à Gallipoli.	280
Livre III. Ch. Ier.	Débats entre Bérenger d'Entenza et Bérenger de Rocafort. L'armée se divise en deux partis.	288
II.	Bérenger de Rocafort met le siége devant Nona, et Bérenger d'Entenza devant Mégarix. Secours extraordinaire demandé par un Génois.	296
III.	L'infant Ferdinand, fils du roi de Mayorque, envoyé par le roi Frédéric de Sicile, arrive à Gallipoli.	302
IV.	Intrigue et machination de Rocafort pour exclure l'infant du commandement.	305
V.	Après la prise de Nona et de Mégarix, l'armée évacue les garnisons de Thrace, et prend la résolution de passer en Macédoine.	320
VI.	L'avant-garde de l'infant et d'Entenza atteint l'arrière-garde de Rocafort. Suites funestes de cette rencontre.	325
VII.	L'infant abandonne l'armée. Muntaner reçoit du prince l'ordre de le suivre.	333
VIII.	L'armée passe en Macédoine.	338
IX.	L'infant don Ferdinand est retenu prisonnier à Négrepont.	342
X.	Rocafort et ses gens prêtent serment de fidélité à Thibaut de Sypois, au nom de Charles de France.	346
XI.	Muntaner retourne à Négrepont	

	avec les galères vénitiennes. Il a un entretien avec l'infant don Ferdinand.	352
Livre III. Ch. XII.	Emprisonnement de Bérenger et de Gilbert Rocafort.	357
XIII.	Thibaut quitte l'armée, et emmène les deux Rocafort.	362
XIV.	Les Catalans élisent des chefs. Convention provisoire avec le duc d'Athènes.	369
XV.	L'armée passe en Thessalie.	374
XVI.	Les Catalans descendent dans les plaines de Thessalie, et, de cette province, passent en Achaïe.	378
XVII.	Le duc d'Athènes reçoit les Catalans à son service.	383
XVIII.	Ingratitude du duc d'Athènes envers les Catalans. Les uns et les autres se préparent à la guerre.	385
XIX.	Bataille des Catalans contre le duc d'Athènes. Suite de cette journée.	390
XX.	Les Turcs abandonnent le service des Catalans pour retourner dans leur pays.	397
XXI.	Les Grecs manquent de foi aux Turcs, qui se fortifient dans un château.	402
XXII.	Les Turcs se battent contre les Grecs commandés par l'empereur Michel.	405
XXIII.	Philès Paléologue marche contre les Turcs, et se bat avec eux.	409
XXIV.	Evénemens divers touchant les Catalans et les Arragonais d'Athènes.	414

FIN DE LA TABLE.

www.ingramcontent.com/pod-product-compliance
Lightning Source LLC
Chambersburg PA
CBHW070837230426
43667CB00011B/1834